令和3年7月、国連教育科学文化機関（ユネスコ）の世界文化遺産として日本が推薦していた「北海道・北東北の縄文遺跡群」が正式に登録された。北海道と青森、岩手、秋田の3県に分布する遺跡で、17遺跡からなる

縄文時代を代表する大規模集落跡「三内丸山遺跡」（青森）

復元された三内丸山遺跡の大型掘立柱建物

岩手県の御所野縄文遺跡も世界遺産だ。土屋根の竪穴住居

秋田県の大湯環状列石も世界遺産に登録された。縄文時代後期の祭祀施設であった

弥生時代後期に栄えた大集落「妻木晩田遺跡」（鳥取）

茶畑から偶然発見された火葬墓「太安萬侶墓」（奈良）

出雲大社巨大柱高層神殿復元模型。高さ48ｍという日本一高い神殿が存在したといわれている。階段の長さは約１０９ｍ（島根）

継体天皇説が有力な前方後円墳「今城塚古墳」には復元された祭祀場があり、実物大の復元埴輪がずらりと並ぶ（大阪）

銅剣が一度に358本も出土した「荒神谷遺跡」。南向き急斜面（写真右）で発見された。写真下は古代出雲歴史博物館に展示されている銅剣（左）と銅鐸（右）（島根）

古代日本史跡めぐり

縄文〜古墳時代の史跡を中心に
クルマで巡った歴史紀行

写真と文
平泉秀成
HIRAIZUMI Shusei

文芸社

はじめに

私が日本各地の史跡をクルマで訪ねようと思い立ったのはざっと10年ほど前だ。埼玉県所沢市の自宅を起点として、北は青森から南は宮崎まで、すべてマイカーを利用して何回かに分けて取材を敢行した。クルマの場合1日に5～6か所の史跡は無理なく回れる。これはまさにクルマならではの機動力だ。しかも自分好みの行きたい古墳や遺跡、神社仏閣、博物館などに行ける。これを列車やバスなど公共交通機関を利用して行くとなると、地域によってはかなり大変だ。

ところで史跡めぐりの際に是非訪れてみたいところがある。それは博物館や埋蔵文化財調査センターなどの施設である。国立・県立・市立等の立派な博物館は、それぞれテーマ別に見応えのある常設展示を披露しているので、史跡とはまた別にその地域の歴史や文化を知ることができる。したがって私はできるだけ目的地のひとつに加えている。さらに私が勧めたいのは埋蔵文化財調査センターなど地域に密着した〝博物館〟だ。城跡や古墳・遺跡など重要な史跡のそばには必ずといっていいほど設置されているので是非訪れてみたい。

埋蔵文化財調査センターには地元の史跡から出土された土器・土偶など、貴重な遺物が惜しげもなく展示されている場合が多い。説明を求めると懇切丁寧な解説が得られる機会もある。これは博物館の場合もそうだが、学芸員の説明付で展示物を見るのと、そうでない場合とでは、物の見方や世界の広がり方がガラリと異なる。説明時間帯が決められている場合が多いので下調べや時間調整の必要はあるのだが、話を聞くと「なるほど、そうだったのか……」という感慨を得て古代への興味が増大すること間違いない。これは是非体験して欲しい。

わが国の長い歴史のなかで、とりわけ縄文から平安～鎌倉時代にかけての史跡めぐりをすると、どのようにして日本という国が成り立ってきたのか、その基本的要因が理解できるうえ、その国造りにはいかに大陸や半島が深く関わっていたかがよく分かる。門外漢の私がこのような歴史本を書きたくなったのは、そういった歴史認識を皆で共有したいという、いささかお節介な気持ちが動機といってもいい。昨今は、史跡などの整備が行き届いていて、史跡そのものが魅力的な観光資源であり、訪れるものを落胆させない。遺跡の真っ只中に立つと古代への想像が無限に膨らむ。そんな雰囲気も伝えたかった。

知っての通り古代の歴史には様々な説があり、ひとつに絞った解説は危険である。未だにあちこちで新たな出土品が現れたり、発掘調査によって新事実が明らかにされたりして、考古学的にも歴史は常に塗り替えられているといって過言ではない。したがって執筆中は様々な文献や歴史本、さらには日々の新聞記事にも気を配ったが、記述は執筆中時点の話として了解していただこう。

本書はいわゆる史跡ガイドブックではない。その類の優れた本はたくさんあるし、構成を同じくしたところでとても太刀打ちはできない。これはあくまでも年寄りがクルマでめぐった各地の古墳・遺跡・神社・仏閣など、主に日本の古代の史跡を目の当たりにして感じたこと、現地の人に聞いたはなし、さらには史跡以外の観光にも触れるなどして、思いのままをしたためた紀行文だ。

史跡めぐりの取材と執筆に思いのほか時間がかかったが、何とかここまでこぎつけた。私の主旨に深い理解を示していただき本稿の編集に尽力してくださった、文芸社出版企画部砂川正臣氏、および編集部の片山航氏には心から感謝を申し上げたい。

令和3年6月吉日

平泉(ひらいずみ) 秀成(しゅうせい)

古代日本史跡めぐり　◎もくじ

《宮城》

《山形》

《茨城》

《栃木》

《群馬》

《埼玉》

《東京》

《長野》

東北地方

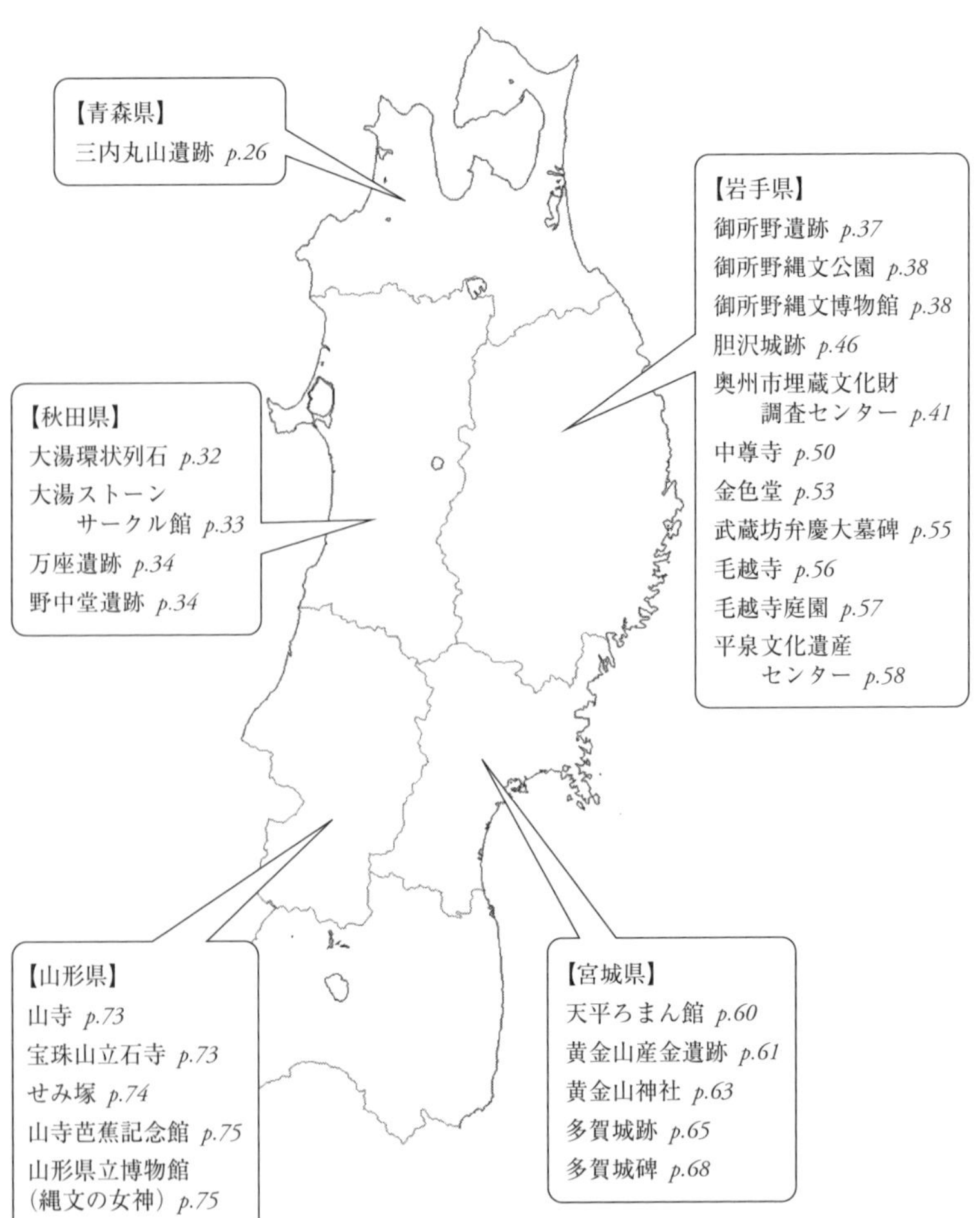

【青森県】
三内丸山遺跡 p.26
【岩手県】
御所野遺跡 p.37
御所野縄文公園 p.38
御所野縄文博物館 p.38
胆沢城跡 p.46
奥州市埋蔵文化財調査センター p.41
中尊寺 p.50
金色堂 p.53
武蔵坊弁慶大墓碑 p.55
毛越寺 p.56
毛越寺庭園 p.57
平泉文化遺産センター p.58
【秋田県】
大湯環状列石 p.32
大湯ストーンサークル館 p.33
万座遺跡 p.34
野中堂遺跡 p.34
【山形県】
山寺 p.73
宝珠山立石寺 p.73
せみ塚 p.74
山寺芭蕉記念館 p.75
山形県立博物館（縄文の女神） p.75
【宮城県】
天平ろまん館 p.60
黄金山産金遺跡 p.61
黄金山神社 p.63
多賀城跡 p.65
多賀城碑 p.68

関東地方

【群馬県】
保渡田古墳群 *p.91*
上毛野はにわの里公園 *p.91*
かみつけの里博物館 *p.91*
二子山古墳 *p.92*
八幡塚古墳 *p.92*
薬師塚古墳 *p.92*
高崎市観音塚考古資料館 *p.101*
八幡二子塚古墳 *p.106*
多胡碑 *p.108*
多胡碑記念館 *p.111*
吉井いしぶみの里公園 *p.113*
金井沢碑 *p.114*
山上碑 *p.116*
山上古墳 *p.116*

【栃木県】
笠石神社 *p.82*
那須国造碑 *p.82*
下侍塚古墳 *p.86*
上侍塚古墳 *p.85*
大田原市歴史民俗資料館 *p.86*
大田原市なす風土記の丘湯津上資料館 *p.87*
根古谷台遺跡 *p.87*
うつのみや遺跡の広場 *p.88*

【茨城県】
虎塚古墳 *p.77*
ひたちなか市埋蔵文化財調査センター *p.79*
十五郎穴横穴墓群 *p.81*

【埼玉県】
さきたま古墳群 *p.120*
さきたま古墳公園 *p.120*
埼玉県立さきたま史跡の博物館 *p.120*
丸墓山古墳 *p.125*
稲荷山古墳 *p.122*
二子山古墳 *p.120*
鉄砲山古墳 *p.120*
将軍山古墳 *p.126*
瓦塚古墳 *p.120*
埼玉県名発祥之碑 *p.120*

【神奈川県】
大塚・歳勝土遺跡 *p.143*
大塚・歳勝土遺跡公園 *p.144*
横浜市歴史博物館 *p.144*
勝坂遺跡公園 *p.148*
田名向原遺跡 *p.150*
田名向原遺跡旧石器時代学習館 *p.150*

【東京都】
東京都立埋蔵文化財調査センター *p.130*
遺跡庭園「縄文の村」*p.132*
下宅部遺跡 *p.134*
八国山たいけんの里 *p.136*
東村山ふるさと歴史館 *p.138*

中部地方

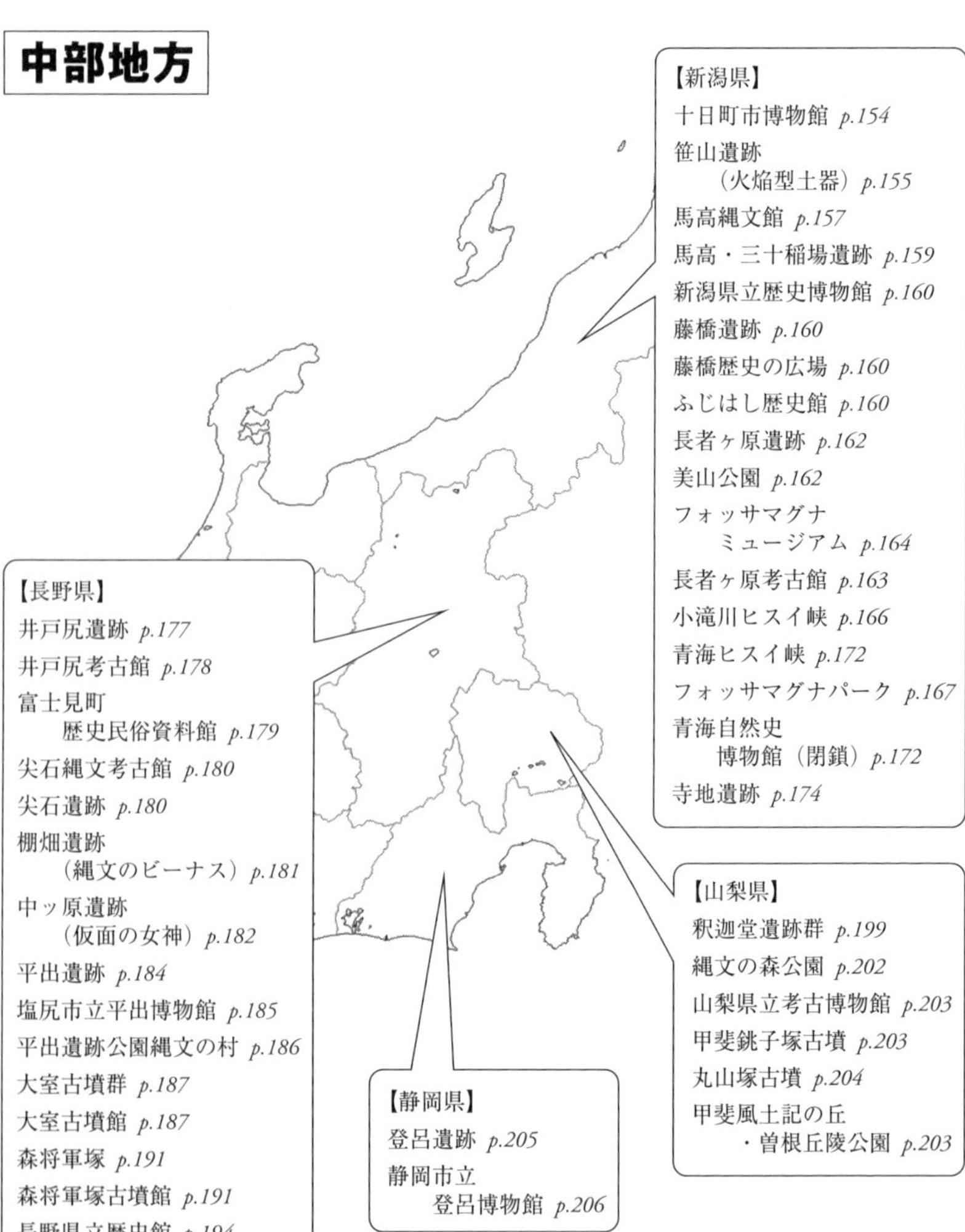

【新潟県】
十日町市博物館 p.154
笹山遺跡
（火焔型土器）p.155
馬高縄文館 p.157
馬高・三十稲場遺跡 p.159
新潟県立歴史博物館 p.160
藤橋遺跡 p.160
藤橋歴史の広場 p.160
ふじはし歴史館 p.160
長者ヶ原遺跡 p.162
美山公園 p.162
フォッサマグナ
ミュージアム p.164
長者ヶ原考古館 p.163
小滝川ヒスイ峡 p.166
青海ヒスイ峡 p.172
フォッサマグナパーク p.167
青海自然史
博物館（閉鎖）p.172
寺地遺跡 p.174
【長野県】
井戸尻遺跡 p.177
井戸尻考古館 p.178
富士見町
歴史民俗資料館 p.179
尖石縄文考古館 p.180
尖石遺跡 p.180
棚畑遺跡
（縄文のビーナス）p.181
中ッ原遺跡
（仮面の女神）p.182
平出遺跡 p.184
塩尻市立平出博物館 p.185
平出遺跡公園縄文の村 p.186
大室古墳群 p.187
大室古墳館 p.187
森将軍塚 p.191
森将軍塚古墳館 p.191
長野県立歴史館 p.194
科野の里歴史公園 p.195
浅間縄文ミュージアム p.196
【山梨県】
釈迦堂遺跡群 p.199
縄文の森公園 p.202
山梨県立考古博物館 p.203
甲斐銚子塚古墳 p.203
丸山塚古墳 p.204
甲斐風土記の丘
・曽根丘陵公園 p.203
【静岡県】
登呂遺跡 p.205
静岡市立
登呂博物館 p.206

近畿地方

【兵庫県】
出石神社 *p.335*

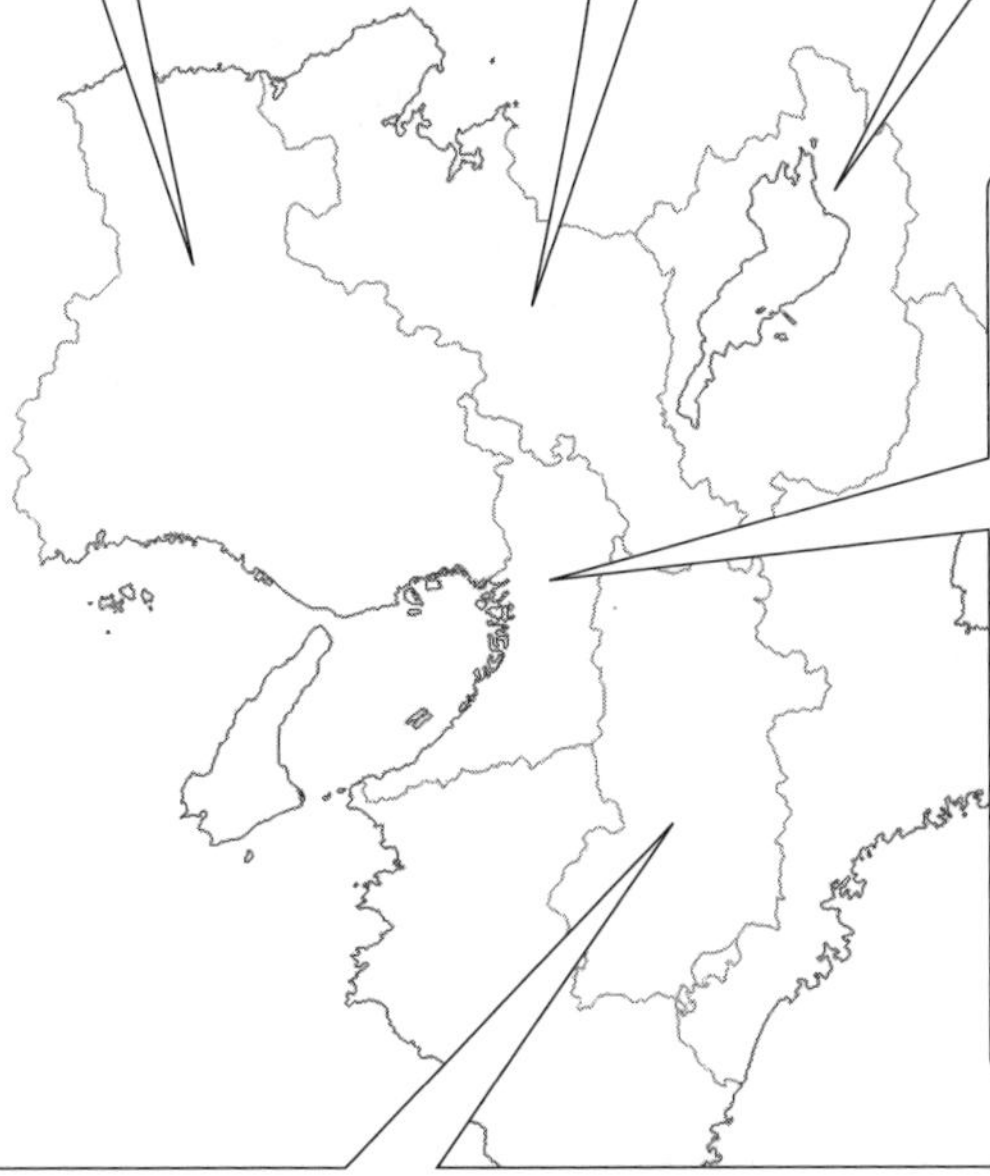

【京都府】
籠神社 *p.338*
元伊勢大神宮籠之宮 *p.338*
奥宮真名井神社 *p.340*
天橋立 *p.341*

【滋賀県】
日吉大社 *p.342*
弘文天皇陵 *p.344*
新羅善神堂 *p.345*
三井寺（園城寺）*p.346*
鬼室神社 *p.348*
鬼室集斯之墓 *p.350*
滋賀県立安土城考古博物館 *p.350*

【大阪府】
竹内街道歴史資料館 *p.272*
小野妹子の墓 *p.275*
聖徳太子御廟 *p.276*
堺市博物館 *p.282*
大仙陵古墳（仁徳天皇陵古墳）*p.278*
履中天皇陵古墳 *p.281*
反正天皇陵古墳 *p.281*
大阪歴史博物館 *p.283*
難波宮跡 *p.284*
今城塚古墳 *p.287*
今城塚古代歴史館 *p.287*
古墳公園「いましろ大王の杜」*p.288*

【奈良県】
太安萬侶墓 *p.208*
纒向遺跡 *p.211*
箸墓古墳 *p.213*
大神神社 *p.215*
三輪明神 *p.216*
狭井神社 *p.217*
藤原宮跡 *p.219*
天武・持統天皇陵 *p.231*
牽午子塚古墳 *p.233*
飛鳥寺 *p.222*
蘇我入鹿首塚 *p.224*
酒船石遺跡 *p.225*
伝飛鳥板蓋宮跡 *p.227*
飛鳥浄御原宮跡 *p.227*
橘寺 *p.229*
国営飛鳥歴史公園 *p.221*
国営飛鳥歴史公園館 *p.234*
高松塚古墳 *p.234*
高松塚壁画館 *p.234*
石舞台古墳 *p.237*
キトラ古墳 *p.240*
キトラ古墳壁画保存管理施設 *p.243*
キトラ古墳壁画体験館「四神の館」*p.243*
橿原神宮 *p.244*
八咫烏神社 *p.249*
元興寺 *p.252*
平城宮跡資料館 *p.255*
平城宮跡 *p.255*
第一次大極殿 *p.257*
東大寺（奈良の大仏）*p.259*
唐招提寺 *p.262*
鑑真和上御廟 *p.265*
藤ノ木古墳 *p.266*
斑鳩文化財センター *p.267*

中国地方

【島根県】
稲佐の浜「弁天島」 *p.292*
出雲大社 *p.293*
島根県立古代出雲歴史博物館 *p.298*
史跡公園「出雲弥生の森」 *p.302*
出雲弥生の森博物館 *p.304*
西谷墳墓群 *p.303*
四隅突出型墳丘墓 *p.302*
荒神谷遺跡 *p.305*
荒神谷史跡公園 *p.305*
荒神谷史跡公園博物館 *p.306*
加茂岩倉遺跡 *p.308*
加茂岩倉遺跡ガイダンス *p.311*
いずもまがたまの里伝承館 *p.312*
出雲玉作史跡公園 *p.314*
出雲玉作資料館 *p.314*
玉作湯神社 *p.315*
須我神社 *p.317*
須我神社奥宮 *p.318*
熊野大社 *p.318*
八重垣神社 *p.320*
和鋼博物館 *p.322*
美保神社 *p.324*
八雲立つ風土記の丘 *p.326*
神魂神社 *p.328*
山代二子塚古墳 *p.329*
ガイダンス山代の里 *p.329*

【鳥取県】
妻木晩田遺跡 *p.330*
鳥取県立むきばんだ史跡公園 *p.332*
遺構展示館 *p.330*
弥生の館むきばんだ *p.332*
鳥取砂丘 *p.335*

【岡山県】
造山古墳 *p.382*
楯築弥生墳丘墓 *p.383*
王墓の丘史跡公園 *p.384*
吉備津神社 *p.386*
吉備津彦神社 *p.386*

九州地方

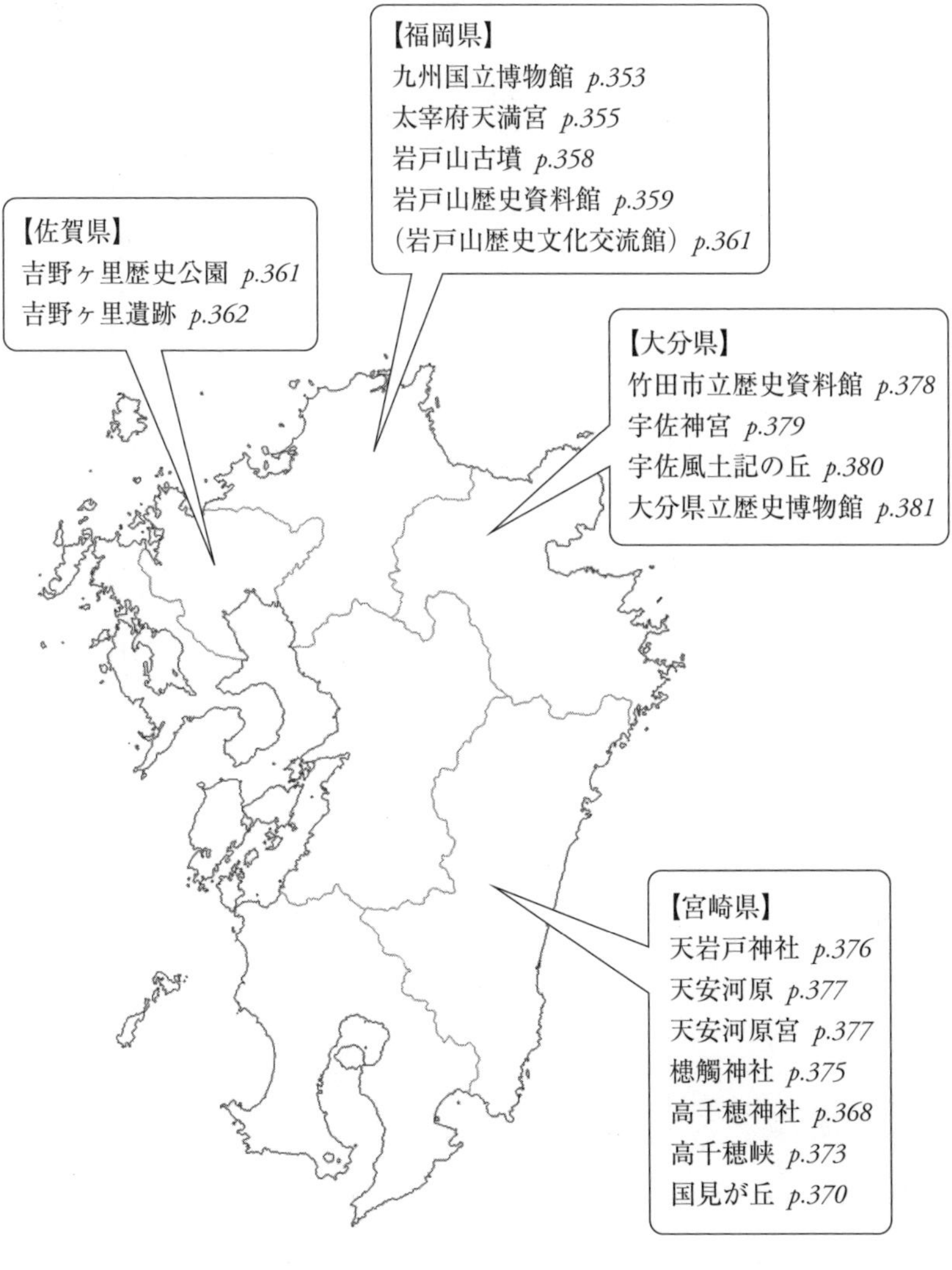

【福岡県】
九州国立博物館　*p.353*
太宰府天満宮　*p.355*
岩戸山古墳　*p.358*
岩戸山歴史資料館　*p.359*
（岩戸山歴史文化交流館）*p.361*

【佐賀県】
吉野ヶ里歴史公園　*p.361*
吉野ヶ里遺跡　*p.362*

【大分県】
竹田市立歴史資料館　*p.378*
宇佐神宮　*p.379*
宇佐風土記の丘　*p.380*
大分県立歴史博物館　*p.381*

【宮崎県】
天岩戸神社　*p.376*
天安河原　*p.377*
天安河原宮　*p.377*
槵觸神社　*p.375*
高千穂神社　*p.368*
高千穂峡　*p.373*
国見が丘　*p.370*

《青森》

わが国最大級の縄文時代集落跡「三内丸山遺跡」、縄文人にとって「クリ」は重要な樹木であった！

青森県の「三内丸山遺跡」は縄文時代の集落遺跡である。いつかは見学したいと長らく温めていた待望の目的地だ。これを見ずして史跡めぐりは始まらないというわけで、平成24年10月のはじめ、所沢の自宅を出発し、東北自動車道をひた走った。

青森ＩＣを降りて国道7号線を経由し２㎞、５分も走れば遺跡に到着する。所在地は青森県青森市三内丸山。案内標識に導かれていくと「縄文時遊館」が現れた。駐車スペースは計５００台以上と余裕たっぷりだ。まず「縄文時遊館」から見学する。平成14年11月に開館したというだけあってまだ新鮮な感じだ。館内には縄文シアター、さんまるミュージアム、体験工房、ミュージアムショップ、れすとらん五千年の星、お土産品コーナー「あおもり北彩館」などがあり、いわば総合博物館といった感じだ。

さんまるミュージアムには遺跡から出土した重要文化財を含む総数約１７００点の遺物が展示されているが、重要文化財の大型板状土偶をはじめヒスイ製大珠、クリの大型木柱、さらには人形などを用いて、出土品から考えられる縄文人の生活場面などが展示され、興

大型竪穴式住居も再現されている。左側は六本柱の建物

味は尽きない。また、体験工房では板状土偶作り、縄文ポシェット作り、勾玉作りなど縄文クラフトの手作り体験ができる。

展示物を見終わり「時遊トンネル」を抜けると目の前には広大な台地が広がった。なにしろ遺跡の敷地面積はざっと40ヘクタールもあるという。坪数で言うとざっと12万1000坪以上だ。何処からどう見たらいいのか迷ってしまう。そこで時遊館では遺跡を知り尽くしたガイドによるツアーを毎日開催していて、見学者を小グループごとに分け、1時間弱の所要時間で園内を回る。もちろん無料だ。これはお勧めで、われわれも参加してみた。適切な解説により広大な敷地を無駄なく分かりやすく回ることができた。

三内丸山遺跡は縄文時代前期の中頃から中期末にわたる、国内最大級の規模を誇る縄文遺跡だ。つまり今から約5500年前から4000年前まで、1500年間も縄文人がここで長期定住生活を営んでいた遺跡だ。従来、縄文人は食料を求めて小集団による移動生

復元された竪穴式住居。盛時は500人以上が長期定住生活を営んでいたという

活を行っていたというのが定説となっていた。定着性を持たない狩猟採集生活が基本だったという。が、三内丸山遺跡の発見によって、1500年間の長きにわたって定住していたという証拠が見つかり、この常識が覆されたのだ。その点で、この遺跡は大発見なのである。

遺跡から直線距離で南東約25㎞に八甲田山がある。山頂から続く緩やかな丘陵の先端に三内丸山遺跡は位置するが、ここは青森湾に注ぐ沖館川右岸の河岸段丘上に立地し、川あり海に近し山にも囲まれているという環境で、定住するには最適の土地であったと推測される。縄文人はなかなか良い土地を見つけるものだと、敷地を歩いているとつくづく感心する。

なにしろ盛時には500人以上の居住者がいたと推測されているが、それだけ大人数の人間が同時に定住するためには、それなりの食料に恵まれなければならない。この疑問に答えるように、遺跡にあった当時のごみ捨て場から栽培植物が出土したり、貯蔵穴が見つかったりしている。つまり、自然に実った植物の実を収穫するだけでなく、マメ、ゴボウ、ヒョウタンなどといった植物の栽培も行っていたのだ。さらにはクリも栽培されていたことが判明した。もちろん他のトチやクルミといった堅果類の殻も出土していることから、自然の恵みの採取活動に加えて、集落の周辺に堅果類の樹木も多数植栽して食糧の確保を図っていたらしい。

クリは、食料としても貴重な存在であったが、建材としても多用されていることから、当時の縄文人にとって「クリ」は重要な樹木であったと推測される。

魚や動物の骨も多数出土しているが、動物についてはシカやイノシシといった大型獣は比較的少なく、ノウサギやムササビなどの小動物の骨が多いという。小動物の肉を食料としたほか、その毛皮を衣服等に利用したものと思われる。

出土した縄文遺物の中には大量の土器や石器をはじめ、ヒスイや黒曜石などもあったというから驚きである。ヒスイは

クリの巨木を使用した六本柱の建物

現在の新潟県糸魚川の産、黒曜石は北海道産ということが判明しているが、これは当時の縄文人が遥か遠隔地と交易を図っていた証拠である。したがって三内丸山は北海道と東北と北陸を結ぶ海上交易の中心地として発展、集落の繁栄の基盤となっていた可能性もある……との説もある。

国内最大規模の竪穴式住居の内部

遺跡には竪穴住居、高床式倉庫、大型竪穴住居、さらには祭祀用の大型掘立柱建物などが存在したと想定されるが、なかでも注目される遺構は六本柱建物跡だ。直径2m、深さ2mの柱穴が4・2mの等間隔で六つ見つかり、柱穴の中には直径約1mのクリの巨木が残っていたという。建物の高さは十数メートルと推定されているが、いったい何の目的で建てられたのか。単なる祭祀用か、あるいは見張り台か、物見櫓か。見事に復元されたこの六本柱の建物を眺めていると、祭祀も見張りも物見も、すべてを含めた多目的建造物ではなかったかと思う。世間を驚かせたこの巨大な柱穴には屋根がかけられ、発掘された状態のままで見学できるようになっている。

ガイドさんの話によると、六本柱の建物を復元するときに、直径1mのクリの巨木を調達するのに難航したという。結局ロシアから調達したというが、縄文時代にはこの周辺にクリの巨木があったのだろうか。それにしてもこれほど大規模な建造物をよく作ったものだ。その建築技術や労働力を考えると、縄文時代も現代もさほど人間の知のレベルに差がないように思えてきた。

住民の多くが暮らしていたと思われる竪穴式住居跡は萱葺き、樹皮葺き、土葺きの3種類があって、これは多数検出されているが、それぞれが復元されており、すべて見学が可能で内部を覗き観ることができる。続いてガイドさんがわれわれ20名ほどのグループを大型竪穴式住居跡に案内した。幅10m、長さ32mという国内最大規模の竪穴式住居が発掘跡に復元されているのだ。ここも内部に入ることができる。太古の人達が集会所などに使用したと思われる巨大な竪穴住居だ。大雪のときの共同住宅という説もある。内部には石を円形に配置した炉も復元してあった。寒い冬はみんなで火を囲み身体を温めていたのだろう。

敷地内には他にも復元された高床式倉庫（建物）群や環状配石墓、いわゆるストーンサークル跡も見られるが、広大な遺跡の敷地には様々な縄文遺構が復元され、訪れたものを紀元前３０００年前後の縄文時代に誘ってくれる。ほぼ同時期にはイギリスのストーンヘンジやエジプト・クフ王のピラミッドなどが出現していることを考えると、当時の人類の文明文化にはそれほど格差があったようには思えない。

それにしても、これほどの大集落が何ゆえに終焉を迎えてしまったのか。集落全土を手放した理由は気候が寒冷化したせいなのか。植栽を継続できなくなった理由は何なのか。様々な説はあるが、本当の理由はまだ解明されていない。未だに謎の多い三内丸山遺跡である［註＝令和3年5月、三内丸山遺跡など北海道と北東北の縄文遺跡群がユネスコの世界文化遺産登録に相応しいと勧告を受け、同年7月に正式登録が決定した］。

《秋田》

縄文時代後期の祭祀施設だった「大湯環状列石」、隣接の「大湯ストーンサークル館」で「土版」に魅せられる

平成28年6月下旬から7月はじめにかけて「縄文遺跡と奥州史跡の旅」と題する4泊5日の旅を敢行した。大湯ストーンサークル～中尊寺～多賀城跡～山寺～山形県立博物館をめぐる旅だ。第一日目はＪＲ盛岡駅近くのホテルに投宿、翌朝ホテルを7時前に出発し、

盛岡ICから東北自動車道に入り、安代JCT経由で十和田ICを降りる。ここから国道103号線を東に向かって走り、県道66号線に分かれて間もなく「特別史跡大湯環状列石」の大きな標柱が見えてきた。秋田県鹿角市十和田大湯字万座にある縄文時代後期の大型ストーンサークル遺跡で、十和田ICから約15分、ホテルを出発してから1時間半で到着した。

遺跡は県道66号線沿いにあるのだが、県道の西側にあるのが万座遺跡、東側にあるのが野中堂遺跡という。つまり大湯環状列石の遺跡の真ん中を県道が走っているといえば分かりやすい。遺跡は県道の左右にあるのだ。特別史跡と書かれた大きな標柱は万座遺跡側に立っていて、その周辺は広い駐車場となっている。駐車場の右側に大湯ストーンサークル館があった。遺跡の博物館だ。

計算機のような土版

館入口の通路に「縄文遺跡群を世界遺産に」と書かれたのぼりが数本立っていた。今、北海道、青森、岩手、秋田の4道県並びに関係市町は、北海道と北東北を中心とした、縄文遺跡群の世界文化遺産登録を目指して運動を展開しているのだ

［註＝北海道・北東北の縄文遺跡群が、令和3年5月にユネスコの世界文化遺産登録に相応しいと勧告を受け、同年7月に正式登録が決まった］。

開館（朝9時）直後のストーンサークル館に早速入館してみた。出土した様々な土器がずらりと並んだ展示ホールは圧巻であった。また、日時計状組石模型は精巧にできていて思わず見とれてしまう。縄文工房やミュージアムショップ、多目的ホール、ギャラリーなどのほか、遺跡や考古学、歴史に関する本などがたくさんある図書閲覧コーナーがあり、この分野に興味のある人にはもってこいの場所だ。面白かったのは、出土品のひとつ「土版（どばん）」であった。乾パンにも似た形の土器で、丸い穴が表にも裏にも規則正しく並んでいて、それが数字の表示として機能している不思議な器だ。まるで計算機のようであった。縄文人の知的レベルが高かった証拠であろう。

大湯ストーンサークル館から100ｍほど歩き〝縄文の森〟を抜けると、目の前がパッと開けて広大な万座遺跡が拡がる。大湯川左岸、標高180ｍの台地上に構築された縄文時代後期前葉から中葉（4000～3500年前）の遺跡である。大湯ストーンサークル館に展示されていた解説文によると、全体の広さは約24万9833㎡（7万5000坪以上）もあり、環状列石の周辺には掘立柱建物跡や方形配石遺跡、5本柱建物跡などが復元配置されている。周りには大きな樹木が適宜植栽されていて、訪れたときはちょうどクリ

掘立柱建物や環状列石が復元配置された万座遺跡

の木が淡い黄色の花を満開にして、遺跡の雰囲気を盛り上げていた。

環状列石とは立石あるいは組石を環状に並べた遺構のことだが、万座および野中堂の環状列石を形作る配石（組石）遺構はほぼ同一の構造で、いずれも径１～２ｍ規模のものが１００基以上二重の環状に配置され、さらに内帯、外帯間の特殊な位置に「日時計状組石」１基が設けられている。大湯ストーンサークル館の資料によると、環状列石の規模は野中堂が外径44ｍ、万座が52ｍもある。

二つの環状列石を形作っている石の総数は５０００～６０００個に及ぶというが、そのほとんどが石英閃緑玢岩と呼ばれる石で、遺跡から４～７㎞も離れた安久谷川から運ばれたものだ。安久谷川は大湯川に合流する川である。石１個の平均重量は30㎏、最も重い石は２００㎏もあるというから縄文人は力持ちだった？　いや、やはり運搬にはさぞかし苦労したことだろう。

興味深いのは「日時計状組石」である。河原の石を菱形や円形に並べた組石の集合体が、内帯&外帯と呼ばれる二重の同心円（環状）を構成し、その内帯&外帯の中間帯には「日時計状組石」と言われるものが設置されている。これは、一本の立石を中心に細長い石を放射状に並べ、その外側を河原の石で三重にも四重にも囲んでいるので、その形から「日時計」と言われているのだ。そして万座および野中堂の二つの環状列石の各々の中心と日時計状組石は一直線に並び、夏至のときの日没方向を指しているというのだ。4000年も昔にこうした天文学的知識というか、季節の変化を知る目的で日時計が設置されたとすれば驚異的な事実である。

1本の立石を中心に細長い石を放射状に並べた日時計状組石

そこで、環状列石は何のために設けられたのか、である。ストーンサークルを構成する配石遺構は、石の下にお墓と見られる穴が見つかっていることから「配石墓」とされ、その集合体である環状列石は「集団墓」であることが判明している。そして遺跡からは多量の土器や土偶が出土しており、環状列石を取り囲むように配置された掘立柱等の祭祀用建物から、ストーンサークルは「祭祀施設」であったと考えられている。つまり葬送の祈りとか様々な儀式や祭りの場であったに違いない。いってみれば、祭祀場と墓を兼ねた縄文時代の〝聖地〟だったのである。

《岩手》
縄文時代中期の集落跡「御所野縄文遺跡」、焼失住居の調査で「土屋根の竪穴式住居」もあったと判明！

晴れ渡った青空の下で縄文時代の雰囲気を感じながら、大湯ストーンサークルを見学できたのはこの上ない喜びであった。次は「御所野遺跡（ごしょのいせき）」の見学だ。場所は岩手県二戸郡一戸町岩館字御所野で、ここも縄文時代のストーンサークルがあるところだ。東北の縄文時代の史跡ではまず大湯と御所野、この二つのストーンサークルを是非訪れてみたいと思っていた。

大湯環状列石から国道１０３号線経由で十和田ＩＣまで戻り、東北自動車道を安代ＪＣＴまで行く。ここから八戸自動車道へ分かれて一戸ＩＣで高速道路を降り、国道４号線を南下すれば約15分ほどで「御所野縄文公園」に到着する。

「きききのつりはし」を渡って行くと直接御所野縄文博物館へたどり着く

広い駐車場の目の前に大きな口を開けた立派な三角屋根の建物があった。その大きな口が公園への入口で、そこからトンネル風の長い廊下「きききのつりはし」を歩いていくと直接「御所野縄文博物館」にたどり着く。博物館の建物は屋根を緑化したり木材を多用した先進的なエコ建築で、外観はまるで洒落た校舎のような温かみがある。館内もその雰囲気が漂い木調の展示室のデザインは素晴らしいものだ。

展示室でまず驚かされるのが整然と且つずらりと並んだ土器類だ。空間を上手に利用したディスプレイがいい。縄文人の代表的なアクセサリーである文様が描かれた「耳飾り」、国指定重要文化財になっている「鼻曲がり土面」「頭に羽を付けた縄文人」など、興味深い出土品が展示されている。第一展示室にあった「焼失住居跡」は、床面に張った強化ガラスの下に発掘された状態のまま埋め込んである物で、思わず足が止まってしまった。

博物館を出ると広大な御所野縄文公園の芝生広場が展開する。ここはつまり縄文の村を復元した緑の美しい公園なのである。縄文時代中期後半（4500～4000年前）の集落遺跡で、遺跡公園には土屋根住居、樹皮葺き住居、掘立柱建物などが復元されていて、配石遺構はそのまま展示されている。周辺にはクリやコナラなどの樹林が広がっており、縄文時代を想起させる自然体の遺跡公園となっている。敷地面積はざっと7・5ヘクタール。分かりやすく言えば約2万3000坪だ。縄文人は約500年間ここに定住していたことが確認されており、配石遺構を伴う墓地や祭祀の場を中心とした計画的なムラの跡を確認できる貴重な遺跡として、平成5（1993）年に国指定史跡となっている。

国指定重要文化財になっている「鼻曲がり土面」

東西に細長い公園を西に向かって歩を進めると、復元された高床式建物や掘立柱建物が見えてきた。淡い黄色の花を咲かせたクリの木が周辺に色を添えている。建物の周りには小径のストーンサークルが幾つかある。さらに奥へ進むと「西ムラ」にでる。そこには土屋根住居や樹皮葺き住居が何棟か復元されており、雰囲気は縄文の姿そのものであった。

西ムラを回りこんで間もなく「焼失住居」にでた。御所野遺跡で最も注目されたところだという。

この遺跡では６００棟を超える住居跡が発見されたが、その中で焼失住居が８棟もあったという。そこでこの焼失住居を詳しく調査し、さらに焼失実験をした結果、縄文時代に土屋根の竪穴式住居があったことが初めて判明した。これは、博物館の資料によれば「縄文の歴史を変える出来事」だという。

焼けた竪穴建物跡に残っていた炭化材の樹種を調査したところ、その大半がクリ材であったことが分かり、これにより縄文人は家を建てるときはクリの木を多用していたことが明らかになった。クリ材は硬く耐久性に優れ、非常に長持ちすると言われている。クリは貴重な食材でもあり建材でもあったのだ。三内丸山遺跡で見た六本柱の建物もクリの木であった。縄文人のキーワードはまさに「クリ」であることがよく分かる。

土屋根住居などが復元され縄文中期後半の世界が広がる

《岩手》
国史跡「胆沢城跡」と「奥州市埋蔵文化財調査センター」、未だ謎多き「蝦夷」の実像に迫る展示物と調査研究資料

さて次は、蝦夷の英雄アテルイが待っている奥州市埋蔵文化財調査センターだ。所在地は岩手県奥州市水沢区佐倉河字九蔵田。ちょうど県道270号線（旧国道4号線）を挟んで国指定史跡「胆沢城跡」と対峙した位置関係にある。センターの調査部門では胆沢城跡や市内に埋もれた埋蔵文化財を掘り起こす発掘調査と研究、そして出土資料の保管を行っているが、センター建物の外観はまるで絵で見た胆沢城の外郭南門を思わせる堂々たるもので、玄関の赤い4本柱と白壁と瓦屋根が印象的だ。

赤い４本柱が特徴の奥州市埋蔵文化財調査センター。胆沢城の外郭南門を思わせる

入館するとすぐに蝦夷（えみし）の英雄「甦るアテルイ像」と征夷大将軍「坂上田村麻呂坐像」に出会う。アテルイは実物大の像だが、私よりも背丈は高くがっち

りしている。折角出会えたのだからと記念撮影し、2階の展示室入口に進むと武装した朝廷軍の兵士達が、廊下の両脇に3人ずつ槍を立てながら直立不動の姿で立っていた。胆沢城の警護に当たっていた鎮兵(ちんぺい)を復元したものだ。

鎮兵とは鎮守府に配備され城柵を守っていた兵士だ。なぜか威圧感を覚えながら真正面に目を向けると胆沢城「外郭南門」の精緻な画が飾ってある。古代東北城柵では例を見ない十二脚・五間一戸の大規模な二階建ての巨大な門である。国家権力を象徴するようなこの大きな門をくぐり抜け、政庁へとまっすぐに伸びた道を饗給(きょうごう)すなわち朝廷側が宴会を催し、禄物を与えて懐柔する儀式へ足を運ぶ当時の蝦夷たちはどんな気持ちであったことか。

「外郭南門」の画の左側に「古代東北蝦夷の世界」と題した文言があり、読む者の胸に響く。『蝦夷とは律令国家が古代東北の住民たちを指して呼び与えた呼称であり、漢字表現のひとつである。彼らはまたエミス、エビスとも呼ばれ、毛人(えみし)、夷(い)、狄(てき)、夷俘(いふ)、俘囚(ふしゅう)、山夷(さんい)、田夷(でんい)という様々な文字を使って表記された。さらに、彼らが自らの歴史を記録にとどめなかったため残念ながら蝦夷の実像は未だ謎が多く、不透明な存在のままになっている。

実物大の蝦夷の英雄アテルイ

復元された鎮兵。正面は胆沢城外郭南門の画

しかし現在、私たちが胆沢城を含めた古代東北史を語ろうとするとき、皮肉にもこの蝦夷という字句を抜きにしては語れない。私たちは今現在も続けられている胆沢城跡を中心とした発掘調査によって果たして蝦夷の世界、蝦夷の実像に迫ることが出来るのであろうか……』

また「外郭南門」の画の右側には「鎮守府胆沢城跡」と題して次のような説明がなされていた。『鎮守府胆沢城は延暦二十一年（西暦８０２年）坂上田村麻呂によって築かれた。しかし、この城が坂上田村麻呂や律令国家のいかなる思惑のもとで造営されたのかは明らかでない。長年の発掘調査により徐々にその全貌が明らかにされていくなか、南正面の外郭南門と政庁南門の間に第三の門（政庁前門）が発見されるなど、胆沢城は他の城柵にない施設構成を持っていた。（中略）そしていま、私たちは昭和29年以来続く発掘調査に導かれて、古代東北一千年の歴史を遡ろうとしている』。

今なお続けられている発掘調査により、蝦夷の実像と胆沢城の全貌が次第に明らかになっていくであろうが、それにしても奥州市埋蔵文化財調査センターの道のりは険しい。是非焦らずに調査し着実な成果が挙がることを期待したいものだ。

センター館内では１００インチの大画面による「古代東北蝦夷の世界」をテーマとした映像が上映されてる。この第1回目の上映が朝9時30分からなので具合よくちょうど間に合った。上映時間は30分だが、蝦夷の世界がよく理解できる内容なので、来館した向きには是非観ることを勧めたい。

館内の展示品で目を引いたものはまず首飾りであった。墓に埋葬された蝦夷はヒスイや碧玉、メノウ、水晶といった現在でも高価な宝石を身に着けていたらしい。また圭頭大刀の柄頭や蕨手刀さらには蝦夷の冑など、7世紀の古墳に埋葬されていた鉄製の武器類も興味を引いた。圭頭とは、中国の玉器の圭に似ているところからその名がついている。主に古墳時代後期に用いられた大刀の一種で、柄の形が圭に似て山形ということだ。蕨手刀は柄頭がわらびの若芽の姿に似ているのでそう名付けられた。

刀作りには高度な技術がなければならない。つまり刀鍛冶が必要であった。蝦夷の社会はこの時

7世紀に作られた鉄製の冑

期すでに刀鍛冶のような技術者を取り込んでいたことになる。7世紀といえば大化改新が始まり、壬申の乱が起き、阿倍比羅夫の水軍による蝦夷の征討が続いていた頃である。阿倍比羅夫は斉明天皇の時代の将軍で、白村江の戦いにも出向いたが、唐・新羅連合軍に大敗した。663年のときだ。

センター館内のディスプレイでもうひとつ目を引くのは「築地(ついじ)」である。二分の一の模型だが、人が作業をしている様子を立体的に造ってある。築地は土を突き固めて造る土塀のことで、実際は幅2・4m、高さ3・9mもあり、これが胆沢城の周りを囲んでいたのだ。一辺675mだから総延長2700mの築地が胆沢城を囲んでいたことになる。資料によると築地は、両側に長さ3mほどの厚い板を固定し、細かく砕いた土にニガリを混ぜ、それを両板の間にいれて、その土を直径10㎝ほどの丸い棒で突き固める。全幅突き上げたら厚板を上方にせり上げながら所定の高さまで築く。これが一単位で、終わると次に厚板を移動させ同じ工程を繰り返す。これ

胆沢城を囲んでいた築地の模型

の連続だから大変な作業だ。

《岩手》坂上田村麻呂によって造られた古代東北支配の象徴「胆沢城」、陸奥の軍事的拠点として10世紀後半頃まで機能する

滝沢市埋蔵文化財センターの次はいよいよ国指定史跡「胆沢城跡」(岩手県奥州市水沢区佐倉河)だ。広大な城跡には「史跡胆沢城跡」と書かれた石標と、門跡や政庁跡などの位置を示す立て札と案内図があるだけで建造物はない。城跡の南辺右側から西辺上方にかけて旧国道4号線が斜めに横断している。

城跡の東側には北上川が、北側には胆沢川が流れていて、その合流地点右岸の水沢段丘上の標高50m程度の平坦地にある。胆沢城は高さ3・9m、一辺675mの築地塀で囲まれていたが、さらに塀の内側と外側に幅3~5m、深さ1~1・5mの溝が掘られて、方形に囲まれていたのだ。なかなか用心深い城だ。

ちなみに日本列島に建設された古代の城郭施設の遺跡は、畿内を含む西日本のそれを「古代山城跡」といい、東北地方を中心とした東日本の遺跡を「古代城柵跡」と呼ぶこと

が多いという。「やまじろ」と「じょうさく」の違いだ。東北の古代城柵は、つまり律令国家が設置した辺境地域を支配するための施設であった。

胆沢城の全体の面積はおよそ46万㎡（ざっと13万9000坪）、その中央やや南寄りに一辺90m四方の塀で区画された政庁域があり、その脇に官衙（かんが）や厨屋（くりや）などが広がっていた。官衙は役所・官庁のこと、厨屋は調理をするところ、つまり台所だ。政庁は大事な儀式を行う胆沢城の中心施設で、たとえば朝廷に降伏した蝦夷をもてなす儀式や宴会などをするところだ。どんな光景であっただろうか。

「史跡胆沢城跡」の石標以外に建造物はない

私はこの広い城跡の一角に立って、ざっと1200年前の東北の歴史に思いを馳せた。東北地方の人々は弥生・古墳時代からずっと平和で豊かな文化を育んできたが、日本の古代国家はこの人々を蝦夷と呼び蔑んできた。しかし蝦夷の住む東北の地は広くて肥沃な土地で、朝廷にとっては大変に魅力的であったから、東北をはやく征服して国家の領土としたかった。なかでもこの胆沢地方をなんとか支配下に置きたい朝廷は、8～9世紀にかけ

て何度となく兵を投入し戦いが繰り広げられた。

そこで阿弖流為（アテルイ）が登場する。アテルイは今から1200年ほど前（奈良から平安時代にかけて）、胆沢の地で平和な暮らしを送っていた蝦夷の長の名前だ。アテルイをリーダーとする蝦夷軍は、胆沢の人々の幸せを守るため13年間に亘って勇敢に戦いを挑み、政府軍を撃退していたが、度重なる戦いで大半の兵士を失い、領土は荒廃し、食料も尽きてきた。さすがの蝦夷の戦士たちも疲弊の度を増し戦力は日増しに弱っていった。坂上田村麻呂が再度攻めてきたのはそんなときであった。

9世紀後半の胆沢城政庁正殿は画に見るような立派な建物であった

朝廷軍による第1回目の胆沢攻撃は延暦8（789）年6月で、このときは阿弖流為軍の勝利であった。史上にいう「胆沢の合戦」の緒戦である。大敗した政府軍は計画を練り直し延暦13年1月に第2回目の遠征攻撃を行う。このとき坂上田村麻呂は副将軍として初めて蝦夷に関わる。遠征軍は朝廷に勝利を報告するが、胆沢はまだ完全に落ちてはいなかった。

さらに数年かけて遠征の準備を整えた田村麻呂は延暦20（８０１）年2月、今度は征夷大将軍として3回目の胆沢遠征に出発した。同年10月、田村麻呂は朝廷に遠征の戦果を報告するが、その翌年（延暦21年）の正月再び胆沢に赴き、胆沢城造営のため現地で指揮を取る。そして田村麻呂が胆沢城を造営している最中に、阿弖流為と母礼（もれ）が蝦夷の戦士五百余人を率いて投降してきた。８０２年4月のことだ。モレは言うまでもなくアテルイの盟友である。ふたりは立派に築かれていく胆沢城を見て観念したに違いない。

田村麻呂は蝦夷の軍事首長ふたりを従えて京へと上り、朝廷にふたりを故郷胆沢へ返すよう進言するが聞き入れてもらえず、結局、阿弖流為と母礼は河内国椙山（現在の大阪府枚方市）で処刑されたという。延暦21（８０２）年8月のことであった。

田村麻呂はアテルイとモレの助命を願い出たにも拘らず、朝廷側は国家に抵抗した反乱の首謀者という認識で斬刑に処したが、これはやはり彼らを活かしておくべきだったと思う。彼らを胆沢へ戻すことによって東北の地はさらなる発展が約束されたに違いない。

平安時代初期の延暦21（８０２）年、坂上田村麻呂によって造られた胆沢城に、それまで多賀城に置かれていた鎮守府が移された。鎮守府は軍政を司る役所だ。以来、胆沢城は陸奥における軍事的拠点として、10世紀後半頃までの約１５０年間にわたり機能した。多賀城は古代の陸奥国府であり鎮守府も併設されていたが、胆沢城を設置したことで陸奥国の行政は、国府多賀城と鎮守府胆沢城で大きく二分されたことになる。

《岩手》

「奥州藤原氏」の初代藤原清衡によって建立された国宝「金色堂」、平泉の文化遺産はユネスコの世界遺産に登録された

参道から衣川と北上川が遠望できる

胆沢城跡を昼過ぎに離れたわれわれは再び水沢ICから東北自動車道に乗り、18㎞ほど南の平泉前沢ICまで走行、そこからさらに国道4号線を数キロ走って中尊寺入口案内所の脇の駐車場にたどり着いた。「中尊寺」(岩手県西磐井郡平泉町)へ行く表参道「月見坂」を600mほど登っていくと中尊寺本堂へたどり着く。中尊寺は標高130mほどの丘陵に位置するため、月見坂は結構勾配がきつい。この坂が本堂や金色堂へ参拝する人々に古くから利用されている参道なのだ。参道の両脇には老杉が鬱そうと並び荘厳な雰囲気をかもし出している。聞

くところによると、江戸時代に伊達藩によって植樹されたもので樹齢は３００年を超えるという。訪れたときは生憎雨模様となり参道はより薄暗くなっていた。

歩を進めると木立が開けて下界が眺められる場所に出た。右側北東に広がる大地には衣川と北上川が眺望できた。今からざっと１０００年前、東北地方には出羽国（現在の山形、秋田両県）に清原氏、陸奥国（現在の青森、岩手、宮城、福島の各県）には安倍氏という豪族が勢力を誇っていた。安倍氏は陸奥国の奥六郡に城砦（柵）を築き、半独立的な勢力を形成していたという。奥六郡（おくろくぐん）とは胆沢、江刺、和賀、紫波、稗貫、岩手の六郡の総称で、分かりやすく言えば現在の岩手県奥州市から盛岡市にかけての地域、つまり北上川流域の地域だ。

安倍氏は「前九年の役」で当時の陸奥守・源頼義に敗北（１０６２年）し滅びるが、安倍氏滅亡のあと奥六郡は出羽国の清原氏に継承される。が、その20年後には出羽清原氏に内紛が発生し「後三年（ごさんねん）の役（えき）」と呼ばれる戦乱（１０８３～１０８７年）が発生、清原氏は滅亡する。最終的に奥六郡は藤原経清（つねきよ）の子である藤原清衡（きよひら）（１０５６～１１２８年）が支配するところとなった。

藤原経清は陸奥国亘理（わたり）郡の豪族で、もともと源頼義の優れた武将であった。奥州藤原氏の初代は藤原清衡だが、彼は「前九年の役」のさなかの天喜４（１０５６）年に生まれた。

清衡が7歳のとき、彼の父である藤原経清は安倍氏に味方したかどで源頼義に斬殺される。清衡の母は安倍氏の出であったが、夫経清が殺害されたあと安倍氏と敵対関係にあった清原家の清原武貞と再婚し、清衡は武貞の養子となり「清原清衡」を名乗ることになった。つまり、清衡は安倍氏の血を引くとともに清原家の養子でもあった。

清原氏滅亡の後、清衡は奥州奥六郡を支配下に収め、父の姓である「藤原」を名乗って「藤原清衡（ふじわらのきよひら）」と称することになる。嘉保4（1094）年頃に住まいを江刺郡豊田館（えさしぐんとよだのたち）（現在の奥州市）から中尊寺のある磐井郡平泉に移した。平泉には嘉祥3（850）年に比叡山延暦寺の高僧・慈覚大師円仁が開いたと言われる中尊寺があった。清衡はここを基盤に中尊寺の中興に着手し大規模な造営を行った。事実上の創建である。長治2（1105）年、清衡50歳のときだった。

世界遺産に登録されている平泉の中尊寺

　清衡が中尊寺の造営に着手した動機は、「前九年の役」や「後三年の役」など幾多の戦いで亡くなった人々の御霊を慰め浄土へと導くためだ。つまり、仏国土すなわち仏の教えによる平和な理想社会を建設し、戦いのない平和な世界（理想郷）を実現するために中尊寺を建立したのだ。その後、清衡の願いであった〝理想郷〟造りは基衡、秀衡、泰衡と代々受け継がれ、１１２６年には主要な堂塔が完成、初代清衡から始まってざっと四半世紀がかりで造営は完成された。その背景には平泉の地に恵まれた経済力があったことも見逃せない。

奥州藤原氏４代約１００年にわたって王朝風の華やかな文化が栄え、毛越寺、観自在王院、無量光院などの寺院が建立されて京さながらの都であったという。しかし、その後残念ながら多くの堂塔等は焼失してしまい、当時の面影をとどめるのは、中尊寺金色堂と毛越寺庭園など僅かである。中尊寺の本堂は明治42年に再建されたものだ。

平成23年6月、平泉の文化遺産は世界遺産に登録された。その対象となったのは中尊寺や毛越寺をはじめとする仏教寺院や浄土庭園などで、平安時代末期に奥州藤原氏が築いた華麗な黄金文化の

国宝「金色堂」の中には奥州藤原氏４代の亡骸がある

遺産群だ。日本固有の自然崇拝思想などと融合した仏教、特に「浄土思想」に基づき、仏国土（浄土）を現世に表現するためにつくられた独特の事例であることなどが評価されたという。中尊寺は境内全域が特別史跡に指定されているが、国宝建造物第一号である金色堂を始め、建築や絵画など各分野にわたる３０００点以上の国宝や重要文化財が現存しているのはすごい。

天治元（１１２４）年奥州藤原氏初代藤原清衡によって建立された国宝「金色堂」は、清衡が自身の廟堂として建立したものだ。東を正面にして建ち、方三間つまり正面も側面もともに柱の間が３間、すなわち平面の１辺が５・５ｍの小型の仏堂である。金色堂は鉄筋コンクリート造りの覆堂（おおいどう）内にあり、ガラスケースに収められて外気と遮断され、温度・湿度が調整されている。拝観者はこの覆堂の中に入って外気と遮断されている金色堂を見るわけである。

金色堂の名前の通り、堂は内外ともに総金箔貼りで、壁、扉そして軒から縁や床面に至るまで、漆塗りの上に金箔を貼って仕上げられている。平安時代の漆工芸、金属工芸、仏教彫刻など当時の工芸技術がすべて集約されており、内部の長押（なげし）柱や須弥壇には金の蒔絵が使われ、さらに夜行貝を使った螺鈿細工や透かし彫りの金具などを使った装飾もなされている。そして金色堂の三つの須弥壇内には奥州藤原氏４代の亡骸が安置されている。

昭和25（1950）年に、約800年の間安置されていた奥州藤原氏4代の遺体の学術調査が行われたが、その結果、中央壇は藤原清衡、左壇の被葬者が秀衡（1122〜1187年）、右壇の被葬者が基衡（1105〜1157年）であることが判明した。左壇・右壇は本尊から見ての左・右であるからわれわれ拝観者から見れば向かって左が右壇、向かって右が左壇となる。そして泰衡（1155〜1189年）の首桶は右壇に安置されていたのが分かったという。

月見坂入口の駐車場のすぐそばに「弁慶の墓」と呼ばれるものがあった。全身矢を浴びながらも倒れることなく敵の前に立ちはだかり、主君である義経を守ったという武蔵坊弁慶である。弁慶の主君である義経は、兄の頼朝に追われて平泉に落ち延び、秀衡にかくまってもらったが、秀衡の死後、4代目の泰衡が頼朝の圧力に屈し、義経が住んでいた衣川館（ころもがわのたち）を急襲して義経を自害に追い込んでしまった。文治5（1189）年のことである。

藤原泰衡はその後平泉を捨てる決意をし館に火を放って逃亡するが、家臣に裏切られて討ち取られ、4代100年にわたって続いた奥州藤原氏はここに滅亡（1189年）することになる。結局、源義経が平泉に逃げ延びてきたことが、奥州藤原氏滅亡の引き金となったといってもいい。元禄2（1689）年5月、松尾芭蕉はこの義経が自害した衣川館を訪れ、あの有名な句「夏草や兵（つわもの）どもが夢の跡」を詠んでいる。

《岩手》

平安時代の優美な世界を今に残す「毛越寺庭園」、「平泉文化遺産センター」では８００年前の「中尊寺ハス」に出会う！

中尊寺の表参道「月見坂」入口の駐車場から4号線を経由してざっと1・8㎞ほど走ると「毛越寺」（岩手県西磐井郡平泉町）の広い駐車場に着く。中尊寺は山の斜面にあるが、毛越寺は平坦地なので歩きは楽である。観光資料によれば嘉祥３（８５０）年慈覺大師円仁によって創建されたという。中尊寺と同じ年だ。その後大火で焼失し荒廃したが、奥州藤原氏の2代目基衡（もとひら）が12世紀中頃から造営に着手し、３代目秀衡（ひでひら）の時代に完成したという。しかし奥州藤原氏滅亡後にすべての建物が焼失してしまう。

現在は毛越寺庭園と毛越寺境内遺跡が保存され、庭園は特別名勝に、境内は「毛越寺境内（もうつうじけいだい）附（つけたり）鎮守社跡（ちんじゅしゃあと）」として国の特別史跡に指定されており、もちろん世界遺産に登録されている。本堂は平成元年に建てられた平安様式の建物で、平安時代につくられた薬師如来が本尊となっている。毛越寺庭園は仏の世界、極楽浄土をこの地上に表現したもので、水と緑の美しい日本有数の浄土庭園だ。

庭園の敷地一杯に広がる大泉ヶ池は東西約80ｍ、南北約90ｍの広さで、ほぼ中央に勾玉状の中島がある。池の東南岸には出島が造られているが、その先端の飛島には約2・5mの立石（池中立石（ちちゅうたていし））があり荒磯風の風情を表現している。この出島の景観は素晴らしく、池の中から突き出たような石組みはこの庭園の象徴だ。平成23年3月の東日本大地震で石組みの露出度が顕著に変化し、より荒磯風の感じが出たと言われている。いずれにしろ平安・鎌倉時代の庭園の特徴で、800年以上経った今でも、平安時代の優美な世界をわれわれに伝えてくれているのは嬉しい。

荒磯風の池中立石が象徴的だ

　大泉ヶ池の周囲をかつての伽藍の遺跡を見ながら時計回りに歩いてみる。南大門（なんだいもん）跡、嘉祥寺跡、講堂跡、金堂円隆寺跡、鐘楼跡、と続いて「曲水（ごくすい）の宴（えん）」が行われたという遣水（やりみず）に出た。庭園の外から水を導きいれて、水が流れるようにした小川のような細い

毛越寺庭園は平安時代を伝える有数の浄土庭園だ

水路だ。もともと平泉は地形的に湧水に恵まれていて、大泉ヶ池の水はすべて湧き水からなっているという。平地に湧水（泉）で平泉という説もある。

曲水の宴は、この遺水に盃を浮かべ、その水の流れに合わせて和歌を詠むという優雅な歌遊びである。女性は十二単の装束を纏い水辺に座る。盃が流されると歌人達は歌題に従って和歌を詠み短冊にしたためるわけだ。

さて、毛越寺の庭園に別れを告げたわれわれは、金鶏山の東麓側にある「平泉文化遺産センター」（岩手県西磐井郡平泉町）に向かいクルマを走らせた。庭園から約９００ｍほどのところだ。平泉の魅力や概要を分かりやすく紹介しているガイダンス施設だ。映像や写真を使った説明で歴史的背景などが分かりやすくより理解できるのがいい。奥州藤原氏はもちろん、その前の安倍氏についても紹介し、歴史の流れを細かく把握できる。

しかし、このセンターの見ものはなんと言っても入口から右手の奥に鎮座しているハスの標本だ。大きな透明ケースに入れられたハスは見事に開花した状態で見る者を圧倒する。思わず何枚も写真を撮ってしまっ

開花した800年前の中尊寺のハス

た。

この蓮の花の種は、昭和25年に行われた金色堂須弥壇の学術調査のときに、4代泰衡の首桶から80粒ほど発見されたものだ。多くの副葬品のなかに混じっていたという。このハスの種を平成10年に開花させることに成功し、今でも「中尊寺ハス」として綺麗な容姿を見せてくれるという。ハスは「浄土世界」の聖なる花で仏の象徴だ。平泉文化遺産センターのハスはその実物を標本にし常時見学者に披露しているわけである。

《宮城》
日本最古の「黄金山産金遺跡」と「黄金山神社」、「天平ろまん館」で東大寺大仏と渡来人の関係を知る

平泉文化遺産センターの駐車場から国道4号線に戻り、15分ほど南下してから国道342号線を一関方面へ10分ほど走り、東北本線一関駅に近いホテルにチェックインした時は午後5時を過ぎていた。

翌朝、古代城柵多賀城めぐりの前に、平泉文化を支えたと言われる日本最古の産金地に寄ることにした。奥州藤原氏が平泉に京を凌ぐ都を造営し100年の栄華を誇れたのは、

資源に恵まれた土地のお陰であることはつとに知られている。大雑把に言うと、北上川を境にその東側は地質的に砂鉄や砂金を含有する地層があり、歴史的な産金地が幾つかある。例えば、岩手県陸前高田市から宮城県気仙沼市にかけて玉山（たまやま）金山、鹿折（ししおり）金山、大谷（おおや）金山などの史跡があり、これらは奥州藤原氏の黄金文化を支えた金山とも伝えられている。

これら3金山よりさらに南の宮城県遠田郡涌谷（わくや）町にある黄金山（こがねやま）神社に行こうというのだ。日本で初めて金を産出した最古の産金地だ。一関駅前のホテルから国道342号経由で一関ＩＣへ向かい東北自動車道を約46kmほど南下、古川ＩＣを出てから国道47号経由で45分ほど走ると「天平ろまん館」へ到着する。国の史跡に指定されている黄金山産金遺跡の敷地に隣接して立っているが、朱色の太い柱が何本も立つ立派な建屋の博物館だ。

館内は採金技術と渡来人の関係や陸奥国小田郡（現・遠田郡）の歴史、産金地の研究紹介など「天平産金」をテーマにしたディスプレイが充実し、ほかにも砂金採り体験場や研修室、レストランなど種々の施設がある。館内入口には漢字とハングル文字で書かれた「歓迎」の看板

精緻な作りの百済金銅大香炉

が立っていたが、最近は外国人とりわけアジア系の見学者も多いと聞く。

展示品の中でもひときわ異彩を放つのは「百済金銅大香炉」だ。6～7世紀、百済最後の都であった扶余で出土した王家ゆかりの香炉で高さ64㎝、蓮の花や龍、鳳凰などの図像により精緻に装飾された百済芸術の逸品である。涌谷に砂金採り技術を伝えたと言われる国・百済の「金」を象徴する貴重な資料だ。1995年、大韓民国国立扶余博物館のご厚意により復元製作したレプリカだが、その金色に光り輝く素晴らしさには言葉も出ないほど。これは必見だ。

黄金山神社に行く前に天平ろまん館の展示解説を精読してみた。採金技術は当時砂金採取の盛んだった朝鮮半島からもたらされた可能性が高いという。百済が7世紀後半、新羅と唐の連合軍に滅ぼされたとき、日本に逃れた多くの渡来人がもたらした先進技術のひとつに、採金技術もあったのではないかという。それを裏付けるかのように小田郡（当時）での採金者の中に渡来系の人物が4人（うち3人が百済系）も確認されている。

さて、この黄金山が産金地として有名になったきっかけはこうだ。今からざっと1270年前、天平21（749）年の春、聖武天皇が莫大な国費を投じて奈良の東大寺に大仏建立を進めていたが、いよいよ完成に近付いてきてハタと困った。東大寺の大仏は銅による鋳造後鍍金する金銅仏である。大仏建立で最大の問題はこの鍍金用の金だった。なぜなら当時金はすべて輸入品で、膨大な量の金を手に入れる見込みは全く立っていなかったからだ。仏体に鍍金するための金がない。鍍金するための黄金調達が急務を要していた。そこで登場したのが陸奥国守・百済王敬福（698〜766年）であった。

敬福は、その姓が示すように百済王族の子孫だ。百済が滅亡したとき日本に逃れてきた王族に天皇が「百済王」の姓を与えたのである。敬福は「続日本紀」によると性格は奔放で酒色を好み、聖武天皇に気に入られていたという。この敬福が小田郡での採金を指揮していたのだ。小田郡（現在の遠田郡）の黄金山で産出した黄金900両（約13kg）を聖武天皇に献上、金の不足で完成が危ぶまれていた大仏はこの黄金（砂金）によって無事完成したという。天平21（749）年のことだ。

砂金産地に建つ黄金山産金遺跡碑

聖武天皇はこの日本初の産金を大いに喜び、年号を「天平」から「天平感宝」に改元したほか、大赦や税の免除を行った。この陸奥国小田郡の産金地こそ天平ろまん館の立つ黄金山一帯で、「日本最古の産金地・奈良大仏のふるさと・万葉最北の里」の歴史ロマンを今に甦らせている。

大仏は小田郡産出の黄金で無事完成、天平勝宝４（７５２）年には盛大な大仏開眼の供養会が開催され、外国からも大勢の僧が列席した上、様々な舞楽が披露された。大仏の高さは18m、重さは約３８０トンにもなったと言われている。これだけの金銅仏を建立するには、砂金採りに限らず、外国の技術に多くを頼らざるを得ないはずだ。いかに国を挙げての大事業であったかが想像される。

三柱の神を祀る延喜式内社の黄金山神社

天平ろまん館に隣接した鳥居をくぐり、一直線に伸びた参道を10分ほど歩くと黄金山神社に着く。「黄金山産金遺跡」はこの黄金山神社を中心とする一帯の山を指し、砂金が採れた黄金山の地に祀られているのが黄金山神社というわけだ。現在の拝殿は江戸時代の終わりに再建されたものだがルーツは古い。天平の産金当時すでに黄金山の神を祀る神社が存在していて、その神主が産金功労者として叙位されたというのだ。で、この一地方の神社は産金の功績で一躍国家の神社に昇格し、10世紀初めの「延喜式神名帳」に登録されて延喜式内社の黄金山神社となった、というわけである。祭神は天照大神、金山彦命、猿田彦命の三柱の神だ。

天平の産金には陸奥守百済王敬福をはじめ、百済や唐から渡来してきた人々の活躍によるところが実に大きい。先進国の文化や技術が涌谷の地で成果を得たといえる。

《宮城》

日本三大史跡のひとつ「多賀城跡」、重要文化財「多賀城碑」は日本三古碑のひとつだ

天平ろまん館と黄金山神社で約2時間を費やしてから、国道346号線を40分ちかく南下し三陸自動車道の松島北ＩＣに到着、ここから20分ほど高速道路を走って多賀城ＩＣで降りれば多賀城跡まで10分とかからない。上り坂を回りこんで丘の上の駐車場にクルマを停め、パッと開けた緑の城跡内に踏み入る。ここが政庁跡だ。建物はないが正殿や脇殿の跡が分かるようになっている。政庁正殿は礎石式の四面廂付建物であったが、現在は建物の基壇のみを復元表示している。礎石の一部は当時の実物だという。

政庁南門跡には縮尺２００分の１の立派な「政庁復元模型」が設置されていて、当時の政庁の佇まいが分かるようになっている。たまたまそこに年配のボランティア説明員が居合わせたので多賀城について話を聞いてみた。それによると……。

多賀城は奈良・平安時代に陸奥国の国府が置かれたところで、奈良時代には蝦夷征討政策に当たった鎮守府も併設された日本の古代城柵だ。大和朝廷が蝦夷（えみし）を制圧するため、軍事的拠点として蝦夷との境界となっていた松島丘陵の南東部分に設置した。仙台平野を一望できるところで、位置としてはちょうど仙台と松島の中間だ。11世紀の中頃に終焉を迎えるまで約３００年もの間、古代東北の政治・文化・軍事の中心地としての役割を果たしてきた。

多賀城址の政庁跡には当時の礎石もある

多賀城は神亀元（７２４）年奈良時代前半の武人である大野東人（おおののあずまひと）によって創建された。大野東人は後に鎮守府将軍として東北地方の最高責任者となる人物だ。城跡の規模は約９００m四方で、周囲は築地（ついじ）塀で囲まれ南・東・西に門が開いていた。四方といっても正方形ではなく、いびつな方形だ。城跡のほぼ中央には約100m四方の政庁があり、第1期から第4期まで4時期の変遷があったという。城内の各地区には実務を行う役所や工房、兵士の宿舎などが置かれていた。第1期は大野東人によって創建され、第2期は天平宝字6（762）年藤原朝獦（ふじわらのあさかり）によって大改修された。

藤原朝獦は奈良時代半ば国の政治の実権を握っていた藤原仲麻呂の四男として生まれ、天平勝宝9（757）年に陸奥守として登場、その後鎮守将軍として東北地方の全権を任され、対蝦夷政策を積極的に進めた人物だ。朝獦の第2期の改修により建物や築地塀は礎石（そせき）式となり、築地塀には瓦も葺かれた。新たに東西の楼や後殿などが加わり南門の左右には翼廊も付いた。政庁の4回にわたる変遷のうち、この2回目が最も機能性と装飾性を兼備した豪華な造りであった。

政庁復元模型で政庁の佇まいが分かる

「多賀城」は天平9（737）年に「多賀柵」として初めて「続日本紀」に登場する。ついで宝亀11（780）年には「多賀城」と記され、その後は多賀城として史料に現れている。多賀城の創建は奈良時代前半と考えられていたが、発掘調査や研究の結果、現在の定説である神亀元（724）年となった。延暦21（802）年鎮守府が坂上田村麻呂によって胆沢城（いさわじょう）（岩手県奥州市）に移された跡も国府の役割を果たしていた。文治5（1189）年、奥州藤原氏を攻め滅ぼした源頼朝も多賀国府に立ち寄り、戦後の処置を命じたことが『吾妻鏡』に記されているという。

多賀城跡は、奈良県の平城宮跡、福岡県の大宰府跡とともに日本三大史跡に数えられ、昭和41年には国の特別史跡に指定されたが、もうひとつ必見の物が在りますよ……とボランティアの説明員が教えてくれた。高台の政庁南門跡から後ろ（南側）を振り返ると市内が見渡せる。南北大路と言われる路幅23mの直線路が南門跡から下に続いているが、その先にあるという。長い石段を下りても行けるがクルマで向かった。必見の物は「外郭南門跡」のすぐ脇にある重要文化財「多賀城碑」であった。

多賀城碑は風雨から守るために立派な覆堂のなかに設置されている石碑で、格子の隙間から覗き見るほか手はないが、多賀城市教育委員会の資料によると碑の高さは196㎝、最大幅96㎝、厚さは70㎝、石材は花崗質砂岩（花崗岩を構成する鉱物からなる砂岩＝アルコース）だ。石碑の最上部に「西」の一文字が書かれているが、石碑の立ち位置は西を正面にして立っている。

覆堂の中に日本古碑の一つである多賀城碑がある

「西」の字の下には11行、140字が細い線で囲まれて刻んである。この碑文内容は大きく二つに分かれており、前半は京（平城京）などから多賀城までの距離が記されている。例えば『京を去ること一千五百里、蝦夷国の界を去ること一百二十里、常陸国の界を去ること四百十二里』といった具合だ。江戸時代の一里は3・93kmだが、奈良時代の一里は約535mだというから、京から多賀城までの距離はざっと802kmになる。

碑文の後半は多賀城建立に関する説明で、神亀元（724）年に大野朝臣東人（おおののあそんあずまひと）が多賀城を設置したこと、天平宝字6（762）年に藤原恵美朝臣朝獦（ふじわらのえみのあそんあさかり）が多賀城を修造（造り直す）したことが記され、最後の行に碑を建てた年月日が刻まれている。年月日は「天平宝字六年十二月一日」とある。つまり、これは多賀城を修造した朝獦の功績を讃えるために建てられた碑ということになる。

多賀城碑は別名「壺碑（つぼのいしぶみ）」とも呼ばれており、江戸時代初期に発見された当初から歌枕の「壺碑」とされ広く世に知られていた。元禄2（1689）年松尾芭蕉は「奥の細道」

の旅の途中でこの碑と対面し、そのときの感動を紀行文「奥の細道」に書き残している。歌枕は、つまり和歌の題材とされた日本の名所旧跡のことを指す。「奥の細道」の旅はすなわち歌枕の地を訪ね歩くものだから、この出会いは芭蕉にとってさぞかし嬉しかったであろう。何しろ９００年以上前の碑と対面したのだから。

多賀城碑は書道史の上から那須国造碑（栃木県大田原市）および多胡碑（群馬県高崎市）とともに日本三古碑のひとつに数えられ、平成10（１９９８）年6月に国の重要文化財に指定されている。私は今回この多賀城碑を訪ねたことにより日本三古碑すべてを見たことになった。

そんな感慨もあって碑の覆堂を眺めていたらボランティアの説明員が「こちらへ来ていただけると面白い光景が見られますよ……」と誘う。碑から40ｍほどしか離れていない。そこには縮尺１０００分の1の立派な「多賀城跡・地形模型」がデンと置かれていた。説明員が政庁南門跡の方向を指差し「あそこからここまで約３００ｍありますが、実は多賀城政庁の正面から約３００ｍに位置するこの場所で、外周の南門と築地塀の跡が発見され

碑の高さ196㎝、幅96㎝

外郭南門の位置に多賀城跡地形模型が設置され政庁方面を見渡せる

たんです。つまり『外郭南門跡』です。多賀城の正門というわけですが、屋根が二重になっている瓦葺きの立派な門だったことが分かったんです」という。

政庁正面からまっすぐに伸びた路幅約23mの広い道が外郭南門跡に向かっている。これがさらに南に伸びてざっと900mほど先の「東西大路」まで行き着くという。これはとてつもなく大きい。想像以上に多賀城の世界はスケールが大きい。さすがに日本三大史跡のひとつだと思った。そして説明員がこう教えてくれた。「実は、近い将来、この『外郭南門跡』を復元する計画があるんです。しかも南北大路も整備されるはずです。この辺りはがらっと変わりますよ」。これは楽しみだ。一大観光地になること請け合いだ。「で、それはいつ頃ですか?」「5~6年先でしょう……」。ぜひ長生きして復元なった『外郭南門跡』を見に、もう一度ここを訪れてみたいものだ。

［註＝令和2年3月、この件について多賀城市文化財課に問い合わせたところ「本市では多賀城南門の復元を、多賀城創建1300年を迎える令和6年の完成を目指し、令和元年

多賀城の正門ともいうべき外郭南門と築地塀の跡が発見された。南門が復元されるのは令和６年か

12月から現地工事に着手しました」との返事をいただいた。これは楽しみだ」

そして、最後に説明員があの東日本大震災（マグニチュードＭ９・０）のときの状況をこう教えてくれた。「あのときは、まさか多賀城まで津波は来ないだろうという認識でしたが、多賀城市内での死者数は１８８人、行方不明者1名という大きな被害となりました。津波は怖ろしいですね」。これは想定外の被害だ。地震は恐ろしい。

仙台港からの距離は市街地の中心部にあるＪＲ仙石線多賀城駅まで２・５km、多賀城跡のある丘陵地帯までは約４km、街は意外に海に近いのだ。さらに利府町方面から流れてくる砂押川（すなおしかわ）は城跡の西側を通り、多賀城市街の中心を通って仙台港へ注いでいる。砂押川は総延長14・５kmの二級河川だが、平成23年３月11日の震災時では津波がこの川を遡上し堤防が氾濫、周辺で多数の被害があった。そう言えば、平成28年11月22日に起きた福島県沖地震（震度５弱、Ｍ７・４）のときも、砂押川を津波が最大１ｍ40cmの高さで逆流し、その模様がニュース速報で放映された。

千年に一度と言われる大地震ではあるが、最近頻繁に起こっている地震（余震）のことを考えると油断は禁物だ。大切な史跡を破壊されてはならない。多賀城跡がさらに整備されて多くの史跡ファンにその魅力を披露できればと願いながら、東北歴史博物館へとクルマを移動させた。ちょうど「多賀城跡あやめ園」では「あやめまつり」を開催していて、通りすがりではあったが一面に咲くあやめの姿も見ることはできた。

多賀城〝史都〟を離れ、国道45号線（仙塩街道）経由でおよそ45分後、JR東北本線仙台駅近くのホテルへ午後5時前に到着、チェックイン後に駅前繁華街の散策へと繰り出した。さすがに仙台、商店街の賑わいは大変なものであった。

《山形》
太古の火山が形成した奇岩「山寺」と「芭蕉記念館」に立ち寄り、「山形県立博物館」の国宝「縄文の女神」に会う

翌日、仙台南ICから東北自動車道に乗り入れ、村田JCT経由で山形自動車道へルートをとり、山形北ICで降り国道13号を経て山寺方面へ向かった。およそ10㎞、20分ほど

走って山寺周辺に到着した。

全山切り立った岩山の中に40ほどの建物が点在し、それぞれが歴史的に貴重な建造物というのが「山寺」（山形県山形市山寺）だ。山寺は、正しくは宝珠山立石寺といい、貞観2（860）年清和天皇の勅願によって慈覚大師が開いた天台宗の御山（霊場）だ。石段を登っていくとまず正面に立石寺本堂が現れる。根本中堂といって国指定の重要文化財だ。

さらに20分以上登ったであろうか、奇岩に囲まれたなかに「せみ塚」なる石塚が現れた。芭蕉翁の句「閑さや岩にしみ入る蟬の声」をしたためた短冊をこの地に埋めて石の塚を立てたものだ。芭蕉は門人の曾良を伴って元禄2年7月に山寺を訪ね、鬱蒼と切り立ったこの場所で蟬の声を聞いたのであろうか。われわれが訪れたときは、せみ塚の周りの岩の合間に紫陽花が綺麗に咲いていた。

次に現れたのは「弥陀洞」と呼ばれる見上げるような岩の壁面だった。直立した岩の壁を長い歳月をかけ

国指定の重要文化財「立石寺本堂」

て雨風が削り、阿弥陀如来の姿を作り出したというのだ。そこで観光客は誰もが、どこにどのように如来様が描かれているのかと、首をかしげながら目で探すわけである。1丈6尺（約4・8m）の姿から丈六の阿弥陀ともいい、この姿を見ることができた人には幸福が訪れると言われている。

ちなみに、立石寺周辺に分布している岩山の正体はデイサイト凝灰岩だという。分かりやすく言えば火山岩（溶岩）の一種だ。中新世の後期に陸化した奥羽山地ではたくさんのカルデラ火山が形成されており、山寺いったいの地層はこの火山から噴出された火砕流堆積物なのだ。中新世の後期というから概ね1100万～500万年ほど昔の出来事だ。

弥陀洞からさらに20分ほど石段を上ると、周辺は益々切り立った崖による奇観が展開し、前方に開山堂と五大堂が見えてくる。開山堂は立石寺を開いた慈覚大師のお堂で、大師の木造の尊像が安

芭蕉翁の句を書いた短冊が埋まるせみ塚

置されている。開山堂に向かって左、大きな岩の上に鎮座している赤い色の小さな堂は、写経を納める納経堂で山内で最も古い建物だ。この真下に慈覚大師（貞観6年＝864年没）が眠る入定窟（にゅうじょうくつ）がある。

さて次の目的地は「山寺芭蕉記念館」（山形県山形市山寺）だ。記念館は綺麗に整備された庭園風の広場に立っていた。芭蕉が奥の細道の旅で山寺を訪れてから300年目になるのを記念して平成元（1989）年に建てられたものだ。

記念館で最初に目にするのが「おくのほそ道行程図」なる地図である。元禄2年3月（現在の暦では5月）芭蕉が46歳のとき弟子の曾良（そら）を連れて江戸の深川を出発、陸奥、出羽、北陸の各地を回る旅に出た。8月に美濃の大垣に到着、156日間、476里余（約2000km）に及ぶ長旅を終えた。この旅の出来事をまとめた紀行文が「おくのほそ道」である。今回のわれわれの東北の旅の中で平泉、多賀城、立石寺が芭蕉の旅と重なっているので、理由もなく嬉しい気持ちになる。それにしても芭蕉は何て健脚なんだろうとつくづく思う。

山寺を離れたわれわれは「山形県立博物館」（山形県山形市霞城町）に向かった。目的は国宝の「縄文の女神」に会うことだった。博物館は霞城町にある霞城（かじょう）公園内にある。公園内は山形城跡となっており、山形城主最上義光公勇戦の像が立っていた。馬に乗った勇ましい姿だ。慶長5（1600）年秋、直江兼続が率いる大軍を迎え自ら陣頭指揮に立って奮戦し、敵を撃退して山形を死守した最上義光の英姿だ。

「縄文の女神」は平成24（2012）年9月に、造形的にも学術的にも極めて価値が高く日本を代表する土偶ということで国宝に指定され、今話題の土偶だ。写真撮影もフラッシュを使用しなければOKとのこと、順番を待って構えた。「縄文の女神」は平成4（1992）年に山形県最上郡舟形町西の前遺跡から出土されたものだ。西の前遺跡は縄文時代中期（約4500年前）の遺跡であることが判明している。

発見当初、頭部や胸部、腰部、脚部など5片に分かれた状態で見つかったが、復元してみると高さ45cmの国内最大級の土偶となった。肩幅は約17cm、腹厚約7cm、股下脚長約15cmというサイズだ。色調は全体で淡い赤褐色、目と鼻と口がないので顔面の表現はない。どんな表情をしているかは見る人が勝手に想像するしかない。角ばった肩からW字に乳房が張り出し、臀部は後部に突き出た「出尻形」をしている。これがこの土偶の大きな特徴だ。

国宝「縄文の女神」。高さ45cm

表面をよく見ると小さくきらりと光る砂粒が見える。これは土の中に含まれる石英だという。高さ45㎝もあるのに安定感のある足によって支えなしで立つことができる。これはすごい。バランスがいいのだ。

ちなみに縄文時代の土偶では長野県茅野市の「縄文のビーナス」、北海道函館市の「中空土偶」、青森県八戸市の「合掌土偶」に次いで4件目の国宝指定となった。「縄文の女神」と呼ばれるようになったのは、均整の取れた八頭身の美しい容姿からである。

《茨城》
横穴式石室に彩色壁画が描かれていた国史跡「虎塚古墳」、隣接する「十五郎穴横穴墓群」には数百基の横穴墓が

茨城県ひたちなか市中根に所在する「虎塚古墳（とらづかこふん）」の彩色壁画を急に見学したくなった。平成27年10月30日、常磐自動車道を北上し友部ＪＣＴで北関東自動車道の水戸南方面へ進路を変更、東水戸道路へとつないでひたちなかＩＣで降りる。ＩＣから約10分で「虎塚古墳」に到着した。

石室壁画の一般公開は春秋年2回というのでかなりの人が見学に来ていた。横穴式石室

の入口にはテントが張られ受付用の机が置かれていた。靴を脱いで順番に入っていく。特殊なライトで係の人が石室の奥を照らしてくれるのだが、鮮明に見えるわけではない。詳細は隣接する「ひたちなか市埋蔵文化財調査センター」で、ということで移動、センターのレプリカを見に行った。

茨城県ひたちなか市教育委員会による詳しい説明板があるのでじっくり読むことにした。

『ひたちなか市中根字指渋(さしぶ)に位置する虎塚古墳は前方部を西に面した前方後円墳で全長は56・5m、後円部の直径は32・5m、高さ5・5m、前方部幅38・5m、高さ5mを測り、前方部の発達した後期形式の古墳である。昭和48（1973）年9月の調査により、後円部南側に長さ4m余の横穴式石室が発見された。奥室から一体の遺骸と黒漆塗り大刀・刀子(とうす)（小刀）・鉄鏃（鉄で作られた矢じり）などが出土し、7世紀前半に勢力のあった勝田付近の豪族の埋葬例が明らかになった。

石室内には東日本でも珍しい彩色壁画が発見されたが、奥壁と側壁には白色粘土で下塗

色彩壁画の一般公開に合わせて虎塚古墳に来る

石室内はベンガラで幾何学文や武具などの絵画が

りした上に酸化鉄（顔料のベンガラ）で三角文・環状文・円文・渦巻文などの幾何学文と、武器・武具・馬具・装身具などの絵画が描かれていた。天井石・床石も赤く彩色してあったが、赤い顔料で描かれた図文は豪族の身を悪霊から守るために必要なものと信じられていた。つまり徐魔の願いを込めたものだ。茨城・福島・宮城県下で発見された彩色壁画の中でもその多様さと特異性においては他に類例のない貴重なもので、昭和49（１９７４）年1月に国の史跡指定を受けた』……これが茨城県ひたちなか市教育委員会による説明板の概要である。

センターに設置されている石室のレプリカは実物そっくりの見事な出来栄えで、ベンガラによる幾何学文と画にはしばし見とれてしまうほどであった。幾何学的文様は何を意味するのか特定された説明はなかったが、故人を永遠に守る自然環境を抽象的に描いたものか、いずれにしろ古代人の想像力のたくましさを見せつけられているような気がした。

虎塚古墳に隣接して大小様々な穴が並ぶ「十五郎穴横穴墓群（じゅうごろうあなよこあなぼぐん）」があるというので埋蔵文

化財調査センターから徒歩で向かった。下り坂の地道を10分ほど歩いたであろうか、急に前方が開けた崖下に出たが、その崖が十五郎穴横穴墓群であった。昭和15年3月に指定された茨城県指定史跡である。

　横穴墓は墳丘を持たずに崖などに水平に穴を掘って作った墓の事で、古墳時代中期の5世紀後半に九州北部で出現し、6~7世紀に全国各地へ広がったと言われている。十五郎穴横穴墓群は7~9世紀の奈良時代に造られたとされ、玄室、玄門、羨道、前庭部などから構成されていて、古墳の横穴式石室と類似した構造になっているという。平成17年3月に記した茨城県教育委員会およびひたちなか市教育委員会による案内板が、十五郎穴の前に立っていたので紹介しよう。

『十五郎穴横穴墓群は、館出（たてだし）、指渋（さしぶ）地区などの崖の凝灰岩にいくつか分かれて分布しているが、このうち館出に群集している34基が茨城県の史跡に指定されている。虎塚古墳のあ

7世紀後半に造られた前方後円墳。豪族が埋葬されているといわれる。全長56.5m

崖に穴を掘って作った十五郎穴横穴墓群

る台地（指渋）の南側の崖では約１２０基が発掘調査で確認されているが、十五郎穴横穴墓群全体では数百基の横穴墓が存在していると考えられ、わが国を代表する貴重な史跡である。なお横穴墓からは須恵器・直刀・装飾品など多くの副葬品が出土している』

崖の表面に大小様々な穴が開いているさまは実に不気味で異様な景観だが、これがれっきとした古代の墓とは知らない向きには、まるで爆弾による穴ではないかと思うだろう。

「十五郎穴」の名称の由来は、この地に十郎・五郎なる人物が住んでいたという伝承から生まれたと案内板には書かれていたが、興味あることは横穴墓が海の方向を向いていることと、正倉院（奈良）の宝物と同じ形態の長さ25cmの金具が付いた刀子（小刀）が出土したということだ。８世紀半ばに造られたと推定されるものだが、正倉院とどのような関係があるのか、今後の調査に期待したい。

《栃木》

笠石神社に祀られている日本三古碑のひとつ、国宝「那須国造碑」、那珂川右岸に展開する「なす風土記の丘」は史跡の宝庫だった！

日本三古碑と言われているものは宮城県の「多賀城碑」、群馬県の「多胡碑」そして栃木県の「那須国造碑」である。日本の各地に残る古代の碑のうち書道史の観点から極めて重要とされる碑のことで、いずれも8世紀前後の貴重な文化財である。石碑に刻まれている文字は古代の謎を解くカギだと言われているほどだ。

多賀城碑は国重要文化財、多胡碑は国特別史跡で平成29年10月31日にユネスコ世界記憶遺産に登録された。そして那須国造碑は国宝である。この国宝見たさに東北自動車道をひた走ったのは平成28年8月上旬であった。

矢板ＩＣを降りてから喜連川（きつれがわ）～那珂川町と東進し、

笠石神社に国宝「那須国造碑」がある

ここから国道２９４号を北進すると「笠石神社」という交差点が見える。これを左折すれば１５０ｍほどで到着する。ＩＣから約30分の距離だ。笠石神社の所在地は栃木県大田原市湯津上。鳥居をくぐりこぢんまりした境内を進むと右側に「拝観者には説明します」の看板が立っている。人気が全くないが思い切って社務所に声をかけてみた。「すいません、国宝の碑を見たいのですが……」。笠石神社の宮司さん（伊藤克夫さん）がわざわざ出てきた。説明と案内をしてくれるという。

笠石神社の宮司さんが説明してくれる

まずは廊下に並べられたたくさんの資料を前に那須国造碑についての詳しい説明から始まった。

この碑は西暦７００年頃（飛鳥時代）に那須国造であった那須直韋提の遺徳をたたえるため、その息子と思われる意斯麻呂らによって建立された碑である。〝国造〟はすなわち当時の那須の国を治めていた人のことだ。碑の高さは総高１４８cm、石材は花崗岩。文字の刻まれた碑の上に笠状の石を載せた特異な形をしていることから、この地域では「笠石さま」として親しまれている。

碑には8行に各19字ずつの計１５２字が刻まれ

ており、その書体には中国の六朝時代の書風が感じられるという。また碑文冒頭には「永昌」という唐の則天武后（女帝）の時代に使用された年号が用いられているなど、その当時に大陸や半島から渡来してきた人々の影響が色濃く残されている。

この碑の保存には江戸時代の水戸藩主、徳川光圀もかかわっているという。長い間草に埋もれて倒れていたこの碑を磐城（福島県）の僧・円順が延宝4（1676）年に発見し、小口村（現那珂川町）の名主・大金重貞に話し、それが徳川光圀へ伝えられたからだ。そしてこの碑が貴重なものであることが分かったことから、元禄4（1691）年に碑堂を建て石碑を安置した。これが現在の笠石神社となっている。つまり光圀は石碑を守るために笠石神社を建立したことになる。

宮司さんは説明が終わると碑が祀ってある本殿へ案内してくれた。昭和27（1952）年11月に国宝の石碑として指定された那須国造碑は、笠石神社のご神体でもあるから撮影は禁止されている。その代わり宮司さんから碑が写っている写真（絵葉書）をいただいた。

碑が祀ってある本殿。撮影は禁止だ

高崎市多胡碑記念館の「古碑のへや」に展示されている那須国造碑の複製

笠石神社を辞してから国道２９４号へ戻り、南へ５００ｍほど進んだであろうか、道路の左側に「下侍塚古墳」の標識が見えた。どんなものかとちょっと寄ることにした。

周辺は一面草が茂る緑の野原で起伏に富み、樹木も茂っているから古墳の確認はなかなか難しいが、そういえばこんもり盛り上がった古墳らしきものが点在していた。

下侍塚古墳が国指定史跡になったのは昭和26年6月で、今、墳丘には松の木など樹木が生い茂り全面緑に覆われている。道路側に「史跡下侍塚古墳」と彫り込まれた石碑が立っておりその後ろに前方後円墳がうねっていた。全長は84ｍ、後方部の長さ48ｍ、幅48ｍ、高さ９・４ｍ、前方部の長さ36ｍ、幅36ｍ、高さ5ｍという規模で、那珂川右岸の段丘上に位置する古墳だ。那須地方の6基の前方後円墳の中では上侍塚古墳に次ぐ規模である。

大田原市教育委員会が記す立派な案内板があったのでその一部を紹介しよう。

『……本墳は元禄５（１６９２）年徳川光圀の命により小口村（那珂川町小口）の庄屋であった大金重貞らが上侍塚古墳とともに発掘調査を行っている。鏡、鎧片、鉄刀片、大刀（たち）

古墳時代前期の前方後円墳「下侍塚古墳」

柄頭（つかがしら）、土師器（はじき）壺（つぼ）、同高坏（たかつき）などが出土したが、これらは絵図にとるなど調査結果を記録したうえで松板の箱に収め、埋め戻している。さらに墳丘の崩落を防ぐために松を植えるなどの保存整備も行われた。これら調査と調査後の遺跡の処置は日本考古学史上特筆されるものである。（中略）……古墳の築造は出土遺物や墳形の特徴などから4世紀末頃（古墳時代前期）と考えられている』とある。

相当古い古墳であることが分かったが、それにしても元禄5年の発掘調査の方法は見事だ。記録し、遺物を戻し、墳丘保存を図った当時の担当者の慎重さがうかがわれる。今も墳丘は松の木等に覆われ奇麗な保存状態で、国道からの見栄えも問題ない。

下侍塚古墳と国道294号を挟んで向かい側に「大

那須の古代文化が学べる「那珂川町なす風土記の丘資料館」。充実した常設展示が見ものだ

田原市歴史民俗資料館」（栃木県大田原市湯津上）があり、その奥に隣接して「大田原市なす風土記の丘湯津上資料館」があったので立ち寄ってみた。いずれも館内には周辺の文化財関連資料が解説付きで整然と並べられているが、後者の湯津上資料館は那須国造碑の建立と発見が展示テーマなので、笠石神社を訪れた人は必見かもしれない。

《栃木》
広場を囲む縄文時代の復元住居に見とれる！
史跡「根古谷台遺跡」はまさに〞よみがえる太古〟であった

真夏の陽は長い。古代那須国めぐりを済ませても日没までまだ4時間以上はある。欲張って「史跡根古谷台遺跡」をめぐっていくことにした。東北自動車道矢板ＩＣに戻り鹿沼ＩＣを目指した。鹿沼ＩＣを出ると県道6号線に合流、ここを右折する。6号線は通称鹿沼インター通りと言うらしい。途中から右折して楡木街道へ出て左折、聖山（せいざん）公園入口の信号が見えたら右折して園内を奥へと進む。聖山公園は霊園なので広くて平坦で緑が豊かだ。一番奥が「うつのみや遺跡の広場」になっていて駐車場もある。鹿沼ＩＣから3㎞ほど、10分プラスで到着した。所在地は栃木県宇都宮市上欠町（かみかけまち）である。

まず目につくのが石で造られた立派な案内碑だ。〝よみがえる太古〟と銘打った「うつのみや遺跡の広場」の説明板である。『この史跡公園は縄文時代前期（約5～6千年前）の史跡・根古谷台（ねごやだい）遺跡を中心に整備したものである。根古谷台遺跡には、墓地になっている広場を囲んで建物が立ち並んでいたことが分かった。そこで復原建物と耳飾りや首飾りなど重要文化財が出土した墓穴に重点を置いて整備をした。なお、1号長方形建物は原始古代の復原建物としては日本最大の規模である。隣接して園内には資料館もあるので見学していただきたい』……とあり、遺跡広場の地図も併記されていた。

昭和61（1986）年の発掘調査によって縄文時代前期の大集落が発見されたわけだが、その2年後の昭和63年5月には国の史跡に指定されている。広場の地図を見ると竪穴住居、掘立柱建物、配石墓等々が広い園内に配置されているのがよく分かる。まずは案内碑のすぐ後ろ側にある「将軍塚古墳」から見ることにした。

「うつのみや遺跡の広場」の案内板と資料館

この古墳は7世紀前半頃（約1400年前）に造られたもので、この台地にあるいくつかの円墳の中で最も大きく、立派な古墳という意味で〝将軍塚〟と呼ばれてきた。昭和60年に周溝の調査を行い、その規模が明らかになった。墳丘の直径は約30m、高さは約2・4m、周溝を含む全直径は35mもある。出土した土師器や須恵器、鉄器等は園内の資料館に展示してある。

きれいに舗装された園内の歩道を進むと左側に「石室モデル」が現れた。この石室は聖山公園の造成に伴って発掘調査をした、聖山1号墳の石室の一部を模式的に復原したもので、前出の将軍塚古墳の内部にも同様の横穴式石室があると考えられる。さらに歩を進めるとJ―5号と書かれた竪穴住居が立っていた。説明板には『この建物は本遺跡で確認された27軒の縄文時代の竪穴住居跡のうち最大規模のものを復原したものである。復元にあたっては建物の高さを床面から8・4mに設定し、屋根は入母屋で、妻の上部に出入口をとる構造とした。なお、平面の規模は長さ13・7m、幅7・4mである』と書かれていた。

隣接した掘立柱建物（J―4号）は、この遺跡で確認された17棟の掘立柱建物の中でも大きな柱穴が環状になっているという特異なものだったので復原されている。『これは建物というより木柱列（もくちゅうれつ）と考えられるが、いずれにしても8本の柱の内部は葬送や宗教的儀礼に使われた神聖な場所であったと考えられる』と説明書きにはあった。

8本の柱が立っている木柱列。神聖な場所との説がある

公園の中央は円形の緑の広場になっていて、そこには「配石墓（はいせきぼ）」があった。この配石墓はこの遺跡の広場内で確認された320基余りの墓の一部を復原したもので、説明書きには『復原にあたっては土を盛りその上に小石を配し、中央に大きな玉石を立てる構造とした。なお、盛り土はなく埋葬地を示す石が数個置かれただけの簡単なものであったとも考えられる』としている。

長さ7・1mの比較的小規模な竪穴住居（J—10号）に隣接して立っている「長方形大型建物」（1号）はこの遺跡広場の主役である。巨大だ。地震や台風などに耐えられるのだろうかと余計な心配をしてしまう。

説明によると『根古谷台遺跡で確認された15棟の長方形大型建物跡のうちの1棟で、原始古代の復原建物としては現在（1991年＝平成3年）日本最大の規模である。このような大きな建物が何に使われたのか明らかになっていないが、中央広場の墓壙群と深いつながりを持ち、大規模な葬送や祖先崇拝の儀礼に伴った建物であろうと考えられる……』

である。なにしろ長さは23・1m、幅9・8m、高さ8・8mと大きい。よく復原したものだ。

根古谷台遺跡は比較的新しいせいか史跡公園全体がきれいで管理も行き届いている。東北自動車道のインターチェンジからも近いので、歴女ならずともファミリーでも行楽気分で訪れることができる。期待を裏切らない遺跡公園だと断言する。

《群馬》
〝古墳の宝庫〟群馬県を代表する「保渡田古墳群」、榛名山南麓に築造された1500年前の前方後円墳

関越自動車道の前橋ICを降りてから西へクルマを走らせること約6㎞、15分、上越新幹線を横切る（くぐる）と間もなく「上毛野（かみつけの）はにわの里公園」に到着する。群馬県高崎市井出町と保渡田町にまたがる広さ12・9ヘクタールの歴史公園だが、園内には昭和60（1985）年9月に国の史跡に指定された保渡田古墳群とかみつけの里博物館、土屋文明記念文学館などがある。地理的には榛名山の東南の麓、井野川東岸に所在する。公園の所在地は高崎市保渡田町だ。

円筒埴輪と形象埴輪に囲まれた八幡塚古墳

「保渡田古墳群」は二子山古墳と八幡塚古墳そして薬師塚古墳の三つを総称した名称で、いずれの古墳も5世紀後半から6世紀初めにかけて造られた全長１００ｍ級の大型前方後円墳だ。被葬者は榛名山の東南麓を治めた有力な豪族だと言われているが、古墳が造られた順は二子山→八幡塚→薬師塚と推定されている。群馬県を代表する古墳群と言ってもいい。

保渡田古墳群のうち八幡塚古墳と井出二子山古墳を中心とする地域は「上毛野はにわの里公園」として整備されているが、とりわけ保渡田町側にある八幡塚古墳は、平成８年度から平成11年度までの４か年をかけて築造当時のままに復元整備されたもので、公園内のいわば目玉ともいえる鮮やかな墳丘景観を呈している。

実は、保渡田古墳群を最初に訪れたのは平成24年5月であったが、そのときの記録（画像）を不覚にも消失してしまったので、平成30年3月に再訪し撮り直しを図った。久しぶりに保渡田古墳群を訪れたわけだが、八幡塚古墳の美しくかつ迫力ある容姿は少しも衰えておらず、かみつけの里博物館の展示内容も充実していた。公園内に完備された駐車場にクルマを止め、まずは八幡塚古墳の墳丘を目指して歩を進めた。

博物館の資料によると、八幡塚古墳の長さは96ｍ、高さは８ｍ、後円の直径は56ｍ、前方部の幅は53ｍもあり、墓域の全長は約１９０ｍにもなる。５世紀後半に築造された前方後円墳だ。墳丘の周りを堀で二重に囲み、堀の中にある四つの島と墳丘の斜面（法面）は葺石で覆われている。この内堀の中にある四つの島（中島）が八幡塚古墳の特徴だ。

八幡塚古墳の後円部の頂上から内部へ下りると石棺展示施設があり、長さ3.2mの凝灰岩製石棺がある

古墳の周りには筒形の円筒埴輪がずらりと列になって並び、これが壮観だ。古墳を悪霊から守る垣根を意味するものではないかと考えられている。また、前方

内堀には中島が４ヶ所ある。祭祀の場か近親者あるいは従者の埋葬施設か諸説ある

部前面の中堤上には円筒埴輪が方形に並び、その中に様々な形の埴輪がひしめいている。人物、馬、鶏、イノシシ、水鳥など形象埴輪がずらりと立ち並ぶが、これは埴輪祭祀のひとつの表現様式ではないかと注目されている。

八幡塚古墳の最大の特徴は、後円部の頂上から階段で内部へ下りられることで、そこには石棺展示施設が設置されていることだ。豪族が眠っていたと思われる大きな舟形石棺があり、築造当時の石室の様子が精緻に再現されている。図面付き解説文が行き届いているのも親切だ。

二子山古墳の頂上には古墳の主を埋葬した舟形石棺の実物大の写真が設置されている。本物は頂上ほぼ中央の地下１ｍに保存されている

八幡塚古墳から２００ｍも離れていないところに二子山古墳がある。ここは井出町なので「井出二子山古墳」と呼ぶこともある。発掘前の古墳の形状を

３段築成の前方後円墳「二子山古墳」

できるだけ変えない手法で整備されたという。墳丘全長は１０８ｍ、後円部径は74ｍ、高さ10ｍ、墳丘部が３段築成で、前方部の幅は71ｍ、高さは７ｍある前方後円墳だ。周濠は馬蹄形で二重に造られており、堀の中には直径約18ｍの円い島が四つ造られている。島は、被葬者に対する葬送儀礼が行われた場所と言われている。

かみつけの里博物館のエントランス

後円部頂上ほぼ中央の１ｍ地中には、竪穴式石室の舟形石棺が保存されているのだが、見学者には頂上表面に実物大の石棺写真を設置して、その模様を表現している。保渡田古墳群の中で最初に築造されたもので、その時期は５世紀第３四半期頃とされている。墓域の全長は約２１３ｍもあり、墳丘の上と周辺をめぐると結構な運動量となる。

館内には様々な埴輪が展示されている

薬師塚古墳は八幡塚古墳の北側２００ｍほどのところ

にあるが、墳丘部に西光寺の建物や墓地がある。というより墳丘は西光寺の境内となっており、墳丘の一部はかなり変形している。前方後円墳の規模としては全長105m、高さ6m、周囲は二重に堀がめぐらされており、堀を含めた全長は165mもある。後円部の径は約66m、前方部の幅は72m、3段築成で葺石、埴輪を備えている。天和3（1683）年に発掘された長さ2・9mの舟形石棺が後円部の頂上に保存されているが、これは凝灰岩を刳り抜いたものだ。この石棺に眠っていた豪族は、前方後円墳の規模からするとかなりの大物であったという。

ロビーには八幡塚古墳の実物大石棺が

薬師塚古墳の発掘時に出土した鏡や馬具類、玉類など重要文化財に指定されている遺物は「かみつけの里博物館」に展示されている。博物館は八幡塚古墳と二子山古墳の中間に立地しているが、所在地は高崎市井手町1514となっている。上毛野はにわの里公園の総まとめとして博物館を覗いてみた。平成10年に創建された高崎市立の博物館で、ひと言でいえば「1500年前の榛名山の大噴火によって地中深く埋没していた5世紀後半の世界を蘇らせた博物館」だ。榛名山の東南麓で出土した古墳時代の豪族の館の復元模型、さらには人物や動物の埴輪などの出土品を中心に常設展示している。

群馬県は〝埴輪王国〟とも言われるほど埴輪の出土数が大変多く、それだけに埴輪に秘められた物語には誰もが関心を持っているに違いない。その世界を覗きたい向きには「かみつけの里博物館」の見学をぜひお勧めする。それにしても「上毛野はにわの里公園」には埴輪があふれている。これほど見事に並べられた埴輪は、私にとって今城塚古墳（大阪）以来の景観であった。

《群馬》国史跡の「天神山古墳」は5世紀中頃の大型前方後円墳、隣接する「女体山古墳」は「帆立貝形古墳」だ

古墳の宝庫と言われる群馬県だが、名前にたがわず東日本では最大級、全国でも30位以内の規模を誇る大型前方後円墳がある。所在地は群馬県太田市内ケ島町で、東武伊勢崎線太田駅から直線で約1・2km、県道2号線と東武小泉線（館林～太田）に挟まれた平地にある。周辺は畑なので、樹木で覆われた墳丘はすぐ目につく。その名は国指定の史跡「天（てん）

神山古墳」、別名「男体山」とも呼ばれている。国指定された年は昭和16（1941）年1月というから歴史がある。

『墳丘の全長は210m、後円部の直径は120m、高さ16・8m、前方部前端幅は126m、高さ12m、周囲には二重の周堀がめぐらされている。墳丘は前方部が2段、後円部が3段築造で、表面は渡良瀬川系の川原石で葺き上げられている。主体部は竪穴式だが、すでに盗掘を受けていて、後円部南裾付近に大型の長持形石棺の一部が露出している。築造時期は5世紀中頃と推定され、被葬者は畿内大和政権と強いつながりを持っていた毛野国の大首長と考えられている』……太田市教育委員会が平成元年3月に記した案内板の説明の概要である。

　畦道を歩いて墳丘の麓に着くと鳥居が立っていて、その横に案内板が立っている。鳥居をくぐって坂道を登っていくと墳頂へたどり着くが、なるほど大きい古墳だ。なぜ古墳に鳥居が立っているのか、改めて案内板の説明を読んだらこう書いてあった。『太田天神山

全長210mの大型古墳「天神山古墳」

鳥居は後円部の上に天満宮があった名残だ

古墳の名前は、後円部の上に天満宮の社があったことに由来する。現在は鳥居のみがある』ということだ。納得しながら、天神山古墳の東側に隣接してある「女体山古墳（にょたいさんこふん）」にも回ってみた。

「女体山古墳」の所在地は同じく太田市内ケ島町で、国の史跡に指定されたのは昭和２（１９２７）年４月というから由緒ある古墳だ。道路に面して「史跡女体山古墳」と彫られた石碑が立っているのですぐ分かる。天神山古墳と違って前方後円墳ではない。「帆立貝形古墳（ほたてかいがたこふん）」という形式である。円丘部に方形の造り出し部が付けられた形で、ちょうど帆立貝のような形をしている。墳丘の上を歩いていくとその〝帆立貝〟の様子がよく分かる。

墳丘の全長は１０６ｍ、円丘部の直径は84ｍ、高さ７ｍ、造り出し部は幅18ｍ、長さ16ｍで、周囲に幅11～19ｍの周堀を持つ。帆立貝形古墳としては奈良県北葛城郡河合町に所在する乙女山古墳に次いで、全国第２位の規模を有するほど大きいという。乙女山古墳は５世紀前半の築造と推測されるもので、墳丘の全長は約１３０ｍ、円丘部の直径は１０４

女体山古墳は帆立貝形古墳。天神山と夫婦関係にあるのでは……

m、造り出し部は幅52m、長さ30mで、これはかなり大きい。昭和31（1956）年に国の史跡に指定されているものだ。

平成2（1990）年3月に記された太田市教育委員会の案内板によれば『……女体山古墳の築造時期は5世紀中頃で、天神山古墳よりやや先行する時期と考えられている。天神山古墳と女体山古墳はほぼ同一時期に同一方向を向いて築造されていることから、両古墳の被葬者には密接な関係があると考えられている……』とある。

女体山古墳と男体山古墳が同一方向に造られたというのは、古墳の前方が南西方向を向いていることだが、被葬者には密接な関係がある……の下りはいささか気になる。素人が勝手な想像をすることを許されるならば多分、両者は夫婦であろう。妻に先立たれた首長が築造したに違いない。

《群馬》
前方後円墳終末期の大型古墳「観音塚古墳」は、高崎市八幡町の閑静な住宅地に囲まれていた！

昭和63年開館の高崎市観音塚考古資料館

群馬県の地図を見ていると古墳マークがたくさんあることに気づく。〝古墳の群馬〟〝埴輪の群馬〟は確かに言われる通りだ。で、ある日あるとき、地図上に「観音塚古墳」を発見、調べてみたら隣接する考古資料館で、平成28年10月８日から12月４日まで「前方後円墳が消えるとき」というテーマで第28回企画展を開催しているという。胸騒ぎがして早速平成28年12月３日に行ってみた。

関越自動車道の高崎ＩＣを降りてから、県道27号と国道18号線を繋いでひたすら西へ向かい走ること約12㎞、目指す「高崎市観音塚考古資料館」へたどり着いた。ＪＲ信越本線の群馬八幡駅と安中駅の中間ほどで、所在地は群馬県高崎市八幡町（やわたまち）、周辺は閑静な住宅地

出入り自由の観音塚古墳横穴式石室の入口

だった。

高崎市の資料によると、この資料館は国指定重要文化財「上野国八幡観音塚古墳」出土品の保存と公開を目的として昭和63年11月に開館したが、これらの出土品はなんと昭和20年３月に、防空壕を掘っていた地元の人々によって偶然発見されたものだという。石室内から多量の副葬品が発見されたというが、その数30種３００点にものぼる。出土品は学術的にも価値が高く、古墳時代後期の高度な技術、国際色豊かな先進性、繊細な美意識などを今に伝えている貴重なものだという。

これらの副葬品は昭和36年２月に国の重要文化財に指定された。

考古資料館の入館料は一般１００円だが、嬉しいことに65歳以上は無料で企画展が見学できた。企画展は「最後の輝き、最終末前方後円墳の華麗な副葬品の世界」のサブタイトルが示す通り、最後の前方後円墳として知られる奈良県の五条野丸山古墳や埼玉県の将軍山古墳など、16基の古墳について銅鋺や太刀などの出土品を展示してパネルで解説したものだ。五条野丸山古墳は橿原市五条野町に所在する前方後円墳、将軍山古墳は埼玉県行田市に所在する前方後円墳で、いずれも6世紀後半の築造。つまり古墳時代最後の前方後円墳だ。

で、なぜ前方後円墳は7世紀に入ってから築造されなくなったのか。3世紀後半から7世紀初めにかけて近畿地方から瀬戸内海沿岸、北部九州にかけて出現した前方後円墳は、その数約4700基とも言われている。ところが7世紀初めを過ぎると、約350年間にわたって作り続けられてきた前方後円墳はぱたりと築造を停止するのだ。その理由は、様々な説が唱えられているが、どうやら「薄葬令」が関係しているらしい。

大きな前方後円墳の築造は人手もかかるし莫大な費用もかかる。広大な土地を必要とし築造の日数もかかる。そこで大化の改新の翌年（646年）に「薄葬令」が規定された。身分に応じて墳墓の規模などを制限する勅令で、要はもっと小型

観音塚古墳の横穴式石室。日本を代表する巨石石室だ。室長は15.3m、最大約60トンの石を使用している

で簡素（薄葬）な墳墓を造りなさいという命令だ。もうひとつは、大化の改新などにより大和朝廷が地方豪族を抑えて中央集権国家へと変貌していく中で、地方豪族の権力の象徴ともいえる古墳の造営を制限しようとする狙いだ。これで前方後円墳の築造は事実上終わりを告げるのだ。

巨大な前方後円墳は姿を消し、その後は方墳や八角墳あるいは上円下方といった陵墓に変化していくわけだが、この頃から急速に普及していく仏教もまた墳墓の小型化に無縁ではないという。つまり「火葬」化への変化である。天武天皇の皇后でもある持統天皇（第41代天皇）が初めて火葬された天皇であることは有名だが、これも薄葬思想によるものだと言われている。奈良県明日香村にある天武・持統天皇陵墓は古墳時代終末期の古墳だが、形状は八角墳で直径は50ｍ、高さは７ｍ弱と小型である。

さて、考古資料館から北へ１５０ｍほど離れたところに国指定史跡「観音塚古墳」がある。昭和23（１９４８）年1月に国指定された古墳だ。敷地にたどり着くと目の前にパクっと口を開いた横穴式石室の入口があった。すでに見学者が恐る恐る中を覗いていたが、この後円部の南に開く両袖式の横穴式石室は全長15・３ｍ、玄室長さ７・１ｍ、同幅３・４ｍ、同高さ２・８ｍという大きさだ。最大で10畳大の巨石（重さ約60トン）を見事に組み上げた日本を代表する巨石石室である。入口の脇に高崎市教育委員会が平成26年６月に記した丁寧な解説板（設置協力＝高崎市観音塚考古資料館友の会）があったので、その一部概要を示そう。

『本古墳は高崎市街地西方の八幡（やわた）丘陵に所在する大型前方後円墳で、墳丘長は105m、高さ14m、周囲に堀を巡らす。6世紀末〜7世紀初めの築造で、前方部の幅や高さが後円部を凌ぐのは前方後円墳終末期の特徴である。石室の石材は北方を流れる烏川の上流から運搬されたものとみられる』

ちょっと補足すると、八幡丘陵とは、北側を流れる烏川と南側を流れる碓氷川とに挟まれたいわば東西に長い帯状の台地で、両川ともに利根川の支流だ。また、後円部を凌ぐ……というのは、前方部の幅105m、同高さ14mに比べて後円部の径は70m、同高さ12mで、明らかに前方部が大きい。

資料館の目玉は銅承台付蓋鋺。金属造形の最高水準という6世紀後半の優品だ

『……多量に出土した副葬品は一括して国重要文化財に指定されている。銅製容器、鏡、装身具、武器、武具、馬具、須恵器など300点余りの中でも銅承台付蓋鋺（どうけだいつきふたわん）や刀装具、透彫（すかしぼり）のある杏葉（ぎょうよう）（馬具の一部）などは日本の後期古墳出土品の中でも

名品として知られる』……つまり古墳時代後期の工芸品として最高水準にある逸品なのだ。

　とりわけ蓋と受皿の付いた銅承台付蓋鋺（承台付銅鋺）は金属造形の最高水準と言われるもので、鋺全体の形は仏具に通じており、中国大陸から朝鮮半島を経由して６世紀に日本に伝来した仏教文化の影響を物語っている。

　幸いこの稿執筆中（平成30年２月）に「観音塚考古資料館では平成30年４月１日まで全出土品の実物を特別公開します」という情報が入った。再度逸品をこの目で確認したく一年半ぶりに再訪することにした。掲

考古資料館の近くにある八幡二子塚古墳

載の写真はそのときのものだ。
　観音塚古墳の巨大な石室を覗き墳丘の上を歩いた後、考古資料館から２５０ｍほど東側にある八幡二子塚古墳を見に行った。住宅に囲まれた緑の公園のように静かな佇まいを見せていたが、この古墳は６世紀前半のもので墳長は66ｍだ。また、考古資料館から西側へ１５０ｍほど離れたところに墳長１０５ｍの平塚古墳があり、これは５世紀後半の築造だ

という。つまり八幡台地においては平塚古墳、二子塚古墳、観音塚古墳と三代にわたる前方後円墳が確認できるというわけである。

また考古資料館から北へ直線距離で約８００ｍのところには「剣崎長瀞西遺跡」がある。ここは都合で行き損ねたが、高崎市教育委員会の説明によると『……観音塚古墳の北にある剣崎長瀞西遺跡（５世紀後半）では朝鮮半島系渡来人の実在を示す資料が出土している。八幡台地を拠点にして古代碓氷・片岡郡域に勢力を張り、渡来人を配下に編成して地域経営を行った東国有数の首長像が推定できよう』とある。

剣崎長瀞西遺跡の古墳（径30ｍの帆立貝形古墳）や竪穴住居跡からは東日本で初めて見つかった金製の垂飾付耳飾や、日本最古級の鉄製轡、韓式系土器など、古墳時代の渡来人の存在を思わせる数々の遺物が発見された。これら平成８～10年度にかけて行われた発掘調査で発見された出土品はすべて観音塚資料館に収蔵・展示されている。

古墳時代、これらの遺跡およびその周辺に渡来人が住んでいたと想像するだけでも古代ロマンの世界が広がること請け合いだ。

《群馬》ユネスコ「世界の記憶」に登録された「上野三碑」のひとつ、「多胡碑」と「多胡碑記念館」を訪ねる

順番に覆屋の中の多胡碑を覗き見る

われわれが初めて「多胡碑（たごひ）」を見に行ったのは平成27年の春で、そのときはまだユネスコの世界遺産に登録されていなかった。平成29年10月31日、多胡碑を含めた「上野三碑（こうずけさんぴ）」がめでたくユネスコ「世界の記憶」に登録され、その世界遺産登録を記念して平成30年3月9～11日に上野三碑が一般公開されたのだ。普段はガラス戸越しに覆屋の中に鎮座する碑を眺めるだけのものが、直に見られるうえ撮影もOKという公開日だ。この機会を逃してはならないと早速愛車を走らせた。

上信越自動車道の吉井ICを降りて北へ向かうと約800mで国道254号に出る。

通称「西上州やまびこ街道」だが、これを左折して

４００ｍほど走ると「川内」という信号に出る。これを右折して県道71号をまっすぐ北進、約１・３㎞走って信号「池」を右折する。吉井町池という町だ。案内標識に注意しながら道なりに６００ｍほど走ると国指定特別史跡「多胡碑」に出る。吉井ＩＣから４㎞弱、約10数分の道のりだ。ちなみに鉄道を利用する場合は上信電鉄線「吉井駅」を下車し徒歩25分、またはタクシー５分だ。

多胡碑および同記念館の所在地は群馬県高崎市吉井町池で「吉井いしぶみの里公園」内にある。駐車場には朝10時前に到着したが、同じ思いの人たちが既に大勢集まっていて、ボランティアの説明員がグループごとに誘導していた。

多胡碑が史跡として指定されたのは大正10（１９２１）年３月、国の特別史跡に指定されたのは昭和29（１９５４）年３月である。多胡碑は奈良時代の初期にあたる和銅４（７１１）年に、上野国（こうずけのくに）の14番目の郡として新しく多胡郡が建郡されたことを記念して建てられた石碑で、碑文は縦書き６行で80字が丸底彫（まるぞこぼり）されている。石碑は笠石（かさいし）、碑身（ひしん）、台石（だいいし）から構成されてい

公開日に撮影した実物の多胡碑

て、碑身の高さは129cm、幅69cm、厚さ62cmで方柱状をしている。

石碑の上部に低い臍（ほぞ）がありその上に笠石が載っているが、笠石は幅95cm、奥行き90cm、中央の厚さ27cm、軒面厚さ15~17cm、方形の笠のような形で下部がへこんでいる。石碑の石材は牛伏砂岩（うしぶせさがん）と言われる花崗岩質砂岩の転石（てんせき）を成形したもので、文字は前面の平らな部分に彫られている。

碑文の内容は多胡郡が誕生した経緯を述べたものだが、碑文の現代語訳が公開されているので紹介しよう。『朝廷の弁官局から命令があった。上野国片岡郡、緑野郡、甘良郡の三郡の中から三百戸を分けて新たに郡をつくり、羊に支配を任せる。郡の名は多胡郡としなさい。和銅4（711）年3月9日甲寅』……というものだ。今回一般公開された日が3月9~11日に定められたのは、この和銅4年3月9日に因んだものだ。

で、ここで気になるのは碑文の中の『羊に支配を任せる……』の部分で、高崎市の資料によれば『建郡に際しては羊（ひつじ）という渡来人と思われる人物が大きな役割を果たし、初代の郡長官になったようだ……』とある。石碑を建てたのもこの「羊」だと考えられている。また多胡碑記念館の資料によれば、多胡碑を「羊」の墓碑と伝える「羊太夫伝説」があり、地元の人々は多胡碑を「ひつじさま」と呼び古くから親しんでいるという。いずれにしても多胡碑と羊には密接な関係があることは間違いない。

さて、多胡碑に隣接して「多胡碑記念館」がある。一風変わった建物だが、ここには古代多胡郡をしのばせる考古資料や、多胡碑の碑文の書風に通じる古代中国の拓本など、多胡碑に関連する資料が多数展示されている。日本における漢字の伝来は朝鮮半島を経由した中国の文字文化が基本となっているが、仏教が伝来してから飛鳥時代の聖徳太子、さらには奈良時代の聖武天皇によって写経が盛んになり、また遣隋使や遣唐使により中国文化が直接日本に招来するようになった。碑文の楷書体の文字には当時の最先端の中国文化の影響がみられるという。

記念館の2階には「上野三碑のへや」があって、三碑の精密な実物大レプリカが展示されているので、実物に直に接することができなくとも雰囲気は十二分に味わえる。さらには「古碑のへや」もあり、日本三古碑の複製も見物できる。栃木県の那須国造碑を見に行ったとき、それ自体がご神体で国宝ゆえに撮影不可であったが、幸いにもここ記念館で精緻な複製を見ることができた。別項85頁に掲載の写真はそのときのものだ。

記念館2階に上野三碑の実物大レプリカがある

公開日には遺産登録を祭る催しが記念館前で開かれ大勢の人が訪れた

さて、今回世界遺産に登録された「上野三碑」は群馬県高崎市南部地域に所在する三つの石碑の総称だが、いずれも飛鳥・奈良時代の古代上野国に造立された石碑だ。日本国内に現存する平安時代以前の古碑は僅か20例ほどにすぎず、高崎市域における3例の集中は歴史的にも特筆ものだという。なにしろ三碑は直径3㎞の範囲に所在しており、その重要性から三碑はいずれも国の特別史跡に指定されている。

それぞれの碑文からは1300年前頃の地方行政制度の在り方や古代豪族の婚姻や氏族の繋がり、仏教思想の広がりなど実に多くのことが明らかになり、古代東国史の一級資料として高く評価されている。高崎市教育委員会の資料によれば『……文字を駆使し石碑を建てる文化は飛鳥時代に朝鮮半島や中国からもたらされたものです。このため当地域の豪族の地域経営には渡来人の知識層、主として新羅系の人々が参画し、当時の日本の中でも高い文化度を誇っていたと考えられます』とある。

上野三碑は知っての通り「多胡碑」と「山上碑（やまのうえひ）」と「金井沢碑（かないざわひ）」だが、年代順に並べると山上碑が681年（辛巳年＝天武天皇10年・飛鳥時代）の建立で最も古い。次が奈良時代の多胡碑で711年、金井沢碑は726年（神亀3年・奈良時代）に建てられている。いずれの碑も歴史からいって朝鮮半島と中国文化の影響が強いことは紛れもない。ざっと1300年前の東アジアの文化交流を記す日本最古の石碑群である。なお多胡碑は栃木県の那須国造碑（700年・飛鳥時代）、宮城県の多賀城碑（762年・奈良時代）とともに「日本三古碑」のひとつでもある。

《群馬》
「上野三碑」の「金井沢碑」と「山上碑」をめぐり、ユネスコ「世界の記憶」に登録された意義を考える

多胡碑と同記念館を見学した後、「吉井いしぶみの里公園」内を散策し、次の目的地「金井沢碑」に向かった。県道71号に戻り北上すること約4㎞、城山県営住宅という信号を右折し、道なりに進むと1・5㎞ほどで金井沢碑（かないざわひ）に出る。鉄道を利用する場合は上信電鉄線「根小屋駅」下車、徒歩10分ほどだ。

碑の所在地は群馬県高崎市山名町（やまなまち）金井沢で、ここも国指定特別史跡である。最初に史跡

世界遺産金井沢碑の周辺はすっかり環境も整備され碑の覆屋も立派になった

に指定されたのは大正10（１９２１）年3月だが、特別史跡に指定されたのは昭和29（１９５４）年３月だ。金井沢碑にも平成27年春に訪れたことがあるが、そのときはまだ山中の寂しい場所という雰囲気であった。が、今回はさすがに世界遺産、周辺はすっかり整備され休憩場所も駐車場も完備されていて、大勢の見学者が訪れていた。

以前の山道には木道の階段が敷かれ、さらに石段を上りきると立派な覆屋が立っていた。既に十数名の見学者がボランティアの解説者を取り囲みながらしきりに頷き合っていた。間隙を縫って目の前の金井沢碑をカメラに収め、改めて説明に耳を傾けた。

金井沢碑のサイズは高さ１１０㎝、幅70㎝、厚さ65㎝である。石材は硬質の輝石安山岩の自然石を使用し、前面の平らな部分に縦書き9行で１１２文字が刻まれている。金井沢碑は奈良時代前半の神亀３（７２６）年に三家氏（みやけし）を名乗る豪族が、先祖の供養と一族の繁栄を祈って建てた石碑である。三家氏は、佐野三家（さののみやけ）を管理し、山上碑を建てた豪族の子孫

覆屋に鎮座していた金井沢碑の実物。碑の高さ110㎝、幅70㎝

であると考えられている。

碑文には三家氏を中心とした9人の名前が記されており、この9人のうち4人が女性だという。金井沢碑からは古代東国での仏教の広がり、家族関係、行政制度の実態などを知ることができるとしている。多胡郡の範囲は、現在の高崎市山名町から吉井町一帯で、かつてのヤマト政権の直轄地が設置されていた領域と重なる。

さて、上野三碑めぐりの最後は「山上碑」だ。金井沢碑から東に向かって約700m走ると県道30号線の根小屋町に出る。ここを右折して上信電鉄線を右に見ながら2・8㎞ほど南下すると山名町南の信号に出る。これを右折し西山名駅に向かい線路を横切って山側へ道なりに登っていくと案内標識が出てくるので、注意しながら進むと山上碑に出る。駐車場も完備している

木道の奥から急坂の石段になりその頂上に覆屋がある

ので心配ない。鉄道を利用する場合は上信電鉄「西山名駅」下車徒歩20分だ。所在地は群馬県高崎市山名町字山神谷、国の特別史跡に指定された年月日は多胡碑および金井沢碑と同じだ。

ここも以前訪れたときとはすっかり様変わりしていて、山道はきれいな木道に変わり歩きやすくなった。ただし他の二碑とは異なり碑の覆屋にたどり着くにはさらに石段を２０0段ほど上らなければならない。しかも急坂だ。息を切らせて登りきると真正面に山上古墳がある。直径15ｍの円墳で、南側に開いた奥行き7・4ｍの横穴式石室の入口がぽっかり空いている。7世紀前半から中頃の築造で山上碑の造立より数十年は古いとみられている。山上碑はこの古墳に隣接しているのだ。

黒売刀自の墓所と推測されている山上古墳

碑の覆屋の周辺には既に大勢の見学者がいて熱心に説明を受けていた。高齢者も多くみられたが、よくあの石段を上ってきたものだと感心した。順番を待って碑をカメラに収めてから目の前の山上碑をじっくり眺めた。山上碑の大きさは高さ１１１㎝、幅47㎝、厚さは52㎝で、石材は硬質の輝石安山岩（きせきあんざんがん）の自然石を使用、前面の平らな部分に縦書き4行で53文字が刻まれていた。

山上碑が建てられたのは飛鳥時代の天武天皇10（681）年（辛巳年）だが、完全な形で残っているものとしては日本最古の碑だという。自然石をあまり加工しないで使っているが、その形状は朝鮮半島の新羅の石碑に類似しており、碑の造立に際しては当地の新羅系渡来人が深く関わったと推定されている。

高崎市教育委員会の資料によると、碑文には放光寺（ほうこうじ）の長利（ちょうり）という名前の僧が母のために石碑を立てたことと、長利の母方と父方の双方の系譜が記されているという。つまり僧になった息子が母のことを想って建てた石碑だ。長利の母である黒売刀自（くろめとじ）は、ヤマト政権の直轄地である佐野三家の管理者であった健守命（たけもりのみこと）の子孫で、父である大児臣（おおごのおみ）は赤城山南麓の豪族とみられる新川臣（にっかわのおみ）の子孫なのだ。

長利は母である黒売刀自を供養すると同時に、上野国の有力豪族の子孫であり大寺院の僧でもある自らの存在を後世に伝えるために碑を建てた……との見方もある。碑文はすべ

公開日は日本最古の碑が直に見られるとあって見学者が大勢覆屋を取り巻いていた

て漢字で書かれているが、日本語の語順で読むことができるので、現在に繋がる日本独自の漢字の使用法が確認できる非常に貴重な資料だという。これも現代語訳が公開されているので参考に記しておこう。

完全な形で残っている日本最古の碑「山上碑」の実物写真

『辛巳年（天武天皇10年＝681年）10月3日記す。佐野屯倉（さののみやけ）をお定めになった健守命の子孫の黒売刀自。これが新川臣の子の斯多々弥足尼（したたみのすくね）の子孫である大児臣に嫁いで生まれた子である（わたし）長利僧（ちょうりのほうし）が母（黒売刀自）の為に記し定めた文である。放光寺の僧』……刀自は女性の尊称であり足尼は男性の尊称だ。

山上碑の東側に隣接している円墳「山上古墳」は石碑に近接していることから黒売刀自の墓所と推測されている。であれば、長利僧がいかに母親思いであったかの証拠となる。

ところで高崎市内にある上野三碑に刻まれた記録形態は日本語の源流を明示するものと言われているが、もとは上野国に住み着いた朝鮮半島からの渡来人がもたらしたものであることは明白だ。飛鳥や奈良など当時の都から遠く離れた群馬の人々が、渡来人と密接に交流していく中で生まれたものだろう。そういう意味でも、日本の漢字文化がこの地からも発信されたと考えると、上野三碑がユネスコ「世界の記憶」に登録されたのは当然といえる。

当時の多胡郡から佐野三家までぐるりと上野三碑めぐりをしてしまったが、この起伏の激しい山間地域で当時の〝国際村〟ではどのような会話が飛び交っていたのだろうか。想像するだけでも楽しくなってくる。

《埼玉》

5～6世紀の大型古墳に出会える「さきたま古墳」、「県立さきたま史跡の博物館」で国宝「金錯銘鉄剣」に見入る

関越自動車道の東松山ＩＣで降りて国道２５４号～県道66号～77号とつなぐと東松山ＩＣから約35分、距離にして18㎞ほどで「さきたま古墳公園」に到着する。きれいに区画された広い駐車場にクルマを止めると、広大な緑の公園内に盛り上がった大型古墳が既にいくつか視野に入る。さきたま風土記の丘として整備された埼玉(さきたま)古墳群で、昭和13年に国の史跡に指定された。

埼玉古墳群は丸墓山古墳、稲荷山古墳、二子山古墳、鉄砲山古墳、将軍山古墳、瓦塚古

墳などの大型古墳が数多く存在することで全国的に有名だが、ここが埼玉県の県名発祥地であることはあまり知られていない。博物館の前に「埼玉県名発祥之碑」という石碑が立っている。所在地は埼玉県行田市埼玉。古墳時代の事をとことん目で見て知りたい向きには格好の場所ではないだろうか。まずはその博物館へ行ってみた。正式には「埼玉県立さきたま史跡の博物館」といい、9基の古墳を中心とした約32万㎡を超える古墳公園を維持管理する要のところだ。

金錯銘鉄剣の実物と精緻な複製品(左)を並べて公開展示中

国宝展示室の中央には大きなガラスケースが置かれ、その中には錆だらけの鉄剣が飾られ、圧倒的な迫力でわれわれを待っていた。これが昭和58（1983）年国宝に指定された「金錯銘鉄剣」で、博物館のいわば象徴だ。埼玉古墳群の稲荷山古墳から昭和43（1968）年に出土した全長

博物館敷地内に埼玉県名発祥の碑がある

73・5㎝の鉄剣で、X線撮影の結果、表に57字、裏に58字の計115字の銘文が見つかったことで大変なことになった。「5世紀末の古代国家成立の謎を解くための超一級の資料」と言われているほどだ。

保管と同時に展示も可能な特殊なガラスケースの中には、その銘文の口語訳例として分かりやすい説明文が置かれてあった。貴重なので紹介しておこう。

『その子の名はカサヒヨ、その子の名はヲワケの臣。先祖代々杖刀人首（じょうとうじんのかしら）（大王の親衛隊長）として大王に仕え、今に至っている。ワカタケル大王（雄略天皇）の朝廷がシキの宮にある時、私は大王が天下を治めるのを補佐した。この何回も鍛えたよく切れる刀をつくらせ、私が大王に仕えてきた由来をしるしておくものである。』……という銘文だ。辛亥の年（471年）7月に記されたもので、大和朝廷の雄略天皇とされるワカタケル大王に仕えた手柄を記したものだという。

われわれが最初に訪れたのは平成27年6月で、このときは錆だらけの国宝本体のみであったが、本稿執筆中（平成30年1月）に次のような新聞記事（毎日新聞）が発表された。『古墳時代に製造され埼玉古墳群の稲荷山古墳から1968年に出土した国宝の金錯銘鉄剣を忠実に再現した復元品が2月18日まで博物館で特別公開されている。期間中は国宝の実物と復元品を並べて展示するが、両者を見比べながら鑑賞できる貴重な機会だ』とあった。
刀匠や研師らの〝職人集団〟が約１５００年前の古墳時代に造られた国宝金錯銘鉄剣を、ざっと6年半の歳月をかけて平成25年7月に復元完成し埼玉県へ寄贈、今回めでたくさきたま史跡の博物館で特別公開展示となったものだ。大きさ、形状、銘文の象嵌、研ぎ方まで現物に忠実に再現された復元品で、これは見過ごすわけにはいかない。早速博物館へ行ってきた。添付の写真はそのとき撮った実物とレプリカのツーショットである。

金錯銘鉄剣が貴重な出土資料である理由のひとつは、熊本県玉名郡和水町（なごみまち）に所在する江田船山古墳（国指定史跡の前方後円墳）から出土した鉄剣の謎を解いたことにある。この鉄剣にも金錯銘鉄剣と同じように銘文が象嵌されていたが文字が一部不明であった。それが金錯銘鉄剣の銘文の文字から同じく「文官がワカタケル大王に仕えていた」ことが分かり、ヤマト王権の支配が東国から九州まで及んでいたことが明らかになったのだ。まさに古代国家成立の謎を解くための超一級資料と言ってもい

金錯銘鉄剣が出土した稲荷山古墳。左側が後円部

稲荷山古墳後円部頂上に礫槨の様子を示すディスプレイがある。舟形に掘った竪穴に河原石を張り付けて並べその上に棺を置いた

い。

この貴重な金錯銘鉄剣が出土したのは、博物館から県道を挟んで500mほど北へ行った稲荷山古墳だ。全長120m、後円部径62m、高さ11・7m、前方部幅74m、高さ10・7mもある前方後円墳で、周囲には長方形の堀が中堤を挟んで二重にめぐり、墳丘のくびれた部分と中堤には造出(つくりだ)しと呼ばれる張出しがある。

埼玉県教育委員会が記した案内板によると、稲荷山古墳が造られた時期は5世紀後半頃と考えられ、埼玉古墳群の中では最初に造られた古墳だ。昭和43年の発掘調査では後円部から二つの埋葬施設が発見され、そのうち礫槨(れきかく)はよく残っており、多くの副葬品が出土したという。そのひとつが鉄剣で、他の副葬品とともに昭和58年に国宝に指定されたのだ。

二つの埋葬施設のうち、ひとつは素掘りの竪穴で、粘土を敷いた上に棺(ひつぎ)を置いた粘土槨、もうひとつは舟形に掘った竪穴に川原石を貼り付けて並べた上に棺を置いた礫槨だ。粘土槨は掘り荒らされていて遺物は僅かであったが、礫槨からは金錯銘鉄剣をはじめとする豊富な副葬品が出土したというわけだ。出土品は博物館に展示されているが、稲荷山古墳の後円部頂上を目指して階段を上っていくと礫槨の模様を示した細密図に出会う。埋葬当時の雰囲気が分かる展示で、丁寧な解説板付きの屋外博物館といった趣だ。

《埼玉》
古墳の頂上に石田三成が本陣を張ったという「丸墓山古墳」、「将軍山古墳」には石室と古墳時代の馬の装いが精緻に復元

稲荷山古墳から200mほど離れたところに丸墓山古墳がある。直径は105mもあり、円墳では日本最大だという。また墳丘の高さは約19mもあり、埼玉古墳群の中では最も高い。出土した埴輪などから6世紀前半頃に築かれたと推測されている。

案内板の説明（埼玉県教育委員会）によると、駐車場から丸墓山古墳に至る90mほどの桜並木の道は天正18（1590）年に石田三成が忍城を水攻めにしたときに築いた堤防の跡と言われている「石田堤」で、水攻めの際には古墳の頂上に本陣が張られたという。忍城は室町時代中期に築城された城だが、豊臣秀吉の小田原征伐の際、北条氏の小田原城だけではなく北条氏配下の忍城（城主・成田氏長）も攻略されたのだ。秀吉の命をうけた石田三成が堤で忍城を囲み、利根川と荒川の水を流し込んで水攻めにしたのだ。結果は失敗

に終わり、秀吉が唯一落とせなかった城と言われている。

丸墓山古墳の頂上に登ると行田市周辺が一望できなかなかの絶景だ。直線距離にして２km半ほどであろうか、本丸の跡地に再現された忍城も見渡せる。現在は城址公園として整備され、行田市郷土博物館も併設されている。さきたま古墳公園から県道77号〜国道１２５号経由で約３・２km、行田市役所のそばで分かりやすい。ぜひ立ち寄ることを勧めたい。

丸墓山古墳から緑の芝生広場を抜け４５０ｍほど東に向かうと将軍山古墳に着く。埼玉古墳群の東端だ。全長90ｍの前方後円墳で、明治27（１８９４）年に横穴式石室が発掘されている。埼玉県教育委員会が記した解説板によると、石室には千葉県富津市付近で産出する「房州石」が用いられており、古墳時代の関東地方における地域交流を考えるうえで重要な古墳だという。

将軍山古墳の後円部の径は39ｍ、高さ８・４ｍ、前方部の幅68ｍ、高さ９・４ｍ、周囲

日本最大の円墳「丸墓山古墳」。直径は105m

6世紀後半の前方後円墳「将軍山古墳」を眺望

には長方形の堀が中堤を挟んで二重にめぐり、後円部と中堤には造出しと呼ばれる張り出しがある。稲荷山古墳や二子山古墳と同じ形態だ。造られた時期は、出土した遺物から6世紀後半と推定されている。

古墳には展示館がそのまま直結してあり、横穴式石室の中に入っていくような感じで入館する。平成9年に開設されたわが国で唯一古墳の内部（埋葬施設）が見学できる展示館だ。

まず目にするのが前述した「房州石」の実物だ。説明書きを読むと『石室の壁面には表面にたくさんの穴が開いている房州石が使用されている。この石は千葉県富津市にある鋸山（のこぎりやま）周辺の海岸に見られる凝灰質砂岩の表面に貝が棲み込むための穴を開けたもので、今でも穴の中に貝殻が残っていることがある

将軍山古墳に直結して展示館の入口がある。展示館は平成30年3月にリニューアルされ、写真のようになった

石室内を再現した実物大の模型。被葬者の横に副葬品を配列し埋葬の様子を忠実に再現

……』という。

房州石は東京湾から川をさかのぼって運ばれたと考えられているが、『採取地より120キロも離れた古墳に使われていることは将軍山古墳の築造者の強大な権力と房総地方との政治的な深いつながりが想定できる』と説明書では結んでいる。

展示されている房州石は石室に使われていたものと同じ石で、確かに表面は穴だらけだ。そして、さらに展示館の奥へ進むと思わず立ち止まってしまうところがある。石室の中をそのまま再現したかのような実物大の模型があり、被葬者と埋葬品がリアルに迫ってくる。側に「遺構模型配置図」と「石室復元図」があり、詳細な解説がつく。

『将軍山古墳は埼玉古墳群で初めて横穴式石室を採用した古墳である。石室は石積みで造られ、棺を納めるための長方形の玄室と、外部から玄室に通じる羨道で構成されている。側壁の石は房州石が使用され、天井には埼玉県長瀞町付近から採取される大きな板状の緑泥片岩（りょくでいへんがん）を使用していた。現在は石積みの最下段だけが残り、他の部分の石は石室周辺の土ともに消失していた。また羨道も全長の半分以上が失われていた』……明治27年に行われた最初の発掘で多くの遺物が出土したが、その大半は破損し腐食していた。

遺構模型はこれらの遺物を見事に復元製作し、石室内に副葬された当時の状態を想定して配置し、埋葬の様子を再現したものなのだ。解説はさらに続く。『遺体の安置には木棺が使われ、鏡・金環・玉・大刀などは棺の中に納められる。矛や矢は棺の周辺に、銅鋺や須恵器などの容器は棺の手前に置かれ、甲・冑などの武具、鞍・鐙などの馬具は各々がまとまりを持って置かれたと推定される。副葬品には時期差が認められることから追葬が行われたことが考えられる。その際には古い副葬品は隅に片づけられたようだ』……読みながら遺構模型を見ると極めて分かりやすい。

古墳時代の馬の装いを復元したもの。実物大の馬と武装した人物を精緻に再現

もうひとつ、見事に復元されたものに「古墳時代の馬の装い」がある。これも実物大の馬と武装した人物が精緻に再現され真に迫るものだ。説明板にはこう書かれてあった。『わが国に騎馬の風習が始まるのは4世紀末頃からで、朝鮮半島との交流の中で初めて騎

馬術と馬具がもたらされた。馬具は5～6世紀の古墳に副葬品として納められているが、金属部分をつないでいた革や布、木質部分は腐食してしまうため残らない。馬への装着方法は馬具の形状や馬形埴輪を参考に復元した』……復元がいかに難しいものか、この一文でもよく分かる。

　復元された馬の装いのように金色に輝くきらびやかな馬具や旗を付けて飾り立てる馬は、儀式や祭典などの際に重要な役割を果たしたものではないか、さらには馬冑（ばちゅう）すなわち馬の頭部を守る冑（かぶと）をつけて武装し、威信を高めることもあったのではないかと考えられている。馬冑の出土例は、朝鮮半島では20件ほどあるが、日本ではさきたまと和歌山県大谷古墳、福岡県船原（ふなばる）古墳の3例しかないという。とにかく、将軍山古墳から発見された馬具の類は、全国的に発見例が少ないので貴重な資料なのだそうだ。石室の見事な復元といい馬具の精緻な復元といい、将軍山古墳展示館には見所が一杯である。

馬の頭部を守る冑は発見例が少なく貴重な出土品といえる

《東京》

多摩ニュータウンには遺跡庭園「縄文の村」と博物館があった！

「東京都立埋蔵文化財調査センター」と遺跡庭園「縄文の村」というのがある。所在地は東京都多摩市落合、東京都の指定史跡（多摩ニュータウンNo.57遺跡）になったのは平成元年3月だ。

京王相模原線と小田急多摩線が並行隣接した「多摩センター駅」から徒歩5分という近距離に「東京都立埋蔵文化財調査センター」があり、隣接して遺跡庭園「縄文の村」がある。

多摩丘陵は古墳の宝庫だと聞いたことはあるのだが、「縄文の村」があるとは知らなかった。多摩ニュータウン内で見つかった土器や石器類の出土遺物を収蔵する目的で「東京都立埋蔵文化財調査センター」が建てられたのは昭和60年だが、その後展示

東京都立埋蔵文化財調査センターは多摩センター駅から徒歩5分で行ける

約３万年の多摩丘陵の歴史と縄文土器を展示

ホールなども併設され、今では立派な博物館の機能を有している。常設展示コーナーでは旧石器時代から縄文、弥生、古墳、飛鳥、奈良〜中世、近世に至る約3万年の多摩丘陵の歴史を展示しているが、ほかにも縄文土器を多数陳列しているのが見ものだ。館内には体験コーナーや図書閲覧、ビデオ閲覧コーナーなども充実している。「多摩ニュータウンのヴィーナス」や「縄文人はドングリが主食」と題した解説コーナー、さらには古代の編布（あんぎん）（縄文の布）や縄の素材、マネキンに着せた〝縄文ファッション〟などが目を引いた展示物であった。

埋蔵文化財調査センターを出て隣接している遺跡庭園「縄文の村」に向かった。洒落た門構えに見とれつつ、門を入ってすぐ右側にある案内板に目を移す。園内地図も併記されたもので『多摩丘陵には縄文時代の遺跡が数多くあります。この遺跡庭園もそうした縄文時代の遺跡の一つで、遺跡を壊さないように盛り土をして作りました。竪穴住居の周りには当時の樹木や野草を植え、湧水もそばに再現しました。庭園の中に入って縄文時代の生埋蔵文化財調査センターに隣接する遺跡庭園「縄文の村」

活に思いをはせてください』とある。短い文だが思いが込められていて感動ものだ。

もうひとつは、東京都教育委員会が平成22年3月に設置した詳しい案内板だ。概要を記すと『多摩ニュータウンNo.57遺跡は縄文時代前期前半と中期後半の集落遺跡で、昭和45年に行った発掘調査によって縄文時代前期前半の竪穴住居跡が2軒、中期後半の竪穴住居跡が8軒確認された。この中には中期末のいわゆる敷石住居が3軒含まれていた。また縄文時代早期の、獣の捕獲に利用されたと考えられる落とし穴も検出されている』……これは興味がある。この丘陵で縄文人が獣を追いかけていた姿を想像してしまう。

『……現在遺跡には縄文時代前期前半と中期後半の竪穴

見事に復元された縄文時代の竪穴住居

復元された約6500年前の竪穴式住居。長方形だ

住居が各1軒復元され、中期末の敷石住居も1軒移設されている。これらの復元住居の周囲には当時の多摩丘陵に生育していたと考えられる樹木が多数復元植栽されている』……この最後の下りがいい。竪穴住居のみならず思わず足元の草木にも注意を注がざるを得ない。

縄文人にとって森は生活をする上で重要なところだ。春は山菜、秋は木の実の採取、冬はシカやイノシシなどの狩りに明け暮れ、日々の暮らしの道具の材料や住居の建築材の調達は多くのものを森に求めていたわけだ。『……遺跡庭園には約50種の樹木を植栽して、その当時の森を再現した』と看板に書いてあった。縄文時代の森の再現にも配慮した点がこの遺跡庭園「縄文の村」の特徴と言っていい。

復元された縄文時代前期前半（約6500年前）の竪穴住居は南北に長い長方形で、長軸7m、短軸4・5m、面積は約30㎡だから5～6人は十分住めるスペースを有する。縄文時代の住居は地面を掘り下げて柱を立て、その上に屋根を葺いたものだが、竪穴の形状は初期の長方形から次第に円形に変わり、後期中頃（約3800年前）以降は再び方形に変化しているという。が、竪穴住居の平面の形はその時期や地域により違いがあるから、一概には言えないようだ。復元されたもうひとつの竪穴住居は縄文時代中期後半（約4500年前）のものだが、こちらは5・3m×4・8mの大きさでやや楕円形をしている。発見時、住居の入口付近には死産した新生児などを葬ったと考えられる土器が埋められていたという。当時は子育てが難しかったのであろう。

《東京》
水に恵まれた低湿地ゆえに貴重な遺物が続出した「下宅部遺跡」、隣接の「八国山たいけんの里」で縄文時代の出土品を展示

「下宅部遺跡」——しもやけべ遺跡。東京都東村山市多摩湖町で発見された〝低湿地遺跡〟だ。トトロの森「狭山丘陵」の麓から北川の河川敷にかけて所在する遺跡で、平成27年3月に東京都指定史跡になった。西武新宿線東村山駅から西武園線に乗り換え西武園駅で下車、坂を下っていくと徒歩約6分で到着する。アジサイが咲き乱れる平成30年6月の初旬、久し振りに西武線を利用して行ってみた。

下宅部遺跡は平成8年から発掘調査され、縄文時代中期から古墳時代、奈良・平安時代、

中世にいたる河道跡や水場に関連する遺構が数多く出土している。とりわけ河道跡からは土器や石器のほかに木製の器や編み物、漆で飾られた弓、シカやイノシシの骨、トチノキやクルミといった植物など、通常の遺跡では残りにくい縄文時代の有機質の遺物が多く出土し注目されたのだ。

通常なら朽ち果てて残らないものがなぜ遺物として出土したのか。それは、今なお狭山丘陵から湧き出る豊富な湧水のおかげで、湧水をたっぷり含む土壌により有機質の遺物や遺構が現在まで残されていたのだ。つまり水の中に閉じ込められた有機質の物体はあまり腐らずに残っていたというわけだ。おかげで当時を知るための多くの証拠が発見され、豊富な情報を得ることが可能となって、縄文時代の生活や自然環境などを具体的に復元することができたという。

地下に〝埋没保存〟された遺跡は「下宅部遺跡はっけんのもり」として整備され都民に親しまれている

下宅部遺跡の入口に立っている東京都教育委員会のパネル（平成28年3月建設）の説明

を一部要約すると『……特に縄文時代は遺構・遺物共に豊富で、当時の生活や環境を知ることができる貴重な遺構だ。縄文時代の生業に関する遺構としては、水流を遮るように木杭や丸太で堰状にした水場遺構や、護岸用と思われる杭列、弓と鹿やイノシシの頭蓋骨を使った狩猟儀礼に関連すると思われる場などが確認されている。遺物に目を向けると、土器や木製品などが多数出土しているが、中でも漆工関連遺物は、漆塗弓などの製品のほか、漆の採取から使用に至る工程を示す部材や土器などが出土しており、これらは全国的にみても希少であり学術上大変重要である……』と説いている。

都では平成21年および27年に、ここで出土した漆工関連遺物の一部を有形文化財（考古資料）として指定し、さらに遺跡・遺構の重要性から都営住宅建設計画を変更し、遺跡のうち最重要地点と考えられる約３０００㎡を、当時の姿のまま地下に「埋没保存」することにした。その後、下宅部遺跡公園「下宅部遺跡はっけんのもり」として整備され、市民はもちろん多くの歴史ファンに親しまれている。

遺跡公園は全体にこぢんまりとしているが、古墳のようになだらかな緑の起伏と復元された河道や縄文時代の植生を再現した「縄文の森」、さらには奈良・平安時代の祭祀用人工池などを再現し、地下に眠ったままの遺跡の上は気の置けない散策広場になっている。

この下宅部遺跡から徒歩で約５分のところにあるのが「八国山たいけんの里」（東村山市

低湿地遺跡の貴重な遺物が展示されている八国山たいけんの里。西武園駅から徒歩で10分だ

埋蔵文化財センター）で、所在地は東村山市野口町3丁目。〝低湿地遺跡〟ゆえに出土した貴重な遺物がたくさん展示されている。

八国山たいけんの里ではちょうど「縄文人の植物利用」をテーマにした特別展を開いていたので早速（靴を脱いで）館内に入ってみた。展示中の出土品には必ず丁寧な説明文がついていて分かりやすい。縄文中期には既にオニグルミ、クリ、ナラガシワ、トチノキ、ウルシなどの種実、あるいはヒョウタン、エゴマ、ササゲ属の種実など多種の植物が利用され、木材化石とともにその遺物が出土している。縄文土器の胎土（土器の本体を形作る粘土）にも埋め込まれたマメの痕跡（展示中）や炭化したマメが見つかっている。

下宅部遺跡周辺にはコナラやクヌギ、クリ、ミズナラ、ナラガシワ、トチノキなどが繁茂していたことが、出土した花粉や種実からも窺える。つまり、縄文人は秋に実をつけるドングリ類を主食として採取していたのだが、これらのドングリ類を採取する際は編組製品である〝カゴ〟を用いていたのだ。実際に出土した編組製品の上からはまとまった果実が発見されている。採種したオニグルミやトチノキは石皿や敲石（たたきいし）、磨石などの石器で殻を破砕し粉末にして調理していた。また、水場遺構はこれらの堅果類のアク抜きなどの作業の場として機能していたと思われる。ちなみに編組製品の素材は、出土した素材束に残っていた葉の根元の部分を分析したところ「アズマネザサ」（東根笹）であることが判明した。

《東京》

「東村山ふるさと歴史館」で「下宅部遺跡からみた縄文時代の漆工技術」の講演を聴き、特別展示室で〝縄文の漆〟を見学する

さて「八国山たいけんの里」から徒歩で約7分のところに「北山公園菖蒲苑」がある。6月に入るとざっと10万本の花菖蒲が咲き誇る名所だが、われわれが訪れたときはまさにその最盛期で「東村山菖蒲まつり」の真っ最中、大勢の観光客が苑内をそぞろ歩いていた。われわれは花菖蒲を見ながら人ごみの間を縫って「東村山ふるさと歴史館」へと向かった。

歴史館の所在地は東京都東村山市諏訪町1丁目、北山公園から徒歩で10分足らず、東村山駅からも歩いて約10分のところだ。

歴史館は銀色に輝く個性的な外観で、館内に入るとロビーの右奥には縄文時代後期の「丸木舟未製品」が壁沿いに展示されていた。下宅部遺跡の河道跡から発見されたもので、長さは6・6mもある。加工途中で作業を中断したものと思われる未完成品だが、なぜ中断したのかその理由は不明だ。

ところでこの日は歴史館の学芸員の講演「下宅部遺跡からみた縄文時代の漆工技術」があり、講演後は「下宅部遺跡展・縄文の漆Ⅱ」と題した展示物の説明もあるという。これはタイミングが良かった。早速午後2時からの講演を聴講することにした。講演と配付された資料の内容を要約すると大体次のようになる。

——漆利用の発祥は旧石器時代まで遡ると予想されているが、その後、約6000年前くらいの縄文時代前期以降になると日本各地で漆が利用されるよ

ロビーに展示されている下宅部遺跡の河道跡から発見された丸木舟未製品。全長は6.6m

東村山ふるさと歴史館は古代の東山道武蔵路や中世の鎌倉街道など「みち」をテーマとする展示施設が充実している。開館は平成８年だ

うになる。縄文時代後期に入ると漆資料の出土例が極端に増加してくる。これは、縄文人の土地利用が台地上から低地へ移動したため、川沿いなどの低湿地遺跡として発見されるためだ。漆も有機質であるから、台地上の遺跡では埋没中に分解されてしまうが、低湿地遺跡では良好な保存状態で出土する。下宅部遺跡はまさに縄文時代後期の低湿地遺跡だから有機質遺物の保存状態がいいのだ。

　下宅部遺跡では全国で初めて縄文時代のウルシ樹液採取の傷が発見され、樹液の採取から調整加工や塗布、さらには補修技術など一連の漆工工程の全容を知ることができる。つまり、ひとつの遺跡で漆工工程のすべてを追うことができる唯一の遺跡なのだ。さらに、下宅部遺跡に付随するウルシ林は、下草刈りや蔓植物の除去などかなり手入れの行き届いた林で、しかも間伐も行われていたという。樹間を広くとって風通しと日当たりの良い環境が保たれていたはずだ。したがって同様の環境を好むクリ林と混在していた可能性もある。

　樹液を採取するためのウルシの木は太く、何年にもわたって何本もの傷がつけられていたと考えられる。周囲で若木が成長すると、密集しそうな場合は優良な若木を残して保護し、他の若木は杭に利用できる太さ（径約６㎝）で伐採し、伐採する際にはウルシの木の中の樹液が空になった状態で切り倒していた。下宅部遺跡から発見されたウルシの杭はそれだ。樹液採取の跡が残るウルシの木が44本も見つかっていて、学術的にはこの発見が非常に価値の高いものとなっている――。

多くの漆液容器が下宅部遺跡から出土した

特別展示室には縄文時代後期から晩期にかけての約１０００年間に製造された漆塗り土器や、漆塗り木製品が大きなガラスケースに収められ、整然と陳列されていた。すべては下宅部遺跡から出土したものだ。とりわけ入口正面に別格扱いされていた「赤色漆塗り注口土器」には目を奪われた。黒色漆の上に赤色漆（ベンガラ）を重ね塗りしたもので、ひとつの美術品のような趣が漂っていた。これは東京都指定有形文化財だ。

さらに出土したたくさんの漆液容器や漆塗りの弓も展示されていたが、なかでも漆塗りの弓はとても数千年前の遺物とは思えぬ迫力のあるもので、まさに湧水の恵みによる下宅部遺跡ならではの出土品だった。学芸員の説明によると『弓の材料にする木はイヌガヤ、ニシキギ、カバノキ、トネリコなどで、どれも粘りと弾力のある木だが、これに糸や樹皮を巻き付け赤色か黒色の漆で塗り固め、見た目にも美しくなる。故に装飾性に富んだ弓は儀礼用あるいは祭祀用の弓と説明する向きもあるが、漆で塗り固めた弓は強くて折れにくい高性能な弓であり、狩猟には欠かせない実用品なのである』という。

漆は巻き付けた糸や樹皮を固着させるために欠かせない「接着剤」の役目も担っている。丁寧に作り上げられた弓は実に美しいものだ。それにしても見た目の美しさと実用性を兼備したウルシを縄文人はどのようにして得たのか。ウルシの発見は、縄文時代後期に植物がきちんと管理され、かつ高度な利用がなされていたことを証明するものである。

ひと通りの説明が終わったとき私は学芸員に「縄文時代のウルシ技術と現代のそれとは何がどう違うか?」と聞いてみた。彼の答えはこうだった。『現在の漆工は塗りや加飾が複雑で多様であるため、それに

赤色漆塗り注口土器。都指定有形文化財だ

合わせた様々なウルシが調合されている。そうした多様さや緻密さでは及ばないが、縄文時代の漆工技術も基本的な工程としてはほぼ現代に引けを取らない水準にあった。縄文時代の漆が日本の漆のルーツであることは間違いない』。

そして彼の説明に最後まで聞き入っていた30名ほどの見学者に向かってこう言った。『縄文時代の高度で優美なウルシ技術をご覧いただけたら幸いです』……〝縄文の漆〟に魅せられた研究者の表情が一瞬ほころんだように思えた。

《神奈川》
弥生時代中期の大規模環濠集落跡「大塚・歳勝土遺跡」、隣接した「横浜市歴史博物館」で古代〜近世の横浜を目で見る

平成27年1月中旬、横浜にも弥生時代の遺跡があることが分かり、衝動に駆られて行くことにした。その名も「大塚・歳勝土遺跡」。第三京浜の都筑ＩＣを降りてから約４㎞、クルマで10分ほどのところに「横浜市歴史博物館」があり、そこに隣接して遺跡がある。所在地は横浜市都筑区中川中央だ。博物館は立派な建物で駐車場も完備している。この博物館と〝歴博通り〟を挟んで大塚・歳勝土遺跡が高台にある。博物館とは専用の陸橋を通

じて直接遺跡へ歩いていけるようになっている。

大塚・歳勝土遺跡とはいったいどんな遺跡か。だいたい横浜の市街地に国指定史跡が存在することすら知らなかった自身の浅学を恥じるのだが、予備知識を得るためにまずは博物館へと足を運んだ。館内は実にきれいで洒落た感覚だ。清潔感が感じられるディスプレイで整然としている。自然の恵みの中で生きる縄文時代から稲作と勢力争いの始まる弥生時代、そして古代国家の誕生、古墳時代、奈良~平安時代、さらに戦乱の中世から近世、現代へとそれぞれに分かりやすい展示が魅力的だ。縄文~弥生のコーナーでは国指定史跡の大塚・歳勝土遺跡の大きな模型が置いてあった。

大塚・歳勝土遺跡の石塔

横浜市歴史博物館。遺跡広場と直結する

歴博通りの上に架かる陸橋を渡ると「大塚・歳勝土遺跡公園」の入口があり、道なりに歩を進めると左側に大塚遺跡の碑と説明板が立っていた。大塚・歳勝土遺跡は今から約2000年前すなわち弥生時代中期に、この地方で稲作を始めた人々のムラ（大塚）とその墓地（歳勝土）を中心とした遺跡で、環濠集落の大塚遺跡と隣接する方形周溝墓（ほうけいしゅうこうぼ）群の歳勝土遺跡との総称が「大塚・歳勝土遺跡」である。

外周600mの環濠が村を囲んでいた

大塚遺跡は港北ニュータウン建設に伴う慈善事業として昭和48（1973）年から51年にかけて発掘調査が行われ、その結果約2万㎡に及ぶまゆ型の集落であることが分かった。発掘によって周囲に大きな溝をめぐらせた、外周600mに及ぶ大規模な環濠集落の全体が明らかになったが、遺跡からは弥生時代中期の約90棟の竪穴住居と約10棟の高床式倉庫跡が発見された。また大量の土器や石器をはじめ炭化したコメなども出土しており、この集落には100人を超える人々

弥生時代中期の竪穴住居を復元した

が集団で生活を営んでいたと考えられる。

説明によると、環濠は台地の縁にほぼ地形に沿って掘りめぐらされ、外周６００ｍで村を囲んでいる。水はけのいい赤土層（関東ローム層）に掘り込まれた空堀（からぼり）で、掘った土を外側に積み上げて土塁を築き、土塁の上に木の柵を設けていたとみられる。溝は幅４ｍ、深さ２ｍほどで、この環濠がムラを外敵から守る役割をはたしていたが、竪穴住居の半数近くが火災にあっていることから、大きな争いがあったことがうかがわれるという。

大塚遺跡の周囲は木の柵と環濠で囲まれ、復元された7棟の竪穴住居と1棟の高床式倉庫をはじめ、発掘時の竪穴住居の構造が分かる型取り復元遺跡などもあり、明るい遺跡の広場は散策にもいい。公園内の道路を挟んで歳勝土遺跡が隣接してあるが、こちらには建屋があるわけではなく、方形周溝墓の埋葬当時を復元した姿が広がるだけである。

発掘時の竪穴住居の型取り復元遺跡

方形周溝墓の案内板によると、歳勝土遺跡の本格的な発掘調査は昭和47（１９７２）年から48年にかけて行われたが、そのときは弥生時代中期の方形周溝墓が25基ほど発見され

歳勝土遺跡は大塚遺跡の居住者の墓であった

た。多くの場合四辺を囲む溝と中央の棺を埋めた穴だけが見つかるが、墓は一辺が9mから15mほどのものと6mから11mほどのものがあり、全体的には整然と並べられている。墓の中から出土した土器などの遺物によって大塚遺跡と同時代のものであることが確認され、歳勝土遺跡は大塚遺跡の居住者の墓であることが分かった。

大規模な集落とそれに伴う墓群が同時に明らかにされたケースは全国的にも少なく、集落の全体像が把握できる珍しい遺跡として昭和61年に国の史跡に指定された。その後、大塚・歳勝土遺跡は整備され、平成8年には「大塚・歳勝土遺跡公園」としてオープンした。公園全体の広さは6・6ヘクタールもあり、隣接した博物館ともども老若男女を問わずの〝学びの公園〟として楽しい空間になっている。

《神奈川》

相模川沿いにある史跡「勝坂遺跡公園」と「田名向原遺跡」、田名向原遺跡には2万年前の住居跡が復元されている！

平成27年5月、快晴に恵まれた連休の一日、日帰りで相模川沿いの史跡めぐりをしてきた。「勝坂遺跡公園」と「田名向原遺跡」だ。所沢の自宅から圏央道を利用し厚木方面へ向かい、相模原愛川ＩＣで降りて県道52号～46号とつなぎ、さらに南下していくと「史跡勝坂遺跡公園」に出る。所在地は神奈川県相模原市南区磯部で、位置的にはＪＲ相模線の下溝駅と相武台下駅の中間くらいだ。

地理的に言えば、勝坂遺跡は相模原市の東部に広がる相模原台地の相模川流域沿いに位置し、鳩川左岸に立地する。鳩川は相模川水系の河川でＪＲ相模線とほぼ並行して流れている川だ。相模原台地は数十万年にわたる環境変動によって相模川が川底を侵食し流路も

縄文時代の史跡「勝坂遺跡公園」の案内図

園内には竪穴住居が復元されている

変わり、富士火山などの火山灰の堆積で分厚い関東ローム層が段丘地形を形成しているが、そこに約５０００年前の縄文時代中期に大集落が形成されたのだ。

勝坂（かっさか）遺跡の発掘調査の歴史は意外に古く大正15（１９２６）年までさかのぼる。このとき「勝坂式土器」が出土し、竪穴住居跡がいくつも発見された。勝坂式土器が発見された場所は遺跡公園から３００ｍほど離れたところにあるが、土器は造形的にも豊かなことで注目されている。昭和49（１９７４）年７月には国指定史跡になり、平成21年度には「大自然の中の縄文時代」を体感できる遺跡公園として整備された。園内には土葺きと笹葺きの竪穴住居２棟などが復元され、縄文ムードがいっぱいだ。

この「史跡勝坂遺跡公園」の北西、直線距離で約４㎞のところに相模原市立「史跡田名向原遺跡」がある。つまり相模川の上流沿いにあたり、圏央道の相模原愛川ＩＣを降りればすぐ、県道48号の道沿いにある。遺跡公園に隣接して博物館があるが、博物館とは呼ばず「史跡田名向原遺跡旧石器時代学習館」と呼ぶ。こぢんまりとしているが効率的な博物

史跡田名向原遺跡旧石器時代学習館

館で感じがいい。所在地は相模原市中央区田名塩田3丁目だ。

遺跡公園の入口のそばには復元された縄文時代の竪穴住居と、後期旧石器時代の住居状遺構（復元）および古墳時代後期の小型円墳（谷原12号墳）などの位置を示す立派な案内図が立っている。この案内図でも分かる通り田名向原（たなむかいはら）遺跡の特徴は、旧石器時代を中心に縄文時代から古墳時代までを学ぶことができる遺跡公園ということだ。

復元された住居状遺構というのは、平成9年3月に発見された約2万年前の後期旧石器時代の住居跡と考えられる痕跡を復元したもので、現在のところわが国最古の例と言われている。川原石で囲まれた直径10mほどの範囲には、12本の柱穴や2か所の焚火跡と考えられる部分

遺跡公園案内図の先に小型円墳が見える

が発見され、加えて大量の石器類（約3000点）が出土したことから人類定住の可能性を示す遺構として注目され、平成11年1月に国の史跡に指定されたのだ。

案内板の説明には『約2万年前の建物の跡が見られるのは日本でもここだけです』と書かれてあったが、これはたいへん説得力があり、思わずしげしげと見つめてしまう。

竪穴住居は平成8～10年にかけて遺跡公園の東側の道路建設の調査時に発掘された約5000年前の縄文時代中期のもので、これを精緻に復元している。直径3mほどの円形の竪穴住居の中央には石で囲まれた炉と、炉跡を囲むように5本の柱穴が発見された。勝坂遺跡をはじめ市内各地で確認される縄文時代中期の住居跡としては、比較的小型の竪穴住居跡である。

復元された住居状遺構。後期旧石器時代の住居跡だ

古墳時代後期の小型円墳「谷原（たにはら）12号墳」というのは、平成6年3月に発掘された約1400年前の古墳時代後期の小型円墳で、古墳の石室からは直刀や鏃（矢の先端）などの武具、装身具の切子玉（きりこだま）などが発見された。切子玉とは装身具に用いられた玉の一種で多面体

約5000年前の竪穴住居。直径３mほどの円形だ

をしている。田名塩田から当麻谷原にかけて確認される10数基の古墳は谷原古墳群と総称され、公園内にも12号墳のほかに13号墳と14号墳も保存されている。

園内でもうひとつ注目されたのは遺跡の地層と黒曜石の産地推定を展示したパネルだ。それによると、『住居状遺構から出土した石器の石材、黒曜石を蛍光X線分析により産地を推定した結果、神津島エリアを除く中部・関東地方全ての産地エリアの黒曜石が確認された。最も多く検出されたのは長野県の蓼科エリアのもので、次いで天城、箱根、和田、諏訪、高原山（栃木県）エリアのものが続く』という。

この説明によると各地から黒曜石を調達していたことになるが、その情報収集手段や調達経路、運搬方法はどのようにしていたのであろうか、これはきわめて興味のあるところだ。

遺跡公園内を一通り見学してから相模原市立「史跡田名向原遺跡旧石器時代学習館」へ足を運んだ。館内に入るとまず「旧石器時代の暮らし」と題したジオラマ風の展示物がわれわれを迎えてくれ、そして奥には「田名向原遺跡の古環境」サブタイトル《川のすぐそばに人々が集まった》という大きな図解パネルが展示されていた。この遺跡を訪れたらまずこれを読むべきであったと後悔した。田名向原遺跡成り立ちの背景がよく理解できるからだ。そこにはこう書いてあった。

『田名向原遺跡の住居状遺構は、地表からの深さ約2・5mの砂質ローム層の中で発見された。この層は河原の砂が混ざった火山灰なので、当時は河原が近く、今ほど谷が深くなかったと考えられる。遺跡が確認された面より約1m下には相模川の河床であったことを示す陽原（みなばら）段丘礫層がある。この礫層の上部には富士山から流れてきた火山泥流があり、さらにその真上には河原から飛ばされた砂塵に火山灰が混じった層がある。その層の上に住居状遺構が形成されている……』

図がないと分かりにくいが、要するに相模原台地は北から南へ緩やかに傾斜しているかつての扇状地であり、さらにそれは相模川に沿った三つの河岸段丘から構成されている。河岸段丘は、相模川が台地を削り、侵食と堆積、地盤の隆起などが繰り返されてできたも

学習館には旧石器時代の暮らしが展示

のだ。そして段丘は高い方から相模原段丘、田名原段丘、陽原段丘と呼ばれ、陽原段丘に人々が集まってきたというわけだ。約2万年前の話である。

《新潟》

国宝「火焔型土器」見たさに「十日町市博物館」へ。優れた原始造形美をもつ火焔型土器の主な用途は祭祀用か？

新潟の史跡めぐりを思いついたのは平成25年の夏だ。関越自動車道と北陸自動車道を利用して糸魚川まで行き、帰路は上信越自動車道経由で関越～圏央道と降りてくれば信越を周回できる。早朝出発～深夜帰宅で頑張れば1泊2日の旅程で行ける。さっそく実行に移した。

平成25年7月11日、最初の目的地は新潟県十日町市にある「十日町市博物館」（新潟県十日町市西本町）だ。関越自動車道の六日町ICを目指す。六日町IC

国宝の火焔型土器が展示されている十日町市博物館。縄文文化の里として有名

から国道253号（通称ほくほく街道）を利用して約15km、十日町市の中心部へ入り、国道253号の美雪町交差点を左折し、本町西線を1・5kmほど進むと博物館の建物が見えてきた。ウィークデイの早朝なので小学生が列を組んで登校している。地図で確認したら博物館の近くに西小学校があった。

博物館は白亜の殿堂で3階建て、1～2階が展示室だ。開館は朝9時からだったので駐車場で暫く待機し、開館と同時に入館（入館料300円）した。昭和54（1979）年「雪と織物と信濃川」をテーマに十日町地方の歴史と文化を展示する博物館としてオープンしたが、「笹山遺跡」から「火焔型土器（かえんがたどき）」が出土してからは「火焔の都・十日町」あるいは「縄文文化の里」としてすっかり有名になった。

博物館からざっと4kmほど北の中条地区にある「笹山遺跡」は、市営野球場や陸上競技場などの建設に伴って行われた発掘調査で偶然発見されたものだ。昭和55（1980）年から2013年の間に第10次までの本調査が行われ、縄文時代中期（約5500～45

「国宝指定書」の額が火焔型土器の前に飾られている

00年前）に栄えた集落跡であることが分かった。そして平成11年6月、遺跡からの出土品のうち火焔型土器を含む深鉢形土器57点が県内初の、縄文土器としては国内第1号の国宝に指定されたのだ。国宝に指定された深鉢形土器57点の正式な呼称は「新潟県笹山遺跡出土深鉢形土器」という。これが常設展示で見学できるのである。

館内に踏み込むとまずこの国宝がデンと目に入る。平成11年6月7日付の文部大臣名で書かれた「国宝指定書」なる額が土器の前に飾られていて火焔型土器が一層映える。火焔型土器は写真でも分かる通り立体的な装飾に富み、優れた原始造形美を有する土器だ。博物館の資料によれば『その独特な形や文様は各地の土器の影響のもとに、今から約４５０0年前に成立・発展したものと推測される。ここ信濃川の上・中流域など列島有数の豪雪地帯に分布の中心があることは、当時の文化圏を知るうえで大変重要である。火焔型土器の明確な用途は不明だが、煮炊きに使用されたほか祭りなど非日常的な用途にも使われた土器と考えられる』とある。

口縁部に付く鶏冠状把手と鋸歯状突起が特徴だ

火焔型土器の最大の特徴は口縁部に付く鶏冠状把手と鋸歯状突起、そして原則として縄文を使用せず、隆線文と沈線文によって施された浮彫的な文様だ。十日町市博物館に展示されていた国宝「火焔型土器」は高さ47cm、最大径44cmくらいで、重量は約8kgもある。また、深鉢土器と浅鉢土器があるが、この区別は土器の縦の長さ（深さ、高さ）が横の幅（広さ）を上回る鉢を深鉢形土器という。

いずれにしろ、あの装飾された〝芸術作品〟はどうみても煮炊きなどの生活用具には見えない。やはり主な用途は祭祀など非日常的なものではないかと私は思う。

ところで、なぜ「火焔型土器」と言うのか。「火焔土器」と言わない理由は何か。それは十日町市博物館の後に訪れた「馬高縄文館」で分かった。馬高縄文館の資料によると「火焔土器」は昭和11（1936）年12月に現長岡市の馬高遺跡で最初に発見され復元されたひとつの土器につけられた愛称で、土器の形が燃え上がる焔に似ていることからこの愛称が生まれたわけだが、その後、火焔土器と似た特徴を持つ土器が他所で発見されるようになり、それらの類似した土器については「火焔型土器」と呼んで区別している。つまり「火焔土器」は馬高遺跡から出土した土器にのみ付けられた名称で、その他は「火焔型土器」と呼ぶのだ。

《新潟》
深鉢形および浅鉢形土器がずらりと並ぶ「馬高縄文館」。
「新潟県立歴史博物館」と縄文時代晩期の大集落「藤橋遺跡」を見学

さて次の目的地は火焔土器発祥の地「馬高遺跡」だ。国道117号に出て関越自動車道の越後川口ＩＣを目指す。ここから高速に乗り長岡ＩＣまで約24km、インターチェンジを出れば「馬高縄文館」（新潟県長岡市関原町）まで5分、縄文館から「新潟県立歴史博物館」までは同じく5分、さらに南下すること3km強で藤橋遺跡にたどり着く。このエリアで新潟県の考古・歴史・民俗にかかわる展示を一挙に見学でき

火焔土器発祥の地を示す馬高縄文館の碑

馬高縄文館には重要文化財の土器がずらり

るのだ。まずは長岡ICから国道8号線を西へ2㎞強、静かな環境の中に佇む馬高縄文館へ到着した。

馬高縄文館に展示されている土器類は、縄文館に隣接した史跡「馬高・三十稲場遺跡」から出土したものだが、馬高遺跡と三十稲場遺跡はいずれも信濃川左岸の段丘上にあり、小さな沢を挟んで東側に馬高、西側に三十稲場がある。所在地は長岡市関原町で、馬高は縄文中期（約5500年前）、三十稲場は縄文後期（約4500年前）の遺跡である。特に馬高遺跡は火焔土器を出土した県内最大級の集落跡で、その規模は東西150ｍ、南北250ｍもある。両遺跡を合わせると約4万5000㎡あるがそのすべてが昭和54年に国史跡に指定された。

馬高遺跡で最初に発見された火焔土器は平成2年に国重要文化財となり、平成14年にはその他の主要な土器・石器等を合わせた300点が重要文化財の追加指定を受けている。縄文館では深鉢形土器や浅鉢形土器（いずれも重要文化財）が館内にずらりと展示されていて壮観だ。

次の目的地は火焔土器発祥の地からクルマで5分とか

ロビーには火焔土器拡大復元が展示

新潟県立歴史博物館はさすがに立派だ

からない「新潟県立歴史博物館」（新潟県長岡市関原町）だ。博物館はさすがに立派な建物で、ガラス張りの広いエントランスには「火焔土器拡大復元」と表示された精巧な火焔土器が展示されていた。館内には縄文人の生活ぶりを分かりやすく再現したジオラマがあり、海辺のシーンや火焔土器を製作している姿などはタイムスリップするほどリアルだ。また新潟大学医学部解剖学所蔵と表示されている、縄文人男性および女性の復顔模型には思わず見とれてしまう。なかなかの美男美女だ。

すっかり縄文通になったつもりで次の目的地「藤橋遺跡」へ向かった。県立博物館から3km半ほど離れた長岡市西津町にあり、一帯は「藤橋歴史の広場」として平成4（1992）年に整備されている。長岡ICから直接来れば僅か2km半なのでクルマなら5分ほどで到着する。この中に「ふじはし歴史館」と「遺構展示館」そして復元された縄文の家がある。

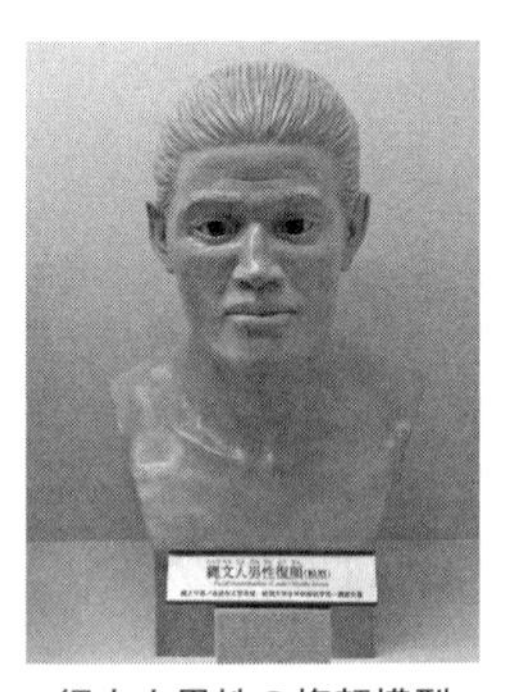

縄文人男性の複顔模型

長岡市教育委員会の資料を要約すると『藤橋遺跡は今から３０００〜２３００年前の縄文時代晩期の大集落で、昭和26（１９５１）年長岡市立科学博物館により最初の発掘調査が行われ、現在まで数回の調査が行われている。昭和53年には玉つくりの遺跡として国の史跡に指定された。発掘調査や採集品により当時の藤橋は高床式の掘立柱建物が立ち並ぶ玉つくりの工房として新潟県内における中心的な集落であったと考えられる』と書かれている。

縄文人の生活を再現した精密なジオラマ

歴史館に縄文時代の家庭の様子を復元した模型が展示されている

さらに『当時の縄文時代では床が半地下式の竪穴住居が一般的だが、藤橋遺跡からは竪穴式住居跡は見つからず、掘立柱建物が一般住居として採用されていたようだ。これは縄文時代では珍しいことである。また、玉つくりを示す資料にはヒスイや蛇紋岩、滑石などを石材とした勾玉、垂玉など多数の製品や未製品がある』という。

《新潟》
国史跡「長者ヶ原遺跡」と「フォッサマグナミュージアム」を見学、地学的視点からヒスイのすべてが学習できる地球博物館だ

「火焔土器発祥の地」と「藤橋歴史の広場」でたっぷり時間を費やしたので、関越自動車道長岡ＩＣに乗り入れたのは午後5時過ぎ、糸魚川市にあるホテルにチェックインした時には午後6時半を過ぎていた。

翌日は糸魚川市の南側（山側）にある美山（みやま）公園に向かった。広大な敷地の中に「長者ヶ原遺跡」と「フォッサマグナミュージアム」（新潟県糸魚川市一ノ宮）があり、遺跡に隣接して「長者ヶ原考古館」もある。北陸自動車道糸魚川ＩＣからクルマで10分ほどで着く距離だ。まずは国指定史跡「長者ヶ原遺跡」から見学することにした。

遺跡にある案内板をじっくり読む。要約すると『この遺跡の中央には縄文時代中・後期（5000～3500年前）に栄えた大きな集落跡が埋もれている。集落跡の10％ほどの

長者ヶ原遺跡には竪穴式住居が数棟も

発掘調査では24棟もの住居や多くの墓、貯蔵穴、建物などの痕跡が中央の広場を囲むように確認された。出土品には土器や石器はもちろんヒスイの玉や蛇紋岩の石斧の生産を示す資料も多く、それらの生産と交易の拠点であったことを物語っている。この史跡公園は大切な遺跡を永く保存しながら公開するために整備されたもので、出土品は長者ヶ原考古館に展示されている』とある。

史跡の広場には復元された竪穴住居が点在し、住居跡も残されていた。住居跡の中央には石で仕切られた炉の跡が見られ、柱穴であった多くの穴が開いていた。縄文時代後期の住居跡だ。遺跡をめぐった後、隣接する「長者ヶ原考古館」に入った。

館の入口には「古代ヒスイ文化の謎に迫る」の看板が

遺跡の出土品は長者ヶ原考古館に展示

縄文土器など出土品がずらりと並ぶ館内

掲げられていたが、なるほどヒスイの加工の様子やその製品、加工道具なども展示されていた。館内に入ってすぐ目につくのはヒスイとは深い関係がある奴奈川姫の立像だ。ちなみに奴奈川姫は、むかし越(こし)の国と呼ばれるこの地方にいた美しく賢いお姫様で、その胸にはヒスイが輝いていたという伝説がある。

メインの展示はずらりと並んだ縄文土器と市内の遺跡からの出土品、集落の様子を図解で示したディスプレイ、さらにはこの遺跡（場所）が生活するのにいかに恵まれた自然環境であったかを解説したパネルだ。要領よくまとめられ分かりやすかった。

ヒスイの事をさらに詳しく知りたいと、美山公園内にある「フォッサマグナミュージアム」に向かった。平成６（１９９４）年４月に、糸魚川市の美山公園にある奴奈川(ぬなかわ)の郷(さと)に開館した〝石の博物館〟で、超近代的な建物が眩しい。入口前庭には巨大なヒスイの岩石が展示され、いかにも石の博物館に相応しい雰囲気だ。糸魚川やその周辺地域から産出するヒスイとフォッサマグナがテーマの〝地球博物館〟で、五つの展示室からなる。ヒスイの歴史、鉱物の神秘性、日本列島の昔の姿、地殻変動、ナウマン博士の資料といった具合に、地学的視点から学習できるまさに地球博物館である。「石」を通して日本列島や地球の出来事を知ることができる。

糸魚川産のヒスイ原石はもちろん世界中の岩石、鉱物、化石なども展示されているが、入館して最初に驚かされるのが大きな「ヒスイ輝石岩」だ。新潟県糸魚川市小滝川産と書かれてあるが、小滝川ヒスイ峡近傍から発見されて平成13年秋に搬出されたものだという。

前庭に巨大なヒスイの岩石が展示されているフォッサマグナ・ミュージアム。まさに〝地球博物館〟だ

館内にはヒスイに関する詳しい説明が随所にあり、丹念に読んでいけばすっかりヒスイ通になれる。そのひとつに次のような解説があった。要約すると『ヒスイは縄文時代前期（約5500年前）に大珠（たいしゅ）（ペンダント）として加工され始めた日本最古の宝石である。日本各地の遺跡からヒスイ製品が発見されてきたが、その産地については謎であった。しかし糸魚川でのヒスイの発見によって、遺跡から出土したヒスイは糸魚川産である可能性

小滝川ヒスイ峡近傍から発見された「ヒスイ輝石岩」

が高まった。さらに昭和29（1954）年～昭和33（1958）年の長者ヶ原遺跡発掘調査によって大量のヒスイ原石、未製品、砥石類が発見され、糸魚川のヒスイが糸魚川で加工され、全国に運ばれていったことが明らかとなった』という。

糸魚川市の河川あるいは海岸ではヒスイが見つかるが、もともとは山岳地域にある蛇紋岩に含まれるヒスイが河川の水流によって浸食され洗い出され、数十万年かけてその分布が海岸まで広がっていったものだ。小滝川の「小滝川ヒスイ峡」は昭和13（1938）年に、小滝川の西側にある青海川の「橋立ヒスイ峡」は昭和30（1955）年にそれぞれ発見され、ともに国の天然記念物に指定され保護されている。

《新潟》念願の「フォッサマグナパーク」を見学、「糸魚川―静岡構造線」の大断層で日本列島の成り立ちを知る

ここまでヒスイのことを知ると、さあ次は「小滝川ヒスイ峡」（小滝川硬玉産地）を訪ねたくなる。が、その前にどうしても見たいところがあった。それは日本を東西に分ける日本最大級の断層「フォッサマグナ」（糸魚川―静岡構造線）を観察できる公園として有名な「フォッサマグナ・パーク」（新潟県糸魚川市根小屋）だ。フォッサマグナミュージアムから国道148号へ出て6km半ほど根知（ねち）方向へ南下し、根知谷入口の交差点で左折して県道225号を2kmほど山へ入ると「ようこそ、ジオパーク発祥の地へ」と書かれた案内図に歓迎される。ちなみにジオパークとは地球や大地を表す英語「ジオ（Geo）」と公園のパークを合体させた造語だ。

フォッサマグナは日本海と太平洋を結ぶ深い海峡…という説明図

東西の境目を示す大断層に着くまで案内解説図が何か所かに設置されていて、それを順次読んでいくとフォッサマグナが何であるかを知ることになる。なかでも『実は、ヨーロッパとアメリカの境目』と題した解説図には誰もが意表を突かれるだろう。そこにはこう書いてあった。

『日本列島は地球の表面を覆うプレートのうちユーラシアプレートと北アメリカプレートの上にある。西側がユーラシアプレート、東側が北アメリカプレート。このプレートの境目が糸魚川―静岡構造線である。地球規模で見ると、ここはヨーロッパとアメリカの境目でもあるのだ』という説明だ。

もうひとつ、把握すべきことは『フォッサマグナは線ではない！』ということだ。おそらく多くの人は「フォッサマグナは糸魚川から静岡に至る線」と覚えたに違いない。線ではなく日本海側から太平洋側にかけて帯状に存在する地域なのだ。誤解されている「線」はフォッサマグナの西側の境界で「糸魚川

白線で西日本と東日本が分かれている崖

――静岡構造線」と呼ばれる活断層だ。フォッサマグナがラテン語で「大きな（magna）溝（fossa）」を意味することからも頷ける。

フォッサマグナミュージアムとフォッサマグナパークを見学すれば、日本列島の成り立ちが概ね摑めるので、糸魚川に来たときは是非立ち寄ることをお勧めしたい。日本海とフォッサマグナはほぼ同時期にできた巨大な大地の割れ目で、フォッサマグナは西側の北アルプスと東側の越後山脈の間に広がる深い海だったのだ。資料によれば深さ6000m以上もあったという。

太平洋と日本海をつなぐその深い海（海峡）は、海底火山から噴出した溶岩や火山灰、さらには陸地から川で運ばれてきた泥や砂が厚くたまり、やがて陸地になってしまったというわけだ。数百万年前の話だ。このフォッサマグナを発見したのが、かの有名なドイツ人地質学者ナウマン博士で、1886年のことであった。ちなみに博士はナウマンゾウの化石を発見したことでもよく知られている。

案内標識に従って山道を数百メートル歩いていくと、やがてパッと開けて大きな崖が現れた。崖に亀裂が入っていて白線で仕切られている。そこには西日本と東日本の矢印が左右に示され、その下に「断層破砕帯」の看板があった。ついに念願の糸魚川―静岡構造線の大断層を目の当たりにした瞬間であった。あっけない出会いであったが、一度はこの目で確かめたいと思い続けていただけに、感動ものであった。

《新潟》
天然記念物「小滝川硬玉産地」と「青海自然史博物館」を訪れ、ヒスイの世界に浸る

さて、次はいよいよ「小滝川ヒスイ峡」（小滝川硬玉産地）だ。所在地は新潟県糸魚川市小滝だが地図で確認すると明らかに山の中だ。フォッサマグナパークから根知まで戻り国道１４８号（千国街道＝糸魚川街道）をさらに３km半ほど南下、ヒスイ峡入口の標識を右折し県道４８３号に入る。標識に注意しながら途中で右折し狭い山間舗装路を約５km走ると「小滝川ヒスイ展望台」に出る。

展望台の目の前に明星山の岩壁が

展望台に到着すると眼前に大岩壁がそびえ、その岸壁が落ち込んだところに渓流（姫川の支流の小滝川）が流れている。大岩壁は明（みょう）

星山（じょうさん）（標高１１８８ｍ）の一角で、今から約3億年前に熱帯の海にあったサンゴ礁が大地の動きによって移動してきたものだという。つまり全山が石灰岩からできており、小滝川から絶壁の一番高いところまで約４４０ｍもある。この絶壁は日本有数のロッククライミングの名所としても有名だ。国の天然記念物に指定（昭和31年）されている「小滝川硬玉産地」はこの大岩壁が落ち込んだ川原一帯を指すもので、言うまでもなくこの辺一帯の岩石や鉱物、植物などはすべて文化財保護法によりその採取は禁止されている。

大岩壁が落ち込んだところに姫川の支流小滝川が流れる

小滝川硬玉（こうぎょく）（ヒスイのこと）産地から流れ出たヒスイは姫川を下り、市内の海岸に打ち上げられるので、付近の海岸はヒスイ海岸とも呼ばれ、訪れた人がヒスイを求めて探し歩く姿もよく見られるという。海岸で拾うのは禁止されていない。

それはともかく、明星山の大岩壁に圧倒されながら、次の目的地へ向かうことにした。糸魚川市青海（おうみ）に所在する「青海自然史博物館」である。平成8年4月に青海総合文化会館の一施設として開館した青海町自然史博物館が、平成17年3月の糸魚川市・能生町・青海町の1市2町の合併により青海自然史博物館となったところだ。青海で産出されたヒスイや鉱物、化石などを中心に地質、地形、動植物について展示しているが、とりわけ地質学分野はかなりレベルの高い内容で、日本列島の生い立ちがしっかり学習できる。

博物館は立派な建物で、その前庭には45トンもの巨大なヒスイがドンと展示されている。青海川の橋立にある天然記念物「青海川硬玉産地」にあったものだという。まずはこのヒスイで驚かされるが、さらに中庭には岩石庭園があり、遊歩道が設けられているので石灰岩や岩石の自然の造形を見ながら学習することができる。

「青海川硬玉産地」というのは姫川から4㎞ほど離れた青海川の上流の黒姫山の麓にある「青海川ヒスイ峡」のことで、昭和32年に国の天然記念物に指定されたヒスイの産地だ。

この青海川ヒスイ峡から流れ出たヒスイは下流の海岸に漂着するが、淡紫色（ラベンダー色）のヒスイが多くみられることからこの海岸は「ラベンダービーチ」の愛称で呼ばれている。青海自然史博物館を見学した後その

青海自然史博物館前庭に展示されていた巨大な翡翠

ラベンダービーチへ行ってみた。「青海海岸ジオサイト」と表記された案内板が立っていて、次のような説明が書かれていた。

『目の前の海岸は青海海岸ジオサイトのラベンダービーチです。この海岸で発見されるうす紫色のヒスイをラベンダーヒスイと呼ぶことから付けられました。ラベンダーヒスイは青海川や姫川から流れてきたものです。ヒスイには様々な色があります。緑色だけではなく、白、うす紫、青、黒などがあります』

その案内板と砂利浜の間にビーチのシンボルともいうべき奴奈川姫のオブジェが立っていて「どうぞヒスイを見つけてください」とわれわれを促しているように見えた。早速ヒスイを求めて砂利浜の海岸を探し回ったが運悪くヒスイらしき石は見つからなかった。

ところでヒスイは漢字で書くと「翡翠」だ。博物館の資料によると『翡翠はカワセミとも読む。カワセミは背中が緑、腹が赤色をしている。カワセミの背と腹に似ていることから翡翠玉と名付けられ、その後、いつしか玉が取れて翡翠と呼ばれるようになった』とある。実物を見るとその神秘的な色合いに魅了されるが、縄文人もまたヒスイの魅

海岸に奴奈川姫のオブジェが立っていた

力にひかれて世界最古のヒスイ文化を創造したのであろう。

［追記＝青海自然史博物館はわれわれが訪れてから8か月後の平成26年3月末をもって閉館した。展示物および展示内容などは糸魚川フォッサマグナミュージアムへ移動し、活用されているが、今となっては大変貴重な体験をさせてもらったことになる］

《新潟》
「翡翠の工房址」が発掘された「寺地遺跡」、縄文時代中期以降の「玉作り集団」が生活していた！

ラベンダービーチからほど近いところにヒスイの工房址が発掘された史跡「寺地遺跡」があると聞いて寄ってみた。所在地は姫川と青海川の間に位置する田海川の左岸（糸魚川市寺地）で、東西約150m、南北約650mの範囲に広がる縄文時代中期から晩期（5000～3000年前）にわたる遺構だ。

遺跡の案内板にはこう書かれてあった。要約すると『都市計画事業の施工に伴い発見され、昭和43年から48年に分けて行わ

ヒスイの工房址「寺地遺跡」

史跡公園には竪穴住居も復元されている

れた発掘調査で多数の土器、石器類とともに硬玉（ヒスイ）の工房址が完全な形で発見された。また立石に囲まれた巨大な４本柱と配石遺構のほか砥石、硬玉原石、硬玉製勾玉などが多数発掘され、古代においてここに玉作り集団の生活があったことが証明された』という。

寺地遺跡は昭和55年12月に国の史跡に指定され、これを契機に遺跡の概要を知ってもらい、大切な文化遺産として保存するためにここに史跡公園として整備されたものだ。史跡公園の中には復元された「翡翠の工房址」があり、竪穴住居跡もきれいに整備されて見学できる。説明書きによると工房址の竪穴はほぼ円形で直径約５ｍ、中央に石囲炉があり、加工するために用いられた砂や砥石、敲石などの工具類も出土したという。まさに縄文人とヒスイの結びつきが今、糸魚川市寺地で立証されているのだ。

さて、〝ヒスイ王国〟を去るにあたって最後に糸魚川のシンボル奴奈川姫の像を見ようと思い、糸魚川駅とヒスイ海岸のほぼ中間、国道8号線沿いにある「駅前海望公園」（新潟県）に立ち寄ってみた。青銅色の大きな像の下に奴奈川姫を紹介した石造りの立派な説明文があったのでじっくり読んでみた。

『古事記や出雲国風土記には高志（こし）の国の沼河比売命（ぬなかわひめのみこと）（奴奈川姫）と出雲の国の八千矛神（やちほこのかみ）（大国主命）とのラブロマンス（通婚神話（つうこんしんわ））が読まれており、その奴奈川姫は「沼川郷（ぬなかわごう）」なる古地名や姫を祭る神社の所在などからこの地方の女神とされている。また、この地方では今より4〜5千年前の縄文時代から姫川より流れ出たヒスイを巧みに加工し、弥生・古墳時代には優美な勾玉を盛んに生産していた。そのようなことから通婚神話は富と力の象徴である翡翠の勾玉を作るこの地方と、それを求めた出雲との関係を物語っているようだ。この奴奈川姫と、その子・建御名方命（たてみなかたのみこと）は、夕陽の向こう遠く離れた出雲に思いを馳せながら、旅人を迎えているのである』……大国主命を慕って海を向いている母子の像は、間もなく日本海に沈む夕陽に照らされて凛々しい姿をわれわれに見せていた。

糸魚川の象徴、奴奈川姫と建御名方命

火焔型土器から始まりフォッサマグナ、ヒスイとつながった今回の旅は、縄文文化への新たな視点を得た貴重な史跡めぐりであった。

《長野》
八ヶ岳山麓に花開いた縄文文化「井戸尻遺跡」、隣接した「井戸尻考古館」で貴重な土器と土偶に出会う！

平成25年7月下旬、中央自動車道の小淵沢ＩＣを目指す。夏の早朝は清々しく気分爽快だ。快晴に恵まれ道中では八ヶ岳の雄姿も見ることができた。小淵沢ＩＣを降りて県道11号を左折し下り坂を道なりに下っていくと下蔦木の信号に出る。国道20号だ。ここを右折し１・２㎞ほど走ると上蔦木の信号があり、ここを右折し途中の標識に注意しながら道なりに２・５㎞ほど走り登ると「井戸尻遺跡（いどじりいせき）」に出る。小淵沢ＩＣから約６㎞、15分の距離だ。

パッと開けてなだらかな起伏のある高原風の景観には思わず感嘆の声が出る。しかも清涼な朝の空気の中に甲斐駒ヶ岳と鳳凰三山の山並みが眼前

南アルプスが遠望できる高原斜面に復元された縄文時代の竪穴式住居。縄文人は素晴らしい場所を選ぶものだ

数多くの縄文土器が展示されている井戸尻考古館。隣接して歴史民俗資料館もある

に聳え、私の大好きな山の風景がそこに展開する。周辺の坂上遺跡や曾利遺跡を含む井戸尻遺跡は、長野と山梨の県境にある八ヶ岳山麓を舞台に生活した縄文人の遺構だ。７０００年前の縄文時代早期より古代人が住居を構え、５０００～４０００年前の中期に最も栄えたところだ。それにしても縄文人は何と素晴らしい場所を生活の地に選択したのだろう。

　昭和41年に国の史跡に指定され、縄文時代の住居を復元するなど史跡公園として整備されたが、遺跡の脇には湧水があり、豊富な水を利用して水生・湿生の植物園も作られている。ここでは古代ハスが見られるというので「縄文の泉」として親しまれている。

　なだらかな傾斜面の遺跡広場の中央には縄文時代の竪穴式住居が復元されて立っており、建屋から南側には南アルプスが遠望できる。建屋の後方うえの方には

水煙渦巻文深鉢は井戸尻考古館を代表する土器だ

資料館」もある。歴史民俗資料館では先人が使用していた農具を中心に生活道具や生産用具などを展示している。

考古館に入ると約7000~2300年前の縄文時代の生活文化を復元した数々の展示品に圧倒される。これまで発掘調査して出土した資料のうち2000点余りの土器や石器を年代順に並べ、同時に住居展示や食物、装身具、衣類なども併せて展示されている。とりわけ井戸尻考古館を特徴づけるのは整然と陳列されている数多くの土器で、縄文中期の大型土器に見られる様々な文様には思わず目を引かれる。

曾利遺跡から出土した「水煙渦巻文深鉢（すいえんうずまきもんふかばち）」は井戸尻考古館を代表する土器で高さは43㎝。〝水煙〟と名付けられた大小一対の把手のような造形はまるで火焔型土器のような勢いとうねりがある。長野県宝に指定されている逸品だ。また坂上（さかうえ）遺跡から出土した高さ23㎝の「始祖女神像（しそめがみぞう）」は顔を斜め上に向けて両腕を大きく広げ胸を張るように直立している土偶だ。表面に描かれた精緻な文様にも目を奪われる。この土偶は縄文時代中期後葉のもので国の重要文化財だ。

考古館の前庭には復元した配石遺構もある

《長野》

「尖石縄文考古館」で国宝土偶「縄文のビーナス」と「仮面の女神」に会い、「尖石遺跡」の南斜面で名前の由来の〝石〟に会う！

次の目的地は八ヶ岳山麓を代表する大きな遺跡「尖石遺跡（とがりいしいせき）」だ。井戸尻遺跡から国道20号へ戻り、中央自動車道の諏訪南ICから諏訪ICを目指し、高速を降りたら国道20号諏訪バイパスを経由し国道152号線（ビーナスライン）を走る。途中からメルヘン街道と名称が変わるがそのまま152号を進んで山寺上という信号で右折する。ここから県道17号となり約3km走ると「尖石縄文考古館」に到着する。諏訪ICから14km弱の行程で、全線舗装の快適なドライブだ。

尖石縄文考古館の所在地は長野県茅野市豊平で、八ヶ岳西山麓の標高1000mを超える台地にある。縄文考古館に隣接して「与助尾根遺跡（よすけおね）」があり、道路を挟んで「尖石遺跡」があるが、尖石遺跡は明治時代から学会に報告され多くの土器・石器が出土、昭和15年から発掘調査されたという。与助尾根遺跡は昭和10年に発見された遺跡で、縄文時代中期の竪穴住居址が発掘された。現在そのうちの6棟が復元されて縄文考古館の裏側に展示されている。

尖石の名前の由来となった三角錐状の石(岩)

与助尾根遺跡に復元されている縄文中期の竪穴式住居

尖石遺跡は昭和27年に、与助尾根遺跡は平成5年に、いずれも国の特別史跡に指定され、尖石縄文考古館は尖石遺跡を中心とする史跡公園のセンターとして建設された。ちなみに「尖石」という名前の由来は、尖石遺跡の南斜面にある高さ1mほどの三角錐状の大きな石が「とがりいし」と呼ばれていたことによる。縄文人が石器を研いだ石だとも言われているが、よくぞこれまで残っていたものだとつくづく眺めてしまう。

尖石縄文考古館には茅野市内から出土した縄文土器や石器など約2000点の考古資料が展示されているが、中でも注目の品は棚畑(たなばたけ)遺跡(いせき)出土の土偶「縄文のビーナス」と中ッ原(なかっぱら)遺跡(いせき)出土の土偶「仮面の女神」であろう。前者は縄文時代の遺物としてはわが国最初の国宝（平成7年6月）に、後者は平成26年8月に国宝に指定されているもので、いずれも常設展示室で見ることができる。

縄文のビーナスが出土した棚畑遺跡は茅野市米沢埴原田（よねざわはいばらだ）にあり、霧ヶ峰の南斜面の山裾に広がる標高880mの台地にある。縄文時代中期から後期前半（約5000〜4000年前）の遺跡だが、工業団地造成に先駆け行われた発掘調査でその住居址が発見された。調査の結果、この時期に黒曜石流通の交易・交流の拠点として繁栄した集落であることが分かった。昭和61（1986）年9月に出土した縄文のビーナスは、集落の中央広場にあった土坑からほぼ完全な形で出土したという。

平成7年6月に国宝に指定されたが、考古館の資料によると縄文のビーナスの全高は27cm、重量は2・1kg、安定感のある腰と尻を有し、太い足でがっしりと立ち尽くしている。頭は頂部が平らで、円形の渦巻き文様が見られる。腹部は見ても分かる通り妊娠している状態だ。吊り上がった切れ長の目や小さな口など、八ヶ岳山麓の縄文時代中期の土偶に特有の顔だという。仮面の女神が出土した中ッ原遺跡は長野県茅野市湖東（こひがし）山口に所在する

国宝に指定された縄文のビーナス。縄文時代中期の土偶に特有の顔だという

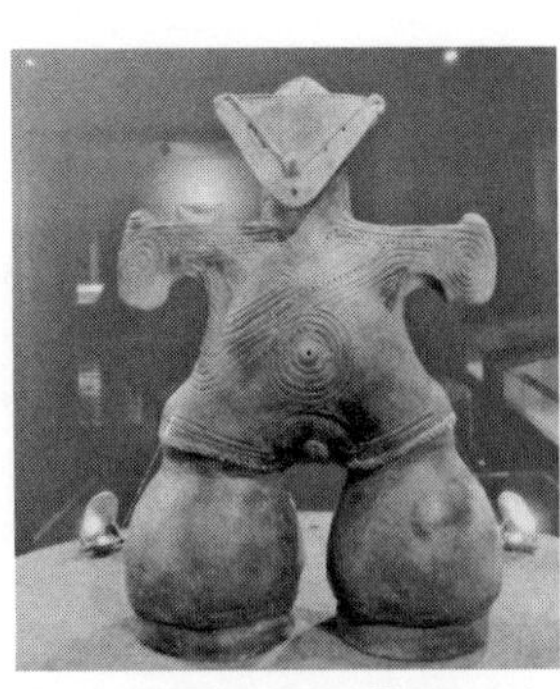
約４千年前の土偶「仮面の女神」。国宝に指定されている

縄文時代中期～後期前半の遺跡だ。尖石の北西方向、直線距離にして約２・５㎞、標高約９５０ｍの細長い尾根状台地にある。仮面の女神は平成12（２０００）年８月に出土し、平成18年に重要文化財に指定されたが、平成26年８月には国宝に指定されている。全高は34㎝、重量は２・７㎏、今から約４０００年前の土偶だ。中は空洞の「中空土偶」と呼ばれている。顔は逆三角形の仮面で、体には渦巻や同心円などの文様が描かれている。

尖石遺跡は八ヶ岳山麓の縄文文化を代表する遺跡だが、尖石や井戸尻遺跡などの復元住居に接したりすると、縄文人がこういう場所を生活の場として選択した理由がうなずける。彼らの見識というか環境を見極める能力の高さには感心せざるを得ない。

《長野》

平成18年にオープンした「平出遺跡公園縄文の村」、国史跡「平出遺跡」は縄文～平安時代の大集落跡だ

尖石遺跡を正午過ぎに離れて次の目的地「平出遺跡（ひらいでいせき）」に向かうことにした。平出遺跡の所在地は長野県塩尻市宗賀。塩尻ＩＣから国道20号経由で国道19号（中山道）を木曽方面へ向かい「桔梗ヶ原東」の信号に出たら左折し、「平出歴史公園」信号機を左折する。塩尻ＩＣから約５㎞、15分の距離だ。

平出遺跡は縄文時代から平安時代にかけての大集落があった遺跡で、国指定の史跡である。縄文時代のほぼ全期間の痕跡を辿ることができるが、最も栄えた時期は中期（約５０００年前）で、１１０軒以上の住居跡が見つかっているという。本格的な発掘が開始されたのは昭和25（１９５０）年からで、その豊富な出土品は縄文時代から平安時代に至る当時の生活の様子を

広大な広場に展開する「平出遺跡公園縄文の村」。縄文の雰囲気が溢れる

復元する上で貴重な資料とされている。

資料によると、南側には標高８０９ｍの比叡ノ山が横たわり、その東麓には石灰岩の割れ目から湧き出る「平出の泉」がある。遺跡はその泉から流れ出る渋川に沿って帯状に広く展開するもので、昭和27（１９５２）年国の史跡として15万５０００㎡が指定された。周辺は一面畑の田園地帯にあり、位置としては松本平の南端にあたる。北西には北アルプスの山並みを眺め見ることができる見晴らしのいい広大な平地だ。

平出遺跡は昭和27年に国史跡に指定

遺跡から出土した土器や石器など約2万点を展示保管している「塩尻市立平出博物館」は最初「平出遺跡考古博物館」として昭和29年11月に開館した歴史ある博物館だ。比叡ノ山の南側の山麓際にあるが、博物館の裏山には6世紀後半から7世紀前半にかけて、平出の古代集落を治めていたと考えられる豪族の古墳が3基設けられているという。これらの古墳は円墳で石室の復元が見学できる。また出土した鉄剣や玉類、土器などは平出博物館に展示されているので是非見学することを勧めたい。

広大な遺跡広場には時代を考証した住居がいくつか建

てられている。例えば縄文時代中期（約５０００年前）の茅葺き屋根の住居が7軒復元されているし、古墳時代の有力者の家だったと考えられる大型住居と穀物倉庫（高床式）も復元されている。これらをひっくるめて平成18（２００６）年に「平出遺跡公園縄文の村」がオープンした。

その後、平成22年には古代の農村（古墳時代地区）がオープンしたが、これは6世紀末から7世紀初頭の農村の様子を再現したものだ。平坦で広大な「平出遺跡公園縄文の村」はまさに縄文時代の雰囲気がよく出ており、タイムスリップした気分に浸れる。遠路はるばる訪れた価値は十分にあった。

《長野》
「積石塚」は高句麗からわが国へ伝播した墓か
「大室古墳群」で渡来文化の濃厚な雰囲気に浸る！

平出遺跡見学の翌日の朝はあいにく全天雲に覆われていたが、午後には晴れ間が見えるという天気予報であった。長野市内のホテルを出発し国道１１７号を南下、国道18号線を突っ切って県道35号線をさらに南下、千曲川にかかっている松代大橋を渡って上信越自動車道をくぐり国道403号を左折する。暫く行くと「大室古墳群（おおむろこふんぐん）」への案内板が右側にあるので、ここをすかさず右折して、今は廃線となっている旧長野電鉄屋代線に沿って走ると、長電バス屋代須坂線「大室駅」バス停が確認できる。

バス停そばの踏切跡を渡り左折し、再び案内板を頼りに細い道を進むと若宮八幡宮が目に入る。道が狭いので走行に注意することと、数か所ある案内板を見落とさずに行けば迷わない。最後に再度上信越自動車道をくぐり勾配を登りながら標高を稼ぐと目指す「大室古墳群」に到着する。所在地は長野市松代町大室だ。「大室古墳群」入口から緩やかな勾配を登っていくとやがて開けた斜面に出て、平成9（1997）年7月に国史跡に指定された古墳群が見えてくる。斜面の上段に「大室古墳館」が立っているので、まずは古墳館に寄ってみた。

斜面に立つ大室古墳館。平成9年に国史跡に指定された古墳群が周囲に点在する

古墳群の立地環境を理解するのはそう簡単ではないが、幸い古墳館のエントランスには大室谷支群の大きな立体模型が置かれており、古墳群の史跡指定範囲が分かりやすく示さ

244号墳と称する径約30mの円墳。石が露出している

れていた。エントランスゾーンには古墳群見学マップや長野市教育委員会発行の解説冊子、さらにはパネルやビデオもあり至れり尽くせりだ。最も分かりやすいのは館内に展示されている航空写真で、周辺の地形が一目で理解できる。

　資料をよく見ると『大室古墳群は奇妙山の北西斜面に群集する古墳群で、三つの尾根上の「北山」「霞城」「金井山」と、二つの谷筋の「大室谷」「北谷」の計五つの支群に分かれる。それぞれが古墳群なのだが、最も規模の大きな古墳群が「大室谷」の古墳群で、ここが国指定の史跡になっている。大室谷は最下部の標高３５０ｍから一番奥の標高６６０ｍまで２kmほどの細長い帯状の谷で、ここに5~8世紀の古墳時代に造られた古墳が２４１基点在している』のだ。

　つまり、三つの山丘尾根と、それに挟まれた二つの谷部に分かれて古墳が分布し、しかもこの古墳が他所のものといささか変わっていて、日本最大の「積石塚古墳群」なのだ。わが国では稀な存在である積石塚（つみいしづか）が、これだけ多く密集する古墳群はほかに存在しないという。大室古墳群全体では古墳の総計は５００基以上あるが、その内、８割近くが積石塚で、中には天井が三角形をした合掌型石室墳もある。盛土墳や土石混合墳もあるが大半は積石塚なのだ。資料によれば大室谷の古墳群では指定部分だけでも積石塚が１１８基、合掌型石室墳が7基ある。

古墳群の中でも印象的であったのが２４４号墳と称する横穴式石室を持つ円墳で、周溝を含む復元径は約30m、大室古墳群最大規模の古墳で、7世紀前半の築成だ。横穴式石室の全長は約12m、急角度の上段墳丘の外面に露出する「石垣状石積」は一般の古墳では見られない特徴だという。

石を積み上げて墳丘を造った墓を積石塚というが、それがなぜ特異なのか。古墳館の資料などによると積石塚は四国（香川、徳島）や長野、山梨県の一部に顕著にみられるもので、その元を辿っていくと高句麗や百済にたどり着くという。もともと高句麗で発生した積石塚が百済に伝わり、それがわが国へ伝播したのではないかというわけだ。地図を広げれば一目瞭然だが、高句麗からだと日本海を渡り上越辺りに着くのは比較的容易だ。長野には糸魚川経路でたどり着ける。

さらに興味深いことは、大室古墳群からは馬の生産と関係するものが出ていることだ。土師器や須恵器のほかに馬形土人形の土馬（どば）が発掘されている。信濃国は5世紀の馬文化移

雨が降りしきるなか熱心に見学するひとたち

入に伴う馬飼育の場として早くから開かれ、その技術は渡来人に頼っていたと考えられている。馬の使用も高句麗人の文化であるから、古代牧（御牧）の存在が信濃に何か所か見つかっているのも不思議ではない。

渡来人の移入経路はきわめて興味深い。様々な経路が考えられるが、上越周辺に上陸した渡来人が糸魚川経路で信州へ流入したという考えは不自然ではない。積石塚や馬関係の遺物の出土、さらには古代牧の遺跡はそうした古代のロマンを大いに掻き立てるものだ。

「史跡大室古墳群」の図入り案内板を見ながら貴重な古墳を見て回ったが、ふと目を遠方に向けると、そこには平成10年長野冬季オリンピックを沸かせたスケート競技会場のホワイトリングが見え、晴れ間が広がった遠方には戸隠の山々が望めた。長野盆地が一望できる。なんと眺望に恵まれた場所なのだろう、古代人の場所選びには毎度ながらつくづく感心してしまう。

《長野》有明山の麓に展開する「科野の里歴史公園」、森将軍塚古墳に感動し古墳館と歴史館で科野の古代にハマる

渡来文化の雰囲気を濃厚に感じながら大室古墳群を離れたのはちょうどお昼頃であった。次の目的地である千曲市の「森将軍塚」へ向かうため長野ＩＣから上信越自動車道を利用し、長野自動車道の更埴ＩＣで降りる。ＩＣを出たところが国道18号で、これを佐久方面に向かうと間もなく「屋代」という交差点があり左折する。県道３９２号線だ。しなの鉄道線を越え北陸新幹線をくぐると間もなく右側に「森将軍塚古墳館」が見える。更埴ＩＣからクルマで約２・５km、10分もかからなかった。

森将軍塚古墳は有明山の尾根上標高４９０ｍに位置する古墳時代前期の築造で、墳長１００ｍの２段築成だ。国道18号線を走ると有明山の中腹に森将軍塚古墳が垣間見えるが、４世紀の中頃、まだ信濃国が成立する前に首長の墳墓がこんなところに築造されたのか……と、思わず見とれてしまう。ちなみに森将軍塚古墳は昭和46（１９７１）年に国の史跡に指定されている。

科野（しなの）の里歴史公園の広い駐車場にクルマを止めて、まずは予備知識を得ようと森将軍塚

竪穴式石室の実物大模型。石室は二段墓壙式だ

尾根上にある全長100mの巨大な前方後円墳

古墳館へ足を運んだ。周辺の古墳群から出土した遺物を展示しているが、なんといってもメイン展示室の中央にある竪穴式石室の実物大精密模型がすごい。

森将軍塚古墳の竪穴式石室は墓壙（ぼこう）と呼ばれる二重の石垣で囲まれた長さ15m、幅9・3m、深さ2・8mの大きな穴の中に築かれ、石室内には遺体を入れる木棺が納められていた。石室は石英閃緑岩（せきえいせんりょくがん）の板状の石を小口積みにして築かれていたという。

発掘調査時に出土した副葬品や埴輪などの実物はもちろん、模型や映像によって森将軍塚古墳を詳細に紹介している。副葬品の中には中国製の大型鏡である三角縁神獣鏡片も見つかっているが、これは大和王権から全国各地の王に政治的な関係を結んだ証として与えられたものと考えられ、長野県下では唯一のものだという。副葬品は他にも鉄剣や埴輪も

墳頂から広大な長野盆地が見渡せる

あるが、埴輪の特徴としては大型で「透孔」と呼ばれる三角形の孔がたくさん開けられていることだ。

さて古墳館から尾根上にある森将軍塚古墳まで歩いていくにはいささか難儀だ。迷っていたら古墳館から専用シャトルバスが運行されていた。運賃は片道200円、これは助かる。ただし冬季期間（12～4月）は運休だ。バスはぐんぐん坂を登ってわけなく古墳前に到着、発掘調査の結果に基づき正確に復元された全長100mの大きな前方後円墳がパッと目の前に現れた。古墳には石が整然と積まれ埴輪がずらりと並んでいた。全体が土で覆われているわけではなく、1600年ほど前に造られた当時の姿がそのまま再現されているので迫力があり美しい。感動ものだ。信濃の国を治めていた王の墓らしい立派な古墳である。

ひときわ高い後円部の中央には日本最大級の規模という長大な竪穴式石室が設けられていたが、墳頂から石室の底まで約3・5mもあったというからかなり深い。この前方後円墳の上を歩きながら、つくづく古代王の権力の強大さを思わずにはいられなかった。後円部の先端に立つと広大な長野盆地が一望できるが、標高652mの有明山の尾根という難しい場所に墓を作った執念もこの絶景を眺めると理解できる。

ところで、森将軍塚の「森」は将軍の名前ではない。古墳館のガイドブックによれば、古墳の所在を示す行政区分の名前で、「将軍」というのはこの土地の有力者や偉い人を将軍様と呼ぶ習慣があったのだという。〝森将軍〟の墓ではない。

再度シャトルバスに乗り古墳館に戻ってから、次は隣接する「長野県立歴史館」に向かった。所在地は長野県千曲市屋代で、平成6（1994）年11月に開館した博物館だ。入館料300円を払って常設展示室へ入る。「信濃の風土と人々の暮らし」をテーマに原始、古代、中世、近世、近現代の五時代に区分、「縄文のムラ」の展示や、屋外には「縄文の森」や「万葉の野」など植生を中心とした展示もある。古代から現代まで信州の時代を追いながら学べる常設展示室だ。

個性的な外観の長野県立歴史館

原始時代のコーナーはナウマンゾウと黒曜石、中央高地の縄文文化、稲をつくった信濃びと、古墳に葬られた人々、縄文のムラ……の五つのテーマで構成されているが、とりわけ縄文のムラでは八ヶ岳山麓の縄文時代の村など数千年前の世界にタイムスリップすること請け合いだ。

博物館を出て科野の里歴史公園内を散策していると高床式倉庫や竪穴式住居、平屋の納屋などが立っている古墳時代の集落「科野のムラ」に出た。屋代清水遺跡から発掘された5世紀前半頃のムラを復元したもので雰囲気満点だ。聞くところによるとドラマか映画のロケにここが使用されたたという。古墳館の裏手にあるので歴史公園を訪れた向きにはぜひ立ち寄ることをお勧めする。

古墳時代の集落「科野のムラ」も復元

《長野》

「浅間縄文ミュージアム」は、浅間山の南麓における縄文文化研究の出発点だ

科野の里歴史公園をくまなく見学したので、さて帰路に就こうとしたがまだ午後2時を少し回ったところ、欲を出して北佐久郡御代田町の「浅間縄文ミュージアム」に立ち寄ることにした。

上信越自動車道佐久ICを降りて県道9号線を経由し、135号線へとつないでミュージアムに到着したのは午後3時であった。所在地は長野県北佐久郡御代田町、入館料500円（大人）を払って中へ入ったが閉館は午後5時、少々慌ただしい見学となった。

縄文時代と浅間山が展示テーマの浅間縄文ミュージアム

浅間縄文ミュージアムは今から1万3000年前から2500年前までの約1万年間続いた「縄文時代」と「浅間山」を展示テーマにした博物館で、縄文関係の重要文化財資料は100点を超すほど充実している。

また浅間山関係では江戸時代の天明３（１７８３）年に噴火した「天明の浅間焼け」の噴火絵図、火山活動史さらには浅間山の構造、植物、高山蝶、四季の風景などを写真やパネル、映像等で紹介している。天明の大噴火では岩なだれや泥流によって１０００人を超える人々がなくなり、田畑や家屋が壊滅したという。これら浅間山関係のディスプレイは２階の展示室だ。

縄文時代は1階の展示室で堪能できる。竪穴式住居、石器、骨角器などの生活用具から始まって縄文土器、土器造りのジオラマ、縄文人の食料、土偶や石棒などの呪術用具などが大変見やすく展示されている。圧巻は特別展示室の国重要文化財「焼町土器（やけまちどき）」だ。焼町土器はミュージアムから直線距離で約２km北に位置する御代田町塩野字川原田にある「川原田遺跡（かわらだいせき）」から出土したものだ。

川原田遺跡は浅間山の南麓の標高８８０ｍほどの台地上にある遺跡で、平成２年に発掘調査が行われた結果、縄文前期～中期の集落であることが判明した。このとき特に注目されたのが縄文中期（４５００年前）

縄文土器を作っている縄文人の生活をジオラマで展示している

の集落で出土した「焼町土器」で、他にも土偶や石鏃、打製石斧等々が出土している。焼町土器の特徴は丸く穴の開いた眼鏡状の突起や渦巻き状の曲線などが、躍動感あふれる文様で土器を飾っていることだ。これらの派手な装飾は浅間山麓特有の土器で、縄文土器の中でも傑作のひとつだという。が、例えば井戸尻考古館で見た水煙渦巻文深鉢、あるいは新潟の火焔型土器なども素人目には極めて似ているが、専門家から見れば全く異なった土器なのであろう。いずれにしても実用より祭祀的な用途が主な目的の土器ではないだろうかと、素人の私は勝手に思っている。

《山梨》
豊富な縄文時代の遺物、出土した土偶の数は１１１６個！
中央高速ＰＡから徒歩２分で行ける便利な「釈迦堂遺跡博物館」

中央自動車道の勝沼ＩＣと一宮御坂ＩＣの中間に釈迦堂ＰＡがある。南アルプス連峰をはじめとする中部山岳の山々が一望できるドライブ休憩地点として最適のＰＡだが、なんとここから歩いて３分のところに「釈迦堂遺跡博物館」がある。所在地は山梨県笛吹市一宮町千米寺。パーキングエリア（ＰＡ）にクルマを止め専用階段を利用して直接行けるのだ。途中に〝縄文の美・縄文の迫力〟のキャッチフレーズが目立つ立派な博物館の案内板が立っていて、そこにはこう書いてあった。

『釈迦堂遺跡群は中央自動車道の建設に先立ち発掘調査された日本でも有数の縄文時代の遺跡です。なかでも1116個体も出土した土偶は学術的価値も高く、豊かな表情の顔には縄文人の息吹きが聞こえてくる感じがします。また大小さまざまな土器に見られる装飾美は芸術的にも高い評価を得ており、見る者を圧倒するほどの迫力が感じられます。釈迦堂遺跡出土品のうち599点が国の重要文化財に指定され、縄文文化の優れた感性を国内外に発信し続けております……』。そして『……縄文文化が育まれた周辺の雄大な景色を楽しみながら、しばし縄

土偶の門構えと立派な案内板が目立つ

中央自動車道の釈迦堂ＰＡは甲府盆地とアルプス連峰が見渡せる風光明媚な所。釈迦堂遺跡博物館はここから歩いて３分と近い

文の美と迫力の余韻に浸って下さい』と結んでである。

われわれが訪れたのは平成26（２０１４）年11月下旬で、澄み渡った青空の下、甲府盆地と連なる山々が見渡せ、素晴らしい眺望が楽しめた。縄文人もこの標高４５０ｍからの景観に魅了されたに違いない。昭和55年２月から56年11月にかけての中央自動車道建設に先立つ発掘調査で、旧石器時代、縄文時代、古墳時代、奈良～平安時代にわたっての住居や墓をはじめ大量の土器や石器などが出土したが、特に縄文時代の遺物が豊富に出土したという。とりわけ注目されたのは夥しい数に上る土偶群であった。

釈迦堂遺跡博物館には多くの重文が展示

土偶の数はなんと１１１６個、そのほとんどが縄文中期（約４８００年前）のものだ。出土した数の多さはもとより土偶の形態や表情が多彩で豊かな事も注目された。特に出産土偶は全国的に類例がほとんどないものだ。また釈迦堂を代表する縄文中期後半の土器としては「水煙文土器」「釣手土器」「人体文土器」などがある。釣手土器は縄文時代のランプと思われるもの、人体文土器は胴下半部に人の文様があり、いずれも国重要文化財に指定されているものだ。

博物館にはこれら出土した土器や土偶が整然と並べられ見るものを圧倒する。縄文早期末から前期中頃そして中期前半の土器がずらりとガラス越しに展示されている様はまさに圧巻だ。そして「土偶のうつりかわり」と題して大きな図解パネルが掲示されていて、土偶の変遷が分かりやすく解説されている。それによると、まず「土偶」とは縄文時代のひとがたの土製品であること、つまり人間を模したものかあるいは精霊を表現して造ったひとがたの土製品であること、そして縄文早期（約9000年前）に関東地方から現れ、遅れて近畿地方にもみられるようになったという。

縄文中期の土偶が１千個以上も出土した

縄文前期になると東日本一帯に普及し、縄文中期には中部地方（山梨県や長野県）で盛んに造られたというが、釈迦堂の土偶はその代表例で、約4800年前の中期はいわば全盛時代であったという。縄文後期になると各地に各様のものが見られ、九州地方でも東日本の影響を受けて造られるようになった。縄文晩期の土偶は東日本に数多くみられ、そのなかでも東北地方（青森県、岩手県、宮城県など）の遮光器土偶は有名である。

釈迦堂を代表する縄文中期後半の土器群

館内の豊富なディスプレイと丁寧な説明書きを読むのに時間をとられたが、外へ出てみると輝く陽光のもとで広大なパノラマが展開していた。館の脇に遊歩道があったので散策を兼ねて歩いてみた。博物館の裏手に隣接してある「縄文の森公園」へ行ける道だった。そこには縄文前期初頭から中期中頃にかけての竪穴住居跡が幾つかあってきれいに保存されていた。５０００〜６０００年前、彼らはこの高台でどんな生活をしていたのだろうか。

《山梨》

４世紀後半から５世紀初頭の国指定史跡「銚子塚古墳附丸山塚古墳」、隣接した「山梨県立考古博物館」で山梨３万年の歴史を見る

釈迦堂遺跡博物館で土偶の移り変わりを学んでからＰＡ（パーキングエリア）を離れ、再び中央自動車道本線に入り、甲府南ＩＣまで走る。ＩＣを出るとＴ字路の突き当たりに出るので、そこを右折する。国道３５８号線だ。右折してからものの１５０ｍほど行くと

山梨３万年の歴史が見られる県立考古博物館

左側に「山梨県立考古博物館」が見える。所在地は山梨県甲府市下曽根町だ。

博物館周辺は国指定史跡の甲斐銚子塚古墳と丸山塚古墳などがある「甲斐風土記の丘・曽根丘陵公園」で、博物館はその中心的施設である。考古資料館として昭和57（１９８２）年11月に開設されたもので、旧石器時代から縄文、弥生、古墳……と現代に至るまでの足跡を県内各地の遺跡から発見された豊富な資料で常設展示している。いってみれば人類が山梨に住み始めてから今日までの、およそ３万年の歴史を見ることができる。

国指定史跡「銚子塚古墳 附 丸山塚古墳」は、博物館の裏側の南西にあり歩いて３分とかからない。博物館の資料によると、銚子塚古墳は東日本最大級の前方後円墳

４世紀後半築造の前方後円墳「銚子塚古墳」

古墳時代中期築造の丸山塚古墳。県内最大の円墳で直径約72mの２段築成だ

で、４世紀後半（３５０～４００年）の築造、竪穴式石室から青銅鏡が5面、勾玉、鉄剣、鉄刀などが出土したという。全長１６９ｍ、後円部直径92ｍ、高さ15ｍで３段築成、周溝から木製の埴輪が発見された。前方部は幅68ｍ、高さ８・５ｍで2段築成、かなりの大きさだ。埋葬施設のある後円部からは甲府盆地が一望できる。

一方、丸山塚古墳は古墳時代中期（5世紀初め頃）に造られた県内最大の円墳だ。博物館のすぐ裏側にある。墳丘は直径約72ｍ、高さ11ｍの2段築成で、埴輪を備えた周堀をめぐらせている。古墳の位置や大きさ、築造時代などから、銚子塚古墳に葬られた人物の跡を継ぐ立場の人の墓だろうと考えられている。銚子塚古墳より早く明治37年に発掘された。墳頂部に長さ5・５ｍの竪穴式石室があって、石室内から神獣鏡や鉄刀、鉄斧、鉄鏃、釜など豊富な副葬品が発見された。

銚子塚古墳と丸山塚古墳はともに昭和5（１９３０）年に国指定史跡に指定されているが、古墳の周辺はまるで緑の公園のようにきれいに整備されており、ピクニック気分で散策も楽しめる。博物館見学の後は古墳を歩くのがいい。なんといっても中央自動車道甲府南ＩＣからすぐという立地条件はクルマ族にとっては誠にありがたく、釈迦堂遺跡博物館と連鎖して縄文～古墳の世界を楽しめる。

《静岡》
弥生時代後期の集落の様子が分かる「登呂遺跡」、わが国で初めて弥生時代の水田跡が発見された！

平成26年10月のはじめ、「そういえば、あの有名な登呂遺跡にまだ行っていないなあ、今日行ってみるか」というわけで妻と急いで身支度を済ませ、クルマを走らせた。東名高速道路の静岡ＩＣを降りてから約３㎞、10分ほどで登呂遺跡に到着した。遺跡の所在地は静岡市駿河区登呂である。広い駐車場にクルマを止め、大きな案内板を見てから、まずは「静岡市立登呂博物館」へ向かった。

博物館の２階にある常設展示室では、登呂遺跡から出土した実物資料を中心に、登呂ムラの人々の生活の様子を模型やパネルを使って展示しているが、なにしろ弥生時代の水田（すいでん）跡（あと）が全国で初めて発見された遺跡だけに、展示物はそれぞれ興味深いものばかりだ。博物館の周辺はその弥生時代の水田の様子が復元されており、往時の雰囲気が味わえる。

博物館の資料によると、登呂遺跡は昭和18年軍需工場建設のための基礎工事中に偶然発見されたという。しかし本格的な発掘調査は戦後間もなくの昭和22（１９４７）年からで、調査は昭和25年まで継続され、さらに40年にも行われた。その結果、水田跡の水路や畦畔から木製品などが大量に発見されたほか、住居12棟と高床式倉庫2棟で構成される人口約60人前後の、弥生時代後期の農村の姿を残す集落遺跡であることが確認されたという。

復元された住居と米を保管するための高床倉庫。弥生時代の集落風景だ

約８ヘクタールに広がる水田は住居群の東南側に接し、大きな区画の中に小さな区画が造られ、田に水を出し入れするための水路が造られるなど、かなり大掛

静岡ＩＣから約３キロの市立登呂博物館

かりな土木工事が施工されたと考えられている。稲作の道具としては水田を耕すための鍬や鋤、さらに足に履く田下駄（たげた）などの農具や皿、盆、鉢などの生活用具もほぼ完全な形で出土して注目されたのだ。興味深いのは石製の穂摘み具もあったということだ。

その後、平成11年度から15年度まで再整備のための発掘調査が行われ、棟持柱（むなもちばしら）が添えられた祭殿と考えられる大型の掘立柱（ほったてばしら）建物跡や、集落と水田域を区画する溝など、新しい情報も得られたという。復元された水田は畦畔の上を歩いて見学できる。訪れたときはちょうど稲穂が実っていた時期で、古代米などの種類別に説明の札がついていた。

復元された広大な水田。丁度実りの時期で稲穂が黄色に首部を垂れていた。弥生時代の農村風景もこんな感じだったのだろう

復元された住居や高床倉庫（米を保管するための倉庫）の出来栄えもさることながら、広大な水田の復元により他の遺跡ではお目にかかれない弥生時代の農村風景を、タイムスリップして味わうことができる。その点でも登呂遺跡は極めて貴重な存在である。

《奈良》

茶畑から偶然発見された奈良時代の火葬墓「太安萬侶墓」、大和茶の名産地「田原」の山の斜面から墓誌と木櫃が出土

日本という国が形造られ、国としての機能がスタートし、日本国の基礎が固まったのはなんといっても古墳時代から奈良時代にかけてのざっと500年の間だ。そういう意味からいっても奈良県に所在する史跡をめぐることはいわば〝必須科目〟となる。しかし、奈良にある史跡はあまりにも多い。古墳の類だけならまだしも神社仏閣まで採り上げたらきりがない。そこで今回は古代にこだわって縄文時代から弥生、古墳、飛鳥、奈良時代にかけての興味ある史跡を選び出し、神社仏閣については涙を呑んで絞り込んでみた。

旅の全行程は3泊5日とし、出発は平成25年4月下旬とした。自宅から厚木経由で東名高速、さらに新東名高速を利用し、伊勢湾岸自動車道、新名神高速道路、京滋バイパス、京奈和自動車道と結んで木津ＩＣで高速道路を降りいよいよ奈良県に入った。国道169号線を南下し県道80号線に分かれて東に約10km、田原交差点を左折して県道183号線を2kmほど進むと進行方向左側に史跡「太安萬侶墓」の案内板が見えた。そう、最初に訪れたのは「太安萬侶墓」であった。古事記を編纂した奈良時代の天才的文官の墓である。

木津ＩＣからざっと17㎞ほど、奈良市街地からわずか十数キロの道のりであったが、そこは山間に水田や茶畑が広がる自然豊かな田園風景の「田原の里」で、大和茶の名産地としても知られるところだ。墓の所在地は奈良市此瀬町（このせちょう）、周囲は４００～６００ｍ級の山が連なっている。駐車場がないので道標の脇にクルマを寄せ、茶畑に囲まれた畦道を登っていく。すると急斜面に石で縁取りをした直径４・５ｍほどの円形の「墳丘」（円墳）が現れた。脇に「史跡太安萬侶墓」と彫り込まれた立派な石碑と案内板が立っており、奈良県教育委員会による説明文（昭和56年11月記）が書かれていた。

「史跡太安萬侶墓」は茶畑が広がる急斜面にあった

墓は、昭和54（１９７９）年1月、竹西英夫氏によって茶畑の農作業（改植）中に偶然発見されたもので、出土した銅製墓誌により、古事記の編者として有名な太安萬侶（おおのやすまろ）の墓であることが明らかになったという。墓誌の銘文には居住地、位階と勲等、死亡年月日、埋葬年月日を記した41文字が刻まれており、養老7（７２３）年7月に亡くなったことが明記されていた。火葬された骨は木櫃（きびつ）に入れられ、その下に銅製の墓誌が置かれて、副葬品として真珠等も収めてあった。

現存する日本最古の歴史書「古事記」の編纂者太安萬侶（古事記編纂７１２年）は、いっときその存在が疑問視されていたこともあったらしい。が、偶然茶畑山中からの火葬墓発見、しかも名が刻まれた墓誌も見つかり、太安萬侶は実在していたことが確実となった。動かぬ証拠が発見されたのだ。何と素晴らしいことか。

墓は文化財保護法により昭和55（１９８０）年2月に国の史跡に指定されたが、奈良時代の上級文官の墓が、その規模といい構造や遺物の出土状況等が明らかにされた例は、大変まれな事であり驚きである。墓地とその周囲はきれいに整理されていて安堵したが、急斜面から眺める田原の茶畑風景と山間が描くゆるやかな緑の稜線がなんとも美しく、しばらくはその光景に見とれていた。奈良を旅する向きには是非お勧めしたい場所だ。

自然豊かな大和茶の名産地「田原の里」を一望

《奈良》
邪馬台国候補地としての有力な証拠となるか、「纒向遺跡」に3世紀前半の新たな建物遺跡が発見される

「史跡太安萬侶墓」から国道169号線をさらに17㎞ほど南下すると、JR桜井線と交差するが、その交点の僅か手前に「まきむく駅」がある。さて纒向遺跡はどこか、これといった建造物があるわけでもないので、地図を頼りに農道をさまよっていたら「纒向遺跡居館域の調査」と書かれた大きな案内板に出会った。何のことはない、纒向遺跡は駅の西側、線路脇に広がっていたのだ。広い敷地の中にこの案内板がぽつんと立っていた。

纒向遺跡は奈良県桜井市の三輪山西部の裾野に広がる2～4世紀の大規模な集落遺跡だ。東西約2㎞、南北約1・5㎞で、整然と配置された建物跡が発見されたり、他の地域から運ばれたとみられる土器が出土したりしている。周辺には卑弥呼（248年頃没）の墓との説がある箸墓古墳もあることから、この辺りは前方後円墳発祥の地ではないかと推定されている。いずれにしろ、周辺は弥生時代から古墳時代への転換期の様相を示す重要な遺跡であり、邪馬台国畿内説を立証する遺跡ではないかと注目を浴びている。もちろん国の史跡に指定されている。

桜井市では平成20年度より纒向遺跡の中枢となる居館域を探る調査を開始し、3世紀前半〜中頃にかけての居館の一部とみられる3棟の建物群を確認しているが、これらの建物群は軸線や方位を揃えて建てられた国内最古の事例となり、一連の調査はヤマト王権の王宮の構造を解明するものとして注目されている。

さて、邪馬台国畿内説を後押しするような新聞記事が平成26年2月に掲載された。それは居館域を探る調査により、また新たな建物跡が見つかったというのだ。それによると、『平成21年に確認された3世紀前半（弥生時代末〜古墳時代初め）の大型建物跡のすぐ東側からまた建物跡1棟が発見された。大型建物跡などの建物群と同じ東西の同一線上に中心軸が並ぶことから同時期の建物とみられ、邪馬台国の中枢施設との見方が強い』というものだ。発掘調査が進むにつれて新たな事実が明らかになるのは遺跡の常であるから、今後のさらなる展開が楽しみだ。はたして邪馬台国畿内説は立証されるか、である。

《奈良》
〝卑弥呼説〟もある最大級の巨大前方後円墳「箸墓古墳」、大きな池の中に浮かぶ島のようであった

ＪＲ桜井線まきむく駅西側に広がる纒向遺跡を後にして、農道から再び国道１６９号線に戻った。そこはちょうど「箸中」という交差点で、箸墓古墳がそこから東側に広がる北端となる。箸墓古墳のうねるような長い稜線は国道１６９号線から丸見えであった。箸中交差点から３００ｍほど国道を南下すると「箸中南」という交差点に出るが、そこを左折すると古墳の周囲を一周することができ再び箸中に出る。

箸中から墳丘までざっと２００ｍはあろうか、そこは大きな池で遮られており、池の周りはがっちりした柵で囲まれている。池に沿って土手状の道を歩くことができるので、写真撮影には不自由しない。大きな池には〝逆さ古墳〟が映り込み、いい画が撮れる。

箸墓古墳の形状は言うまでもなく前方後円墳だが、墳丘の長さは２８０ｍ、後円部の直径は約１５５ｍ、その高さは30ｍ、前方部の長さは１２５ｍとかなり大きい。築造年代は今のところ３世紀後半頃と言われ、被葬者は明らかではないが宮内庁により「大市墓（おおいちのはか）」として第７代孝霊天皇皇女の倭迹迹日百襲姫命（やまとととひももそひめのみこと）の墓に治定されている。当然のことなが

卑弥呼の墓とも言われている箸墓古墳

ら国の史跡に指定されていて、墳丘への自由な立ち入りは禁止されている。

ところで「箸墓（はしはか）」の名前の由来は少々残酷だ。『日本書紀にある神がかりの巫女として著名な倭迹迹日百襲姫命は大物主神（おおものぬしのかみ）の妻となり、夫の正体が美麗な小蛇（こおろち）であることを知って驚く。恥をかかされたと夫が三輪山に飛び去ったので、姫は後悔してしりもちをつくと箸が陰部に刺さって死んでしまった』というものだ。仮に箸墓古墳が卑弥呼のものであればおよそイメージのそぐわない神話である。

いずれにしても最近の箸墓古墳に関する調査・研究においては、放射性炭素年代測定や三次元による墳丘レーザー測量などを駆使して、各分野から新しい成果が報告されているというから、必ずやそのうち謎は解かれていくであろう。

《奈良》
拝殿からご神体の三輪山を拝する「大神神社」、祭神は大物主大神、わが国最古の神社のひとつだ

さて、われわれは次なる目的地「大神神社（おおみわじんじゃ）」を目指した。国道169号線を隔てて見える巨大な鳥居をくぐり大神神社の専用駐車場へ向かった。駐車場からしばらく歩くとこれまた大きな「二の鳥居」が眼前に立ちはだかる。見上げると真ん中に「三輪明神」の文字も鮮やかに飾りがかかっている。これで大和国一の宮「大神神社」を改めて意識する。鳥居に向かって左側に大神神社と彫られた大きな石碑が鎮座し、右側には「三輪そうめん」の看板を掲げた御食事処があった。二の鳥居をくぐりまっすぐに伸びた心地よい参道を歩く。右側に三輪山会館、社務所、左側に祓戸神社、夫婦岩、手水舎をみながら石段を上ると右側に「巳（み）の神杉（かみすぎ）」が現れる。三輪の大物主大神の化身の白蛇が棲むことから名付けられたご神木だ。蛇の好

立派な二の鳥居と大きな大神神社の石柱

物の卵が参拝者によってお供えされるという。現在の神杉は樹齢400年余のものと言われる。

正面に国の重要文化財である拝殿が立っているが実に立派な拝殿だ。神社の境内案内書によると拝殿は寛文4（1664）年徳川家綱公によって再建されたもので、大神神社は三輪山をご神体とするために本殿がなく、拝殿を通して三輪山を拝む原初の神祀りの姿を留めているという。

拝殿の奥に神の山・三輪山と拝殿を区切る意味で三ツ鳥居（国重要文化財）というのがある。本殿に代わるものとして神聖視されているものだ。

神社の説明によれば『大神神社のご神体三輪山は高さ467m、周囲16km、面積350ヘクタール。全山が杉や松や檜に覆われ、太古より神が鎮まる聖なる山と仰がれてきた。大国主神が自らの魂を大物主大神（おおものぬしのおおかみ）の名で三輪山に鎮めたことが記紀神話に記されている。ご祭神の大物主大神は国造りの神であり、農・工・商業すべての産業開発、医薬、造酒等人間生活全般の守護神で、三輪の明神さんとして広くそのご神徳が仰がれている』とある。

ところで、本社の境内にあり、しかも本社に縁故の深い神を祀る神社を「摂社」という

二の鳥居に懸かる三輪神社の表札

が、大神神社の拝殿から北側にゆっくり歩いて10分とかからないところにある「狭井神社」がそれだ。三輪の神様の荒魂（あらみたま）を祀る神社で、正式な名前は「狭井坐（さいにいます）大神荒魂（おおみわあらたま）」という。主祭神は「大神荒魂神（おおみわのあらみたまのかみ）」で、病気を鎮める神として信仰を集めてきた。拝殿の左後ろにこの神社の由来となっている神水の井戸「狭井」があり、ここから湧き出る水は昔から「薬水」と呼ばれ、これを飲めば病気が治ると伝えられている。

摂社・狭井神社で無病息災を祈願する

　狭井神社はこぢんまりとした神社だが、いかにも由緒ある神社といった感じで好感が持てた。無病息災を祈願し、次なる名所「大美和の杜展望台」へ向かった。狭井神社から西側へ３００ｍほども歩いたであろうか、展望台からは三輪山の秀麗な姿はもちろん、大和三山や二上

拝殿を通してご神体三輪山を拝む原初の神祀り大神神社

山を眺望することができる。三輪山は東側、西側には明日香・橿原方面の奈良盆地平野が広がり、さらに遠方には二上山（にじょうざん）まで見えた。

二上山といえばその脇にある竹内（たけのうち）街道は、大阪と奈良を結ぶ日本最古の官道として有名だ。大和高田、橿原、飛鳥、桜井を結ぶ歴史街道で、かつては難波の港から大陸の使節を飛鳥に迎える「大道」であった。

幸い天候にも恵まれ展望台からは耳成山（みみなしやま）、畝傍山（うねびやま）、香具山（かぐやま）の「大和三山」もその美しい姿を見せていた。これらの三山を三角形の各頂点とすれば、その中心点が藤原宮跡辺りだと見当をつけ、観光マップを広げて名所旧跡の場所を眺めてみた。それにしても大神神社はいい場所に建立されたものだ。

《奈良》

飛鳥時代の都城「藤原宮跡」は大和三山に囲まれた特別史跡、平城京に遷都されるまで16年間首都であった

大神神社から再び国道１６９号線を南下してＪＲ桜井線の踏切を渡ったら、国道１６５号線を右折して西に向かう。ちょうどＪＲ桜井線の「かぐやま駅」と「うねび駅」の中間

あたりの県道を南に向かうと目指す「藤原宮跡」へ出る。大神神社からはざっと7～8㎞であろうか。周囲は広大な平地で畑が広がる。早速、藤原京の中心施設であった特別史跡「藤原宮跡」の大きな案内板を見る。史跡指定は昭和21年11月、特別史跡指定は昭和27年3月とある。案内板の説明にはこう書いてあった。ほぼ全文を紹介しよう。

『藤原京は持統天皇8（694）年から和銅3（710）年まで、持統・文武・元明天皇3代にわたる都でした。藤原宮はその中心部にあり、現在の皇居と国会議事堂及び霞が関の官庁街とを一か所に集めたようなところです。大きさはおよそ900m四方、周りを大垣（高い塀）と濠で囲み、各面に三か所ずつ門が開きます。中には天皇が住む内裏、政治や儀式を行う大極殿（だいごくでん）と朝堂院（ちょうどういん）、そして役所の建物などが立ち並んでいました。大極殿は重要な政治や儀式の際に天皇の出御する建物です。赤く塗った柱を礎石の上に立て、屋根を瓦で葺くという日本では最初の中国風の宮殿建築でした。建物の柱間は正面九間（45m）、側面四間（20m）、基壇（きだん）を含めた高さは25mを超え、藤原宮では最大です。現在は基壇の跡だけが残り「大宮土（おおみやど）

藤原宮跡の敷地に林立する赤柱。はるか後方は香久山

壇（だん）」と呼ばれています。昭和10（1935）年に日本古文化研究所がこの土壇を発掘調査し、藤原宮解明の端緒となりました』

というわけで、現在われわれが見学できるのは広い敷地に立つ赤い柱とその基壇だけだが、背丈よりも高い赤い柱が二十数本も立ち並ぶ広大な景観は異常で、ここに中国風の宮殿が立っていたことを想像すると当時の藤原宮の偉大さが目に浮かぶ。

藤原京はわずか16年間の都であったが、藤原宮の構造はその後の都にも引き継がれているという。なお、藤原宮の大きさは約1km四方だが藤原京の規模は東西5・3km、南北4・8kmと大きく、その中心部に藤原宮があったわけである。北に耳成山（140m）、西に畝傍山（199m）、東に天香具山（152m）を観る広大な奈良盆地南部の都城跡には、発掘調査を継続している作業員とその関係車両が数台並んでいた。

《奈良》
見所いっぱいの「国営飛鳥歴史公園」、甘樫丘地区の「飛鳥寺」に古代国家の原点を見る

中国は唐の長安を模して造られたという日本初の本格的宮殿の跡「藤原宮跡」を後にし

て、県道206号を飛鳥川沿いに南下し甘樫丘（あまかしのおか）を目指した。距離にして3・5㎞ほどだが、この辺りから東西南北の広大な範囲で「国営飛鳥歴史公園」が展開する。奈良県高市郡明日香村の国営公園だが、公園と言っても柵やフェンスがあるわけではなく、以下の5地区からなる総面積約60ヘクタール（甲子園球場の約15倍）の広さを誇る自然と文化的遺産の点在地だ。国土交通省によって整備されている。

5地区とは祝戸、石舞台、甘樫丘、高松塚、キトラ古墳周辺の各地区だが、公園内のすべての文化遺産をクリアするのは不可能なので、まずは甘樫丘の東側にある「飛鳥寺」を訪ねることにした。甘樫丘は蘇我蝦夷、蘇我入鹿親子の邸宅があったと言われる丘陵で、その展望台からは飛鳥の古京、藤原京や大和三山が一望できる。東側麓に飛鳥川が流れ、川から300mほど東に飛鳥寺は立っていた。平日だったが外国人を含め大勢の観光客が訪れていた。

最初に目に飛び込んできたのが門前にある「飛鳥大仏開眼1400年」の立て札であった。平成20（2008）年が飛鳥大仏の開眼1400年にあたることから、立て札にはこう書いてあった。『推古天皇13（605）年日本最古の金銅丈六釈迦如来像の造立が発願され、同天皇17（609）年に開眼供養されてから1400年にあたります。中世の火災によって損傷されているものの、今もって元の位置に端座し給う日本の歴史的尊像であり

日本最初の本格的寺院飛鳥寺。大仏がある

平成20年は飛鳥大仏開眼1400年であった

ます』。この重要文化財が本堂（元金堂）で拝めるとあれば誰でも入りたくなる。

　門をくぐるときれいに整備された庭があって本堂の前には「飛鳥寺略縁起」と書かれた案内板が立っていた。飛鳥寺のいわれが書かれていたので全文を紹介しよう。

『第32代崇峻天皇元（588）年蘇我馬子が発願し、第33代推古天皇4（596）年に創建した日本最初の本格的寺院であり、寺名を法興寺、元興寺、飛鳥寺とも呼んだ。本尊飛鳥大仏（釈迦如来）は推古天皇13（605）年、天皇が詔して鞍作鳥（くらつくりのとり）仏師に造らせた日本最古の仏像である。旧伽藍は仁和3（887）年と建久7（1196）年に焼失し、室町以降は荒廃したが、寛永9（1632）年と文政9（1826）年に再建され今日に至っている。現在は真言宗豊山派に属し、新西国第9番、聖徳太子第11番の霊場でもある』

謂われはなかなかややこしいが、要するに飛鳥寺には複数の呼称があり、法号は法興寺または元興寺であり、平城遷都とともに今の奈良市に移ってその寺名を元興寺と称している。つまり現在の飛鳥寺は法興寺の後身で、当初の法興寺は五重塔を中心に、その北と東西に三つの金堂が立つ一塔三金堂式の壮大な伽藍で、当時の蘇我氏の権威を象徴していたものだ。五重塔の北に立っていた金堂には、鞍作鳥仏師（百済系の工人）作の「飛鳥大仏」が安置されていたが、現在もその位置は変わらないという。つまり飛鳥時代からずっと同じ場所に置かれていることが確認されている。

本尊飛鳥大仏（釈迦如来）は日本最古の仏像

いずれにしろ日本最古の本格的仏教寺院であり蘇我氏の氏寺でもある。現在の飛鳥寺は小規模で静かな佇まいだが、なぜか魅力的な雰囲気が漂う。靴を脱いで本堂入口から入ると右側に飛鳥大仏が鎮座していた。像の高さは2ｍ75㎝余もあるという。表面全体は黒光りしていて時の流れを感じさせる。やや面長の立派な顔をした本尊釈迦如来は、右手首を前方に立て左手を上向きに開いて静かに目を細めていた。１４００年前、銅造鍍金されていた当初は眩しいほどの輝きがあったに違いない。思わず合掌してしまった。この飛鳥大仏が国宝ではなく重要文化財だという理由が理解できない。

　本堂を出て境内に戻り案内標識の「蘇我入鹿首塚」と書かれた方角へ行ってみた。首塚は飛鳥寺西門跡からすぐ先の畑の中にひっそりと立っていた。中大兄皇子（なかのおおえのみこ）と中臣鎌足（なかとみのかまたり）が蘇我入鹿を暗殺（乙巳の変＝６４５年）したとき、入鹿の首が伝飛鳥板蓋宮（でんあすかいたぶきのみや）からここまで飛んだと言われる場所だ。ちなみに板蓋宮から首塚までは直線距離で約６００ｍもある。石灯篭のような五輪塔（供養塔）が立っていて、誰が置いたのかきれいな花が添えられていた。

入鹿の首がここまで飛んだといわれる首塚

《奈良》
小高い丘陵一帯に広がる酒船石遺跡、導水施設を駆使した祭祀用空間か

亀形石造物や小判形石造物を発見

飛鳥寺から500mと離れていないところにいささか不思議な遺跡がある。甘樫丘の東側に位置する小高い丘陵にあり、飛鳥寺と伝飛鳥板蓋宮の中間あたりだ。所在地は奈良県明日香村岡、遺跡の名は「酒船石(さかふねいし)遺跡」だ。いくつかの石造物からなる遺跡で、有名な「酒船石」に加えて、平成12(2000)年の発掘調査で発見された亀形石造物と、小判形石造物および周辺の遺構をすべて含めて「酒船石遺跡」と呼ぶようになった。

丘陵一帯に広がる遺跡の中には砂岩により構築された石垣や石段、石敷きが発見されている。亀形石造物や小判形石造物などは石造物を組み合わせることによる導水施設ではないかと言われ、一説によれば大土木工事を好んだという女帝斉明天皇が造った祭祀空間ではないかと

丘陵の頂上にある全長5.5mの史跡「酒船石」。上面に不思議な模様が

言われている。導水施設や石垣跡を見ながら50mほど丘陵を登っていくと平らな頂上に出た。そこには既に有名な史跡「酒船石」がドンと置かれていた。

脇に書かれていた説明板によれば、史跡「酒船石」は昭和2年4月に史跡指定されたもので、小高い丘の上にある花崗岩の石造物だ。長さは5・5m、幅2・3m、厚さ約1mで主軸はほぼ東西をむいている。北側と南側の一部が欠損しており、近世に何処かへ運ばれた節がある。石の上面に皿状の円や楕円の浅い窪みがいくつかあり、これらの窪みを結んだ細い溝が刻まれている。酒を絞る槽、あるいは油や薬を作るための道具とも言われているが、定かではない。しかし酒船石から比較的近いところから、この石へ水を引くための土管や石樋が見つかっていることから、庭園の施設だという説もある。いずれにしても石と水による不思議な人工的空間である。

《奈良》
壮絶な古代史が展開された飛鳥浄御原宮跡（伝飛鳥板蓋宮跡）、「乙巳の変」が起こり、天武天皇が即位した宮跡だ

酒船石遺跡から200mほど移動したであろうか、「史跡伝飛鳥板蓋宮跡」の案内板が見え、平坦に開けた広場のようなところに出た。広場の真ん中に石を丁寧に敷き詰めた四角い建物跡のような遺構があり、そこが飛鳥浄御原宮（あすかきよみはらのみや）跡（あと）だと分かった。案内板には奈良県教育委員会による次のような説明がしてあった。

要約すると『推古天皇から持統天皇に至る7世紀の約100年間、飛鳥地方には歴代天皇の宮が次々と造営されたが、その遺跡はどれもまだ確認されていない。そのうち皇極天皇の飛鳥板蓋宮についてはこの付近とする伝承があり、昭和34年以来おもに橿原考古学研究所によって発掘調査が続けられた。その結果、高床式の大きな建物や大井戸など多くの遺構が検出された。建物はすべて

伝飛鳥板蓋宮跡に４つの宮跡が埋もれている

掘立柱で、周囲に石敷があり、木簡や土器などの出土遺物から板蓋宮よりは新しい7世紀末頃の宮殿遺跡と推定されるが、下層にも遺構があり、いずれの宮であるかは今後の調査を待たねばならない』……とある。ちなみに伝飛鳥板蓋宮跡が史跡に指定されたのは昭和47年4月だ。

この説明の中で気になる点は『……下層にも遺構があり……』のところだが、資料によると伝飛鳥板蓋宮跡には四つの宮跡が重なって埋もれているという。古い順から飛鳥岡本宮（630～636年、舒明天皇）、飛鳥板蓋宮（643～655年、皇極・斉明天皇）、後飛鳥岡本宮（656～660年、斉明天皇）、飛鳥浄御原宮（672～694年、天武・持統天皇）だというが、このうち後飛鳥岡本宮から飛鳥浄御原宮にかけての遺構の一部が石敷の広場、石組の大井戸として現在復元整備されているわけだ。

私は石組の大井戸跡のそばに腰かけながら古代に思いを馳せた。飛鳥板蓋宮跡は舒明天皇以降ほぼ同じ場所に継続的に営まれた宮殿跡だが、645年にはここで乙巳の変（大化の改新）が発生し蘇我入鹿が刺殺され、672年には古代最大の争乱「壬申の乱」が起こり、大海人皇子が天武天皇としてここで即位したのだ。ざっと1300～1400年前、ここ飛鳥浄御原宮跡においては壮絶な古代史が展開されていたのだ。まさに飛鳥（明日香）は日本の中心地であったといえるだろう。

《奈良》 聖徳太子自らが建立した「橘寺」、まさに明日香の地に溶け込んだ古刹だ

飛鳥浄御原宮跡をあとにして南へ３００ｍ、明日香村役場を左に見ながら県道１５５号線を経由し、さらに４００ｍほど行くと「橘寺」に出る。所在地は奈良県高市郡明日香村橘。「秘宝・秘仏特別開帳・聖倉殿特別公開中」の大きな案内の貼紙があった。宝物殿である聖倉殿では、伝日羅立像（重文）や地蔵菩薩立像（重文）などの寺宝の数々を毎年春と秋の2回、期間限定で特別公開しているのだ。そうとは知らず、偶然開帳期間中に来ることができた。

石段を上っていくと左側に「聖徳太子御遺跡第八番霊場」、右側に「新西国霊場第十番」の札がかかり、「天台宗橘寺」と書かれた前門に出た。門をくぐると石敷きの参道がまっすぐに伸び、正面に本堂が見えた。歩を進め

石段を上って聖徳太子が建立した橘寺へ

聖徳太子の愛馬「黒の駒」の立像が本堂の前に。これは災難厄除けのお守りになっている

ると左側に鐘楼が立ち、右側に「五重塔跡」の看板が見える。五重塔跡は、飛鳥時代には百二十数尺（約40m）の五重塔が立っていたという跡で、残念ながら落雷で焼失してしまった。今は礎石だけが残っている。

本堂前の境内右側に「黒の駒」と称する立派な馬の立像があった。実物大であろうか。説明によると、これは聖徳太子の愛馬で、空を駆ける達磨大師の化身ではないかと言われ、災難厄除けのお守りになっている。また境内には善悪二つの顔が刻まれた「二面石」という大きな石があり、境内を散策する人は必ずここでしげしげとこの石を眺める。われわれの心の持ち方を表現しているという。

善悪二つの顔が背中合わせに刻まれた「二面石」が境内にある

飛鳥時代の石造物のひとつだ。

境内全体はまるで日本庭園のように美しく整備され、

黄色い橘の実がいくつか垂れ下がっていた。橘寺の説明によると、第11代垂仁天皇の勅命を受けた田道間守が不老長寿の薬を求めて中国へ行き、持ち帰った実を蒔くと芽を出したのが橘（ミカンの原種）で、それからこの地を橘と呼ぶようになったという。

ところで橘寺は知っての通り聖徳太子が生まれたところだ。第31代用明天皇と穴穂部間人皇女の間に西暦572年に生まれ、幼名は厩戸皇子といった。橘寺は聖徳太子建立7カ寺のひとつで、本堂（太子殿）には聖徳太子坐像（重文）が安置されている。それにしても橘寺の佇まいは何とも言えぬ雰囲気があり、まさに明日香の田園風景に溶け込んだ古刹であった。

《奈良》
687年に築造された八角墳の「天武・持統天皇陵」、7世紀中葉～8世紀初頭の斉明天皇「牽午子塚古墳」も八角墳

翌日は朝からどんよりとした曇り空で、今にも降り出しそうな気配であった。ホテルを7時半に出発、国道169号線を南下すること約2・5㎞、近鉄吉野線の飛鳥駅前に出た。さあ今日は飛鳥の史跡めぐりだとモチベーションアップを図る。まずは飛鳥駅前から北東

に約1km走ったところにある天武・持統天皇陵の見学から始めた。所在地は奈良県高市郡明日香村である。御陵は道路の左側の小高い丘の上にあり、周囲はきれいに整備されていた。石段を上り「檜隈大内陵」と書かれた石柱を確認し御陵の案内板を見る。説明書きには次のように書いてあった。

『壬申の乱（672年）に勝利し、律令制の基礎を築いた天武天皇と、その皇后で天武の次に即位し天皇として初めて火葬された持統天皇が合葬されている御陵（檜隈大内陵（ひのくまおおうちのみささぎ））である。墳丘は現在東西約58m、南北径45m、高さ9mの円墳状をなしている。鎌倉時代（1235年）に盗掘され、その際の記録である「阿不幾及山陵記（あおきのさんりょうき）」に墳丘、前室、墓室内の様子の記載がある。墳形は八角形で5段築成、周囲に石段をめぐらすという。切石積の石室は2室からなり、天武天皇の夾紵棺（きょうちょかん）と持統天皇の金銅製骨蔵器が納められている』。ちなみに「夾紵棺」というのは、あらい布地を重ね漆で固めて造った棺のことだ。

宮内庁により第40代天武天皇・第41代持統天皇の陵に治定されている別称「野口王墓」というが、天武天皇は

明日香村にある天武・持統天皇陵。八角墳だ

朱鳥元（686）年10月に崩御し、持統天皇は天武天皇崩御の16年後すなわち大宝2（702）年12月に崩御した。持統天皇は生前に「火葬にして天武天皇の墓に合葬してほしい」と願ったとか。古代は土葬が常識であったが、奈良時代の持統天皇以降は火葬にされたと言われている。

説明書きにもあったが天武・持統天皇陵は八角墳で、築造年代は持統天皇元（687）年である。800年ほど前に盗掘にあって大部分の副葬品が奪われ、墓のなかもだいぶ荒らされていたという。昔から悪い輩がいたものだ。副葬品は様々な謎を解き明かす大切な資料だというのに。

さて、野口王墓に手を合わせてから、次なる目的地「牽午子塚古墳」を目指した。来た道を飛鳥駅まで戻り、近鉄吉野線の踏切を渡って駅の反対側へ出る。まるで登山口の始まりのように細い道をくねくねと走り、500mほど奥へ進むと丘陵の高所に背の高い石柱が立っており「史跡牽午子塚古墳」の文字がくっきりと彫られているのが確認できた。そして、そのすぐ後ろにシートが被せられた古墳があった。まだ調査の続行

牽午子塚古墳は斉明天皇の墓で八角墳だ

中なのであろう。

所在地は野口王墓と同じ奈良県高市郡明日香村だが、飛鳥駅の東口と西口の違いがある。この古墳も2009～2010年にかけての発掘調査によって八角墳であることが判明した。墳丘の対辺長は約22m、高さは約4・5mと推定される。築造は7世紀中葉から8世紀初頭で、被葬者は天智天皇と天武天皇の母とされる飛鳥時代の女帝・斉明天皇の可能性が高まった。八角墳といえば、斉明天皇の夫・舒明天皇の陵墓も、その子・天智天皇の陵墓（御廟野古墳）も野口王墓もみんな八角墳であり、当時の皇族の陵墓は八角墳であったことが特徴といえる。

《奈良》石槨の壁に男女の像や四神が、天井には星宿図が描かれた謎の「高松塚古墳」

天武・持統天皇陵の次は「高松塚古墳」である。飛鳥駅前の信号から県道209号を東に500mも走らないうちに国営飛鳥歴史公園館の駐車場に到着した。県道がちょうど高松塚周辺地区を真ん中で分断する形で走っていて、南東側には「高松塚壁画館」や「高松

高松塚古墳は二段式築成の円墳で高さは５ｍ
（国営飛鳥歴史公園ホームページより）

塚古墳」が広がっている。緩やかな丘陵地帯に展開する史跡観光地区で、近鉄吉野線飛鳥駅から徒歩でも10分とかからないところだ。

生憎雨が降り出し傘をさしての見学となったが、緑に囲まれた敷地の周遊路はことのほか歩きやすく、ほどなく高松塚古墳に到着した。高松塚古墳は7世紀末から8世紀初頭にかけて築造された終末期古墳で、直径24ｍ（下段）と直径18ｍ（上段）の2段式築成、高さは５ｍの円墳だ。当初は盗掘を免れて残っていた銅鏡などから終末期古墳のものと推定されていたが、平成17（２００５）年の発掘調査によって藤原京期、すなわち６９４～７１０年の間のものと確定されている。

で、被葬者はだれか。天武天皇の皇子説、あるいはその臣下説、はては朝鮮半島系の王族説といろいろあるらしいが、今のところ特定はされていない。古墳は昭和48年に特別史跡に、翌49年には極彩色壁画が国宝に指定された。極彩色壁画は、もとはといえば昭和47（１９７２）年に橿原考古学研究所により発見されて、高松塚古墳は一躍注目されることになったのだ。

石室内の壁には四神をはじめ人物群像や星宿図などが描かれているが、これらは保存上一切公開されていない。今は古墳の隣接地に「高松塚壁画館」を建設し、石槨内部の模型と、原寸・原色で忠実に再現した壁画の模写を展示している。人物群像は男子4人、女子4人各1組の群像が東西両壁に2組ずつ計16人が描かれているもので、その優れた筆致は高く評価されている。

太安萬侶墓は茶畑作業中に偶然発見されたものだが、この高松塚古墳も地元の人が墳丘の南斜面で農作業中に偶然発見したものだ。作物貯蔵用の穴を掘っていたところ凝灰岩の切り石を発見、これがきっかけとなって昭和47年3月から橿原考古学研究所による調査が行われ壁画の発見につながったという。

四神は中国の思想に基づくもので、東西南北の方位を表し四方を鎮護するものだ。東に青龍、西に白虎、南に朱雀、北に玄武だが、南壁の朱雀の画は盗掘により失われているという。東壁には青龍の上に太陽が描かれ、西

男子4人・女子4人各一組の群像が東西両壁に描かれている（国営飛鳥歴史公園ホームページより）

壁には白虎の上に月が描かれ、天井石の中央約1m四方の範囲には星宿図が描かれている。壁画館の説明書によると、『直径9㎜ほどの金箔を円形に張り付け朱線で結び星座を表現したもの』だという。東西南北7宿ずつ計28宿（星座）が描かれている。

また、石槨内部は比較的狭く、南北約2・7m、東西約1・1m、高さは1・2m弱だという。で、この極彩色の壁画はいったい誰が描いたのだろうか、諸説紛々だが、当時は渡来人を中心とした絵師集団が朝廷に仕えていたというから、そのうちの誰かであろうとの説が有力だ［註＝この項、取材時カメラの不具合で撮影できず、国営飛鳥歴史公園ホームページより写真を借用］。

《奈良》
蘇我馬子の墓との説が有力の「石舞台古墳」、巨大な石を積み上げた運搬技術に驚嘆！

さて高松塚古墳の次は「石舞台古墳」だ。再び県道209号を北上し、同じく155号に出たら右折、道なりに1・5㎞ほど走ると国営飛鳥歴史公園の「石舞台地区」に出る。高松塚古墳から約3㎞の行程だ。「石舞台古墳」は石舞台地区の中央に位置するわが国最

特別史跡石舞台古墳は大小30数個の花崗岩が使用されている

大級の方墳で、いわば明日香のシンボルである。昭和8（1933）年から京都大学と奈良県が共同で発掘調査を行った結果、三十数個の大きな石で築造された大規模な古墳であることが分かった。築造は6世紀末から7世紀初頭頃と推定される。この古墳は封土（古墳を覆う盛り土のこと＝ふうど、ほうど）の上部が既に失われ、玄室部の巨大な天井石と側壁の上方が露出した姿になっていて、天井石が広く平らでまるで舞台のように見えることから「石舞台」と呼ばれている。昭和27年3月特別史跡に指定された。

「特別史跡石舞台古墳」と銘打った奈良県教育委員会の説明（昭和53年3月）によると、『玄室の長さは約7・6m、幅約3・5m、羨道の長さは約11・5m、幅約2・2mで、玄室底部から羨道中央部を南に通る排水溝がある。現在封土基部は方形で、外斜面に自然石の貼石がある。一辺の長さは約55m、その外方の隍の幅は隍底で約6～7・6mで、北方の幅は約6・5mである。その外側に上幅約5mの外堤があり、内外斜面にも下方部と同じく貼石がある。封土は方形上円下方形とも考えられるが、現在もなおはっきりしない。が、巨大な石材を架構した雄大さは日本古墳の中でも群

石舞台古墳の復元石棺が展示されていた

を抜いた後期古墳である』と書かれている。ちなみに「羨道」とは古墳の横穴式石室などの玄室と外部を結ぶ通路部分をさす。

石舞台古墳は大小三十数個の花崗岩が使用されているが、南側の天井石の重量だけでも約77トンと推定されている。そして、その総重量は約２３００トンにもなるという大規模な古墳だ。

はたしてどのようにしてこれらの巨石を運び積み上げたのか。この巨石群を目の当たりにすると、当時の土木運搬技術がいかに優れていたかがうかがわれる。

「石舞台古墳の復元石棺」として石棺が展示されていたが、その案内板の説明には「石舞台古墳はこうして造られたと考えられている」との図解があった。それによると『てこやころ、ろくろ、滑車などを利用して巨石を運

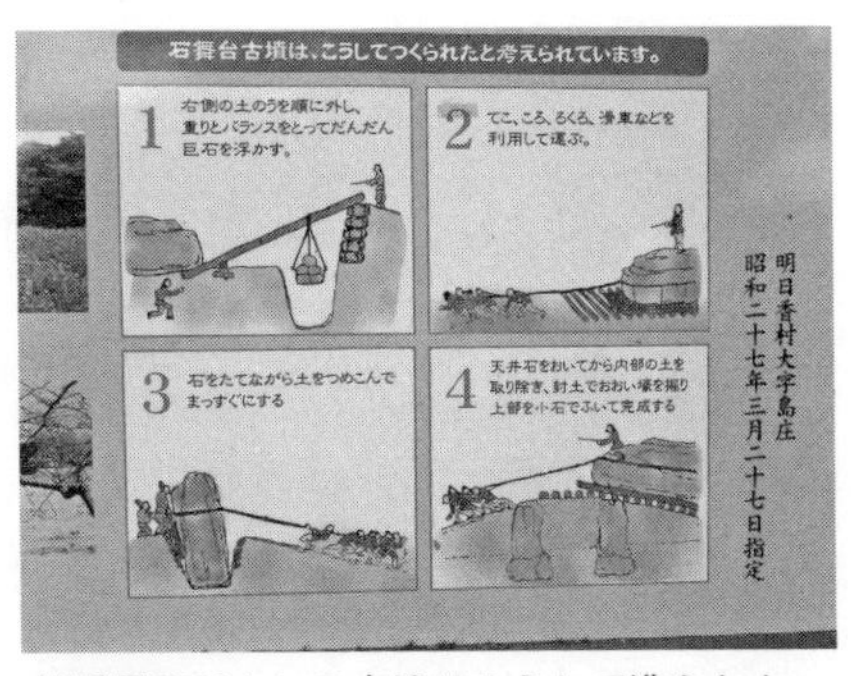

総重量2300トンの古墳はこうして造られた…

び、天井石を置いてから内部の土を取り除き、封土で覆い、壕を掘った』と解説していた。それにしてもこれは大事業に間違いない。

また石棺については『発掘調査では石棺は発見できなかったが、石室から平らに加工した凝灰岩の破片が見つかり、これらの調査結果を考察し家形石棺が安置されていたものと推定、飛鳥時代の古墳に施されている石棺の資料を基に石舞台古墳の石棺を復元した』と書かれてあった。

被葬者は明らかではないが7世紀初頭の権力者で、古代この地で最大の勢力を誇っていた大豪族の蘇我馬子の墓ではないかと言われている。あの大化の改新で滅ぼされた蘇我入鹿の祖父だ。どうもこの説が有力のようである。

《奈良》

日本で2番目に発見された極彩色壁画古墳「キトラ古墳」、修復された壁画は「キトラ古墳壁画保存管理施設」で公開

石舞台古墳の巨石には心底驚かされたが、その興奮がまだ冷めやらぬうちに次なる目的地に向かった。高松塚古墳までは全く同じ県道を戻り、途中から県道２１０号を左折して

見事に復元されたキトラ古墳。丘陵の南斜面に位置し墳丘は２段築成の円墳。直径は下段13.8m、上段9.4m。高さは3.3mある。（国営飛鳥歴史公園ホームページより）

南下、ざっと１・５㎞ほど山間ののどかなカントリーロードを楽しむ。気持ちよく走っていると「キトラ古墳」の標識を発見、左折して坂を上ると金網の塀に「ここがキトラ古墳です」の貼紙があった。われわれが訪れたときは「特別史跡キトラ古墳仮設保護覆屋」の表札が垂れた建屋が金網越しに見えるだけで、それ以上近付くことはできなかった。少々時期が悪かった。まだ調査の続行中だったのだ。

ここは飛鳥歴史公園内キトラ古墳周辺地区の南に位置し、所在地は奈良県高市郡明日香村阿部山。明日香村の南西部、阿部山に築かれた古墳だ。高松塚古墳に続き日本で２番目に発見された極彩色壁画古墳で、石室の天井には本格的な天文図が、壁には四つの方位を守る神とされる四神や十二支の美しい絵が描かれている。大変貴重でかつ興味深い古墳なのだ。

高松塚古墳壁画発見の直後、付近の住民から「近くに似たような古墳がある」と知らされ、それが発掘調査につながったという。昭和58年にファイバースコープによる探査が行われ、石槨の奥壁に玄武と思われる壁画を発見、15年後の平成10（1998）年にCCDカメラで探査、このとき青龍、白虎、天文図を発見したという。そして平成13（2001）年の調査ではデジタルカメラを用いて南壁の朱雀を確認し、獣頭人身十二支像の存在を確認したという。ただし高松塚古墳にあったような人物像の画はなかった。なお天井に描かれた本格的天文図は現存するものでは世界最古のものだと言われている。

文化庁が平成15（2003）年より石室内調査を開始、その結果、壁画はそのままにしておくとやがて崩れてしまうことが分かり、壁画を守るため平成16年8月から本格的な剝ぎ取り作業が行われた。取り外した壁画は修理、強化処理を行い、保存管理されているが、壁画および古墳の研究・保存・公開等は奈良文化財研究所が主となって進められているという。

ちなみに「キトラ」の名前の由来は、壁画に描かれている亀と虎から「亀虎」とよばれたという説、あるいは地名の「北浦」が訛ったという説もある。それよりもなぜカタカナ表記になったのか、その理由を知ればすべてが分かるような気がするのだが。

［追記＝われわれがキトラ古墳を訪れたときからちょうど1年後の平成26年、東京国立博物館で特別展「キトラ古墳壁画」が開催（4月22日～5月18日）された。現地で何も見られなかったわれわれとしては、特別展の前売り券８００円を投じて上野に馳せ参じたのは

言うまでもない。博物館は長蛇の列が続いていた。

このときの説明では『四神のうち白虎、玄武、朱雀を、十二支のうち獣頭人身の子・丑を展示する。壁画は2016年度をめどに国交省が国営飛鳥歴史公園キトラ古墳周辺地区内に新設する予定の体験学習館（仮称）の壁画保存管理施設における保存公開を目指して修理が行われているが、これまで進めてきた修理保存の展開を紹介する』というもので、いわば修復経過の発表であった。修復された壁画は「キトラ古墳壁画保存管理施設」で公開されるのだ。古墳の近くに壁画を保存・公開する施設が造られ、そこで見られるのはありがたい」

「キトラ古墳壁画保存管理施設」と「キトラ古墳壁画体験館　四神の館」は平成28年９月にオープンした。実物の壁画は四半期ごとに期間限定で公開されるという（国営飛鳥歴史公園ホームページより）

《奈良》

広大な「橿原神宮」と威厳を感じた「神武天皇陵」、「奈良県立橿原考古学研究所附属博物館」で古代日本史を目で見る

前日とは打って変わってすがすがしい青空に恵まれた3日目であった。最初の訪問場所はまず橿原神宮、続いて神武天皇陵へ、そのあとに奈良県立橿原考古学研究所附属博物館を見学することにした。宿泊したホテルが近鉄南大阪線の橿原神宮前駅のすぐそばだったので、橿原神宮駐車場までは３００ｍほどの移動で済んだ。

大きな鳥居（第一鳥居）をくぐるとまっすぐに伸びた幅広い表参道が続く。細かな砂利をサクサクと踏みながら１００ｍほど進むと神橋広場につき、さらに第二鳥居をくぐると右手に南神門が威容を見せる。門柱には「紀元二千六百七十三年」と書かれた看板が掲げられていた。確か紀元２６００年が昭和15年であったから、なるほど今年は２６７３年だ。納得しながら広

橿原神宮第一鳥居から真っ直ぐに伸びた表参道

い境内に踏み込んだ。

門をくぐると左手に神楽殿、そして広大な境内を威圧するように大きな外拝殿がそびえていた。まだ8時前の早朝で、白装束の氏子さんたちが箒や熊手で広い境内を掃き清めていた。玉砂利を敷き詰めた境内は熊手の筋模様が崩れずにきれいに描かれていた。

境内には「さざれ石」と銘記された説明板がありその後ろに大きな石が鎮座していた。国歌「君が代」の中にある「さざれ石の巌(いわお)となりて」のさざれ石だ。説明によると、学術名は「石灰質角礫岩」という。もともとは小さな石、細かい石の意味で、国民が結束して巌となり、その巌に苔が生えるまで末永く栄え、平和でありますようにという意味なのだ。早朝から国歌の勉強をさせられてしまった。

畝傍山を背景に聳える橿原神宮の外拝殿

境内に鎮座していた「さざれ石」

拝殿の奥には垂直に切

り立った千木を誇らしげに立てた立派な本殿が立ってい た。ちなみに本殿は重要文化財に指定されている。その千木に偶然だがカラスが羽を休めていた。紺碧の空と緑の畝傍山（標高199ｍ）を背景に漆黒のカラスが千木に1羽、神武天皇を祀る橿原神宮にぴったりのシーンにしばし見とれてしまった。

橿原神社を出て県道125号から161号へつなぐと間もなく神武天皇陵の駐車場に到着する。距離にして1kmほどしかない。畝傍山の北東の麓だ。「神武天皇御陵」の石柱を確認して緑あふれる木々に囲まれた参道を歩いていくとパッと開けて御陵の広場に出た。橿原神宮は橿原市久米町だが、神武天皇陵は橿原市大久保町だ。

御陵は例外なく堅牢な柵で囲まれているので外から眺めるしかないが、宮内庁に治定されている御陵だけあって管理は行き届き周辺はきれいに整備され、威厳さえ感じられた。橿原神宮に隣接する神武天皇陵は円丘で周囲は約100ｍ、高さは5・5ｍ、幅約16ｍの周濠をめぐらせている。

本殿の千木の先端に漆黒の烏が羽を休めていた

初代天皇とされる神武天皇のいわれを紐解くと『天皇は日向（宮崎）地方から瀬戸内海を東に進んで難波（大阪）に上陸したが、生駒の豪族に阻まれたため南下して熊野に回った。そこで出会った3本足の八咫烏というカラスに導かれて、吉野の険しい山を越えて大和に入り、周辺の勢力も従えて大和地方を平定した。そして紀元前660年の1月1日に橿原宮で即位し、初代の天皇になった。在位は紀元前660年から紀元前585年』となる。

なぜこの地に御陵を設置したのか、奈良県の資料によると『神武天皇陵は、「古事記」に御陵は畝火山の北の方の白檮尾の上に在り、「日本書紀」に畝傍山東北陵とあるものの、長らくその場所は不明とされていた。それが幕末の文久3（1863）年に、畝傍山の北東にあるミサンザイの地に決定されて整備された』とあるから、まず間違いない。ちなみにミサンザイはみささぎ（御陵）を意味する。

気になるのは神武天皇が熊野から大和へ向かう際に道案内をしたという3本足の八咫烏である。そこで次

橿原宮で即位し初代天皇になった神武天皇の陵墓

なる目的地を宇陀市にある「八咫烏神社」に定めた。その前に奈良県立橿原考古学研究所附属博物館を見学し、古代日本の歴史を勉強することにした。神武天皇陵の駐車場から500m離れていないところにある。

橿原考古学研究所が1938年以来行ってきた発掘調査で出土した実物資料を中心に、時代別に分けた常設展示が附属博物館の売り物だ。旧石器時代から平安～室町時代までの、日本考古学の基準資料を基に「目で見る日本の歴史」になっている。とりわけ縄文～弥生時代から国宝の藤ノ木古墳出土品、飛鳥、藤原京、平安京出土の土器や木簡など日本考古学を代表する奈良県出土の実物資料は、この博物館ならではの展示品であろう。

橿原考古学研究所附属博物館では年配のボランティア説明員が案内してくれたので、要領よく展示品を見て回ることができた。別れ際、説明員に飛鳥・藤原京時代の日常の言葉について聞いてみたが「そうですね、たぶん朝鮮語や中国語そして日本語が入り乱れていたんではないですか」という。私も同感である。

《奈良》
神武天皇東征の際に熊野から大和へ道案内した八咫烏（やたがらす）を祀る「八咫烏神社」

橿原考古学研究所附属博物館を出てから東に進路をとり桜井市を通過、国道１６５号を宇陀市に向かってひた走った。近鉄大阪線とほぼ並行して走る国道だが、奈良県東部の山間を縫うように快適な舗装路が続く。近鉄大阪線の榛原駅（はいばらえき）の先の萩原交差点を右折し、国道３７０号方面に進み、宇陀市役所を通過したら県道31号方面に進む。ここから芳野川沿いに走ること約３・５㎞、見晴らしのいい田園風景の中に、突如として右側に大きな石の鳥居が現れた。鳥居の脇に背の高い石柱が

県道わきに八咫烏神社の大鳥居と石柱が立っている

頭上にサッカーボールを載せている３本足の八咫烏

立っており「八咫烏神社」の文字が彫られていた。橿原の博物館から約25㎞、1時間弱のドライブで神社に到着した。

八咫烏神社の所在地は奈良県宇陀市榛原高塚、周辺には人家が点在し田畑が広がるのどかなところだ。鳥居をくぐり１００ｍほど直進すると駐車場がある。脇の石段を上ると再び大きな鳥居があり、さらに進むと境内の右側に八咫烏の石像があった。漆黒の石像カラスの頭にはサッカーボールが載っている。これは日本サッカー協会のシンボルマークである八咫烏のモニュメントだ。ユーモラスな表情と見事な3本足が印象的だった。

立派な龍の口から水が滴る手水舎を過ぎ右側の外拝殿の奥を覗くと、山の急斜面に数十段の石の階段があった。息を切らせて登り切ると朱色のこぢんまりとした拝殿と本殿が立っていた。本殿の千木の先端は水平にカットされていた。

八咫烏神社と榛原町教育委員会による案内板の説明書きには『武角身命（建角身命（たけつのみのみこと））を祭神とする八咫烏神社は続日本紀に慶雲２（７０５）年9月、八咫烏の社を大倭国宇陀郡に置いて祭らせたことが見え、これが当社の創祀となっている。江戸時代（文政年間、１８１８～１８３０年）にはこれまで石神殿であったものが春日造りの社殿となった。その後、紀元二千六百年を記念して社域を拡張整備し、現在に至っている』。

さらにこういう説明が続いた。『古事記及び日本書紀によると神武天皇が熊野から大和

武角身命を祭神とする八咫烏神社。春日造りだ

へ入ろうとしたときに道案内し重要な役割を務めたのが八咫烏（武角身命の化身）である。八咫烏伝承はもともと宇陀の在地氏族に伝承されていたと思われるが、8世紀以降山城の賀茂県主が有力となってからは賀茂氏が祖とする武角身命が八咫烏となったようである』。

歴史に疎い私にとってこの説明はやや難解だが、要するに武角身命は山代（京都）の賀茂氏の始祖で、神武天皇東征の際、八咫烏に姿を変え神武天皇を先導して勝利に貢献したひと（神）だ。日本記紀神話に登場する男神だというから、神社の千木は本来縦方向にスパッと切れているはずなのだが、なぜか水平であった。気になる。

《奈良》

本をただせば飛鳥寺（法興寺）、世界文化遺産に登録された「元興寺」、行基葺古瓦が見ものだ

午前11時、八咫烏神社を辞して次の目的地「元興寺（がんごうじ）」へと向かった。国道166号を回って165号に合流し畝傍から国道24号線を北上、JR関西本線奈良駅を目指した。元興寺は奈良駅から徒歩でも20分とかからないほど近いからだ。クルマをコインパーキングに入れ、徒歩で元興寺へ向かったが、寺の周辺には美味しいそば屋さんがたくさんあるとガイドブックに出ていたので、そのうちの一軒に入った。ちょうど昼どきで混んでいたが、そばはさすがに美味しかった。

世界遺産に登録の奈良の文化財「元興寺」

古都奈良の文化財「元興寺」（奈良市中院町）は、日本最初の本格的伽藍である法興寺（飛鳥寺）が平城京遷都に伴って新築移転されたものだ。言い換えれば蘇我馬子が飛鳥に建立した日本最古の本格的仏教寺院である法

興寺が、平城京遷都に伴って飛鳥から新都へ移転し元興寺という寺名なった。ただし飛鳥の法興寺も元の場所に残り今日の飛鳥寺となっている。元興寺の創建は養老2（718）年で、宗派は真言律宗、本尊は智光曼荼羅（重要文化財）、開基は蘇我馬子である。平成10（1998）年、元興寺はユネスコの「古都奈良の文化財」のひとつとして世界文化遺産に登録された。

また、元興寺は奈良市にある南都七大寺のひとつに数えられる寺院だ。南都七大寺とは奈良時代に平城京およびその周辺に存在して朝廷の保護を受けた七つの大寺を指すが、資料によれば興福寺、東大寺、西大寺、薬師寺、元興寺、大安寺、法隆寺の7寺で、法隆寺の場合は斑鳩にあるため代わりに唐招提寺を入れる場合もあるという。南都は言うまでもなく古都奈良の別称だが、ちなみに京都は北都という。

本堂屋根の行基葺古瓦は飛鳥寺から移築した

元興寺に着くとまずは「世界遺産古都奈良の文化財元興寺」と書かれた立派な石碑にしばし見とれてしまう。説明は英文付きだ。その脇にある受付で拝観料500円を払い、重要文化財の「東門」をくぐり早速境内に踏み込む。案内板によると、真正面に立つ国宝「極楽堂」（極楽坊本堂）はかつての元興寺東室南階大坊（僧坊）の一部で、堂の外観は寛元２（１２４４）年に改修したときの姿だという。

注目すべきは本堂の屋根だ。本堂の西流れの屋根に見る行基葺古瓦は当寺の前身飛鳥寺から移築の際に運ばれたもので、他ではまず見ることができない独特の屋根瓦だ。また本堂の奥に隣接している国宝「極楽坊禅室（僧坊）」の南流れの屋根の一部にも行基葺古瓦が残っており、この屋根瓦は元興寺の特徴となっている。まるで円筒を何本も並べたような流れだ。観光客がしきりに屋根を見上げてシャッターを切っている理由はこれだった。

元興寺の資料によると、『蘇我馬子が日本最初の仏寺・法興寺を建立する際、百済の国王が仏舎利を献じたのをはじめ僧・寺工・鑪盤博士・瓦博士・画工を派遣してきた。その時の瓦博士の造った日本最初の瓦は、その後この寺が奈良の現在地に移った際も運び移されて、現在の本堂・禅室の屋根にいまも数千枚が使用されている。

本堂と禅室の瓦は百済の技術が生きている

特に重なり合った丸瓦の葺き方は行基葺きとも言われて有名だ』とある。

本堂および禅室の屋根には飛鳥時代から奈良時代のものまで日本最古の丸瓦、平瓦が載っているわけだが、これには百済の技術が一役買っていることになる。

かつて元興寺は南都七大寺のひとつとして広大な敷地を有する寺院だったが、現在は僧坊遺構の極楽堂と禅室を残すのみとなった。しかし、見上げれば飛鳥～奈良時代の瓦が現存し、境内左側（南側）にある法輪館（収蔵庫）には五重小塔（国宝）や聖徳太子立像（重要文化財）等が安置され、古都奈良の文化財は確実に守られてわれわれに感銘を与えてくれている。そういえば平成30年は元興寺創建1300年の記念すべき年だ。

《奈良》
世界遺産・特別史跡の「平城宮跡」、平城遷都1300年を記念して復原された「第一次大極殿」

元興寺から比較的近いところに南都七大寺の興福寺や東大寺があり、本来ならそちらから回っていくのが筋であろうが、欲望には逆らえず平城宮跡見学を優先してしまった。国道169号、同じく369号を利用し平城宮跡の西側に回り「平城宮跡資料館」（奈良市

平城宮跡資料館に発掘調査の成果が

二条町）に到着したのが午後3時半頃、元興寺から約7㎞の距離であった。

　奈良文化財研究所が昭和34（1959）年から毎年計画的に平城宮跡の発掘調査をしているが、その成果を総合的に分かりやすく展示しているところが「平城宮跡資料館」（入場無料、駐車場有）だ。ここでひとまず平城宮跡の予備知識を得ようと思った。

　平城宮跡の歴史や発掘調査の過程さらには出土品を展示紹介しているが、面白いのは役所と宮殿の内部を実物大模型（ジオラマ）で再現していることだ。たとえば官衙復原展示コーナーでは平城宮跡内での役人の様子を再現していたり、宮殿復原展示コーナーでは天皇や貴族が暮らしていた宮殿を四つの部屋ごとに再現している。当時は政治全般を総括する太政官と全国の神社を総括する神祇官（じんぎかん）があり、太政官の下には式部省や大蔵省など八省もあった。平城宮にはこれらの役所の建物があちこちに配置され、およそ7000人の役人が勤務していたという。ジオラマは当時の宮中の様子がつかめて興味があった。

資料館からいよいよ広大な敷地を有する平城宮跡へ歩を進める。平城宮跡は近鉄奈良線の大和西大寺駅と新大宮駅の間に広がる広大な緑の空間で、敷地の南には近鉄奈良線が東から西へ横断している。平城宮跡資料館から５００ｍほど歩いたであろうか、北側正面に第一次大極殿、その反対側の真南に朱雀門を遥かに眺める広場に出た。和銅３（７１０）年、飛鳥に近い藤原京（奈良県橿原市）から奈良盆地の北端に都が移され平城京となったが、この７１０年から長岡京に都が遷る７８４年までの75年間を奈良時代という。途中、聖武天皇が７４０年から７４５年まで恭仁京（現在の京都府木津川市）や難波京（現在の大阪市）などに都を移したりして、その間平城京の宮殿や役所は大きく造り替えられたが、現在復元されている第一次大極殿は奈良時代前半のものだという。

第一次大極殿では即位儀式など重要な催事が行われた。平城遷都1300年祭に復元が間に合った

　奈良文化財研究所の資料によると『平城京は唐の長安をモデルにして設計され、南北約５km、東西約６km、都の中央北端に政治の中心となる平城宮が造られた。平城宮は約１km四方の広さで、大極殿や朝堂院などの宮殿のほか天皇の住まいである内裏があり、周囲に

は国の役所が立ち並んでいた。第一次大極殿は間口44ｍ、奥行き20ｍ、屋根の高さ27ｍで平城宮の中でも最大の建物である。大極殿は宮殿の中でも最も重要な建物で、即位の儀式や元日の朝賀には天皇の玉座である高御座が置かれた』とある。

直径70㎝の朱色の柱を44本、屋根の瓦の数約9万7000枚を使用して造られた第一次大極殿は平成13（2001）年から9年の歳月をかけ平成22（2010）年に完成したが、ちょうど平城遷都1300年祭の記念すべきときに間に合い、主会場として360万人以上の人にその威容を披露することができたという。

奈良時代の後半、天平17（745）年聖武天皇は再び平城宮に戻り、第一次大極殿の東側にある内裏の南に新たに大極殿を造った。これを第二次大極殿と言っているが現在は土壇が残っているのみで復原はされていない。

第一大極殿の南約800ｍ隔てたところに朱雀門がある。この門の規模は間口25ｍ、奥行き10ｍ、高さ22ｍで、屋根は二重造りの立派なものだ。かつて平城宮の周囲は大きな築地塀で囲まれ、合計12の門があったというが、なかでもこの朱雀門は平城宮の正門だけに他の門よりも立派に造られていたのだ。現在の朱雀門は平成10（1998）年に復元されたものだが、平城宮跡全体は古都奈良の文化財として東大寺などとともにその年の12月世界遺産に登録された。

明日は南都七大寺めぐりと、待望の「藤ノ木古墳」を訪れる。

《奈良》
世界最大級の木造建造物「東大寺」の金堂、本尊は「奈良の大仏」こと国宝「盧舎那仏」

東大寺金堂は国宝。大仏を安置している

翌朝も快晴に恵まれ気分も上々であった。今日はまず東大寺（奈良市雑司町）の見学からだ。ホテルから国道３６９号をまっすぐ東へ約２・５㎞ちょっと、適当に有料駐車場を探して参道へ向かう。参道の左側には土産物店がずらりと並び、多くの鹿が観光客の周りに群がっていた。

最初にわれわれを迎えてくれたのは大きな南大門だ。見上げると「大華厳寺」の表札が掲げられていた。門の高さは基壇上約25・５m、わが国最大の山門だという。やや古色蒼然とした木造の佇まいはいかにも長い間風雪に耐えてきた感じだ。

南大門の左右に構えているのは金剛力士像（仁王像）で、向かって左が口を開けている阿形、右が口を閉じている吽形といい、これもわが国最大級の木彫像。像の高さは８・４ｍもある。カッと目を見開いた筋肉隆々の姿で鎌倉時代から東大寺を守り続ける国宝だ。南大門をくぐると真正面に中門が見え、その奥には大仏殿がドンと構えている。大仏殿の手前には背の高い八角燈籠（高さ約４・６ｍ）が立っているが、これは東大寺創建当初からのもので国宝だ。

東大寺は華厳宗大本山の寺院で創建年は8世紀前半、開基は聖武天皇、開山は奈良時代の華厳宗の僧侶良弁、本尊は「奈良の大仏」として知られる盧舎那仏である。第45代の聖武天皇（７０１〜７５６年没）がなぜ平城京から恭仁京さらには紫香楽京（現在の滋賀県甲賀市）、難波京と遷都を繰り返したのか諸説はあるが、この天平年間は政情不安や干ばつ、災害や疫病（天然痘）、飢餓などが多発したので、遷都することによって禍を振り払おうとしたのではないかとの説もある。盧舎那仏の建立を発令（天平15年＝７４３年）したのも、心を痛めた天

大仏（盧舎那仏）製作に莫大な国費を投じた

皇が仏教の力で何とか国を治めようと図ったからだ。そしてこの大仏を安置する寺として大仏殿建立を計画したわけである。

　盧舎那仏像は行基の責任の下に天平17（745）年から製作が開始され、天平勝宝4（752）年に完成、開眼供養会が盛大に行われたが、仏像の建立は決して順調に進んだわけではない。なにしろ銅像の高さは14・7mもある巨大なもので、この製作には莫大な国費が投じられたのはもちろん、鍍金をする金がないので製作途中でハタと困った。このとき支援したのが陸奥国守・百済王敬福だ。現在の宮城県遠田郡の黄金山で産出された黄金を聖武天皇に献上、銅像の鍍金に貢献したのである。

大仏殿の名物「柱くぐり」を体験する生徒

　高さ14・7mの銅像を安置する大仏殿の大きさは正面（東西）の幅57・5m、奥行き50・5m、棟までの高さ49・1mとこれまた巨大なものだが、創建以来何度か火災に遭っており、今の建物は江戸時代に建て直されたものだ。しかしこの金堂はなかに安置されている盧舎那仏像とともに国宝に指定され、1998年には古都奈良の文化財の一部としてユネスコより世界遺産に登録されている。

本堂の中は見るものすべてに魅了されるが、われわれが訪れたときは修学旅行の生徒が大勢いて、彼らもまた興味津々の真顔で見学していたのが印象的であった。さらに東大寺大仏殿の名物「柱くぐり」には、先生ともども楽しんでいる様が何とも微笑ましかった。

《奈良》
唐の高僧・鑑真和上が建立した「唐招提寺」、境内はまるで奈良時代建築の宝庫だ

さて次は南都七大寺にも数えられるという唐招提寺（奈良市五条町）を目指す。東大寺から国道369号線を再び平城京方面（西方）に4・5㎞ほど戻り、二条大路南五丁目の交差点から左折して県道9号を南下する。1・5㎞も走らないうちに唐招提寺(とうしょうだいじ)に到着した。

門をくぐる前にまず「史跡唐招提寺旧境内」の案内板を読んでみる。『唐招提寺はわが国に初めて戒律を伝えるため中国から来朝した唐の高僧・鑑真和上が天平宝字3（759）年に改装した大伽藍である。境内にはおおむね奈良時代の伽藍様相を知る事ができる。

（中略）昭和42年12月に現境内を主軸とする奈良時代草創当時の旧境内全域を史跡に指定された。山内に襲蔵する国宝・重要文化財はおよそ80件７００余点に上る』とある。鑑真和上が戒律すなわち仏教において、守るべき道徳規範や規則を学ぶための寺院として建立したのが唐招提寺だ。

鑑真和上（６８８〜７６３年）は聖武天皇の願いに応じて来朝したと言われるが、当時の航海は極めて難しいもので日本への渡航は容易ではなかった。鑑真和上は五度の失敗を重ね、ついには盲目の身となってしまったが、和上の意志は固く、六度目の航海でやっと日本へたどり着いたという。７５４年のことだ。この史実に基づいた物語が中国・江蘇省演芸集団の『オペラ鑑真東渡』として東京で公演（平成29年7月5〜６日）された。幸い私は妻と鑑賞する機会に恵まれたが、鑑真和上と日本人僧・栄叡の師弟愛、そして苦難の末に日本にたどり着いた和上の物語には感動させられた。

栄叡は戒を授けるための伝戒師を招請するため唐へ渡った奈良時代の僧だ。唐でやっと鑑真に拝謁、鑑真に

中国の高僧・鑑真和上が建立した唐招提寺

唐招提寺は世界遺産に登録されている

東渡（日本へ渡ること）を要請し承諾を受けたが、749年に死去、鑑真東渡の快挙をともに喜ぶことは叶わなかった。

さて、平成10年に世界遺産に認定された唐招提寺の境内に入ろう。英文と和文で説明されている「世界遺産古都奈良の文化財唐招提寺」の石碑を横目で見ながら南大門をくぐり、参道の玉砂利を踏みしめて進むと正面に8世紀後半の金堂が迫る。豊かな量感と簡素な美しさを兼備した代表的な天平建築で実に荘厳な姿だ。大きな金堂の堂内には中央に像高3mに及ぶ本尊「盧舎那仏坐像」が、向かって右には薬師如来立像、左側には千手観世音菩薩立像（いずれも国宝）が並ぶ。

国宝の金堂のさらに奥には講堂がある。これも国宝だ。平城宮の建物を移築したもので、平城宮唯一の宮殿建築の遺構である。この講堂と金堂の間に鼓楼（太鼓を設置するための建物）が鐘楼と対をなして立っているが、これも国宝、さらに東側には8世紀奈良時代の宝蔵と経蔵が立っているが、これもともに国宝である。いずれも校倉様式の建物だが、経蔵は唐招提寺が創建される以前にあったもので、日本最古の校倉（柱を用いず木材を井桁

経蔵は日本最古の校倉で宝蔵と共に国宝になっている

整備されている鑑真和上の御廟

状に組んで外壁を作る倉）だという。まるで境内は奈良時代建築の宝庫のようである。門の案内板に『境内ではおおむね奈良時代の伽藍様相を知る事ができる』と書いてあった意味がよく分かった。

金堂から北東に向かって、両脇に木々が立ち並ぶ道を進むと「鑑真和上御廟」にたどり着く。和上の墓所だが環境が整っていてすがすがしい。石段の上にお墓（御廟）があるのだが、そのそばに「瓊（けい）花（か）」が白い五弁を目いっぱい開いて美しく咲いていた。「鑑真和上の故郷中国揚州の名花」と題した説明板によると『瓊花は鑑真大和上の故郷である中国・揚州の花であり、かつて隋の皇帝・煬帝（ようてい）が大変お気に召されたため、それ以来門外不出となった名花。境内の瓊花は特別に頂いた国内でも貴重な株となります』とあった。ちなみに煬帝とは隋朝の第二代皇帝だ。

前述した中国のオリジナルオペラ『鑑真東渡』は日中国交正常化45周年の平成29年に日本公演されたが、日中両国の文化交流はともかく政治外交関係は必ずしもうまくいっているとは言えない。1200年以上の時を超えた今、唐招提寺で瓊花に見守られながら眠っている鑑真和上は果たして両国の行く末をどのように思っているだろうか。

《奈良》

古墳時代終末期の円墳「藤ノ木古墳」、石棺に二体の男性が合葬されていた！

次の目的地はいよいよ「藤ノ木古墳」だ。古墳の所在地は奈良県生駒郡斑鳩町法隆寺西2丁目で、周辺には人家が点在している。古墳はきれいな緑の円墳で直径は50m以上、高さは約9m、6世紀後半の円墳だ。敷地入口に立派な表札と「国指定史跡・指定年月日／1991年11月16日・指定地面積／4096・82㎡」と書かれた「藤ノ木古墳の概

6世紀後半の円墳「藤ノ木古墳」

洒落た門柱と「斑鳩文化財センター」の表札

要」の説明文があった。

『1985年に発掘調査が開始された。南東方向に開口する全長13・95mの両袖式横穴式石室で、玄室の奥壁近くに全体を朱で塗られた二上山の凝灰岩製の刳抜式家形石棺が横向きに置かれていた。石室内からは世界でも類例のない装飾性豊かな金銅装透彫鞍金具に代表される馬具のほか、武器や土器等の遺物が出土し、一躍世界から注目される古墳となった……』

玄室の高さは4・41mだが、ここに高さ152cm、幅134cm、底部の長さ約235cmの石棺が置かれていたわけである。家形石棺というのは外形が家のような形をしている石棺で、蓋は屋根の形をしている。

『……1988年にはファイバースコープ調査を経て開棺調査が実施された。石棺内部は未盗掘で、二

朱色に塗られた石棺に二体の人物が合葬されていたが、いずれも支配階級の男性と推測される

体の人物が埋葬当時の状態で合葬されていることが明らかとなった。副葬品は豊富で、被葬者の権力を示す金銅製の冠や履などの金属製品のほか玉纏太刀や剣などの刀剣、銅鏡、銀製空玉やガラス製玉をはじめとする多くの各種玉類などがあった』という。驚くべきことに二体の人物が埋葬当時の状態で合葬されていたというのだ。

開棺調査の際、棺蓋を開けると石棺の内部は全面朱に塗られていて、石棺内の水を取り除くと二体の人物が合葬されていたのだ。被葬者はいったい誰なのか、諸説あるが未だ定かではない。北側に置かれていた人物は17～25歳の男性、南側には20～40歳のこれまた男性の可能性が高く、いずれも支配階級の人物と考えられているが大王クラスではなく、その一族の人物ではないかと推測されている。

古墳内部羨道を模した壁が石室の雰囲気を醸す

玄室内から大量に出土した土師器や須恵器の年代から古墳時代後期の円墳であることは間違いないが、いずれにしても藤ノ木古墳は6世紀後半の歴史や文化を解明する上において、貴重な資料を提供しているばかりでなく当時の文化の国際性をも示す極めて重要な古墳と言える。

藤ノ木古墳の周辺は公園として整備されており、観光スポットにもなっているが、隣接する「斑鳩文化財センター」も必見の場所だと思う。比較的こぢんまりした建屋だが中身が充実している。まずハッとするのが入口近くにドンと置かれている朱塗りの石棺だ。昭和60年に行われた第1回目の調査で発見された「朱塗りの石棺」のレプリカが置かれているのだ。蓋を合わせた高さは152cmなのでかなり大きい。発見時には多くの副葬品はもちろん、遺体を覆っていたと思われる繊維製品なども残っていたので、当時の埋葬儀礼を解明する上においても極めて重要な証拠資料が得られたという。

斑鳩文化財センターの館内に入ると、藤ノ木古墳内部の羨道（えんどう）を表したという壁があり、さながら石室内に足を踏み入れたかの錯覚にとらわれる。ちなみに羨道とは玄室と外部を結ぶ通路のことだ。その通路を経て展示室へ入る。館内では開棺当時の石棺の内部の写真も展示され、さらに石棺の内部に葬られていた二人の被葬者が、どのような姿勢で埋葬されていたかも見事なリアリティで示されている。見学者はしばしこの場を離れられなくなるのだ。なぜ二人の被葬者をひとつ

金銅製の鞍金具や履など、その精緻な作りに目を見張る

の石棺に埋葬したのであろうか。皇子クラスの若者なのであろうか。謎は尽きない。

斑鳩文化財センターの館内には、そのほか出土した副葬品のレプリカも多数展示されていて見るものを飽きさせない。とりわけ金銅製の鞍金具や履（くつ）などは、その精緻な作りに目を見張るばかりだ。それにしても当時（１４００年も昔！）こういった華麗な馬具などが存在していた事実は、物造りの技術が想像以上に高度であった証拠である。

《大阪》
多くの渡来人が行き来した最古の官道「竹内街道」、当時の歴史と文化を「竹内街道歴史資料館」が語る

古代日本の人たちは大阪から奈良へ行く場合、どのようなルートを通ったのであろうか。さらには、大陸や半島から関門海峡を通過し瀬戸内海を経て難波（大阪）に到着した渡来人が、飛鳥の京へ行く場合の陸路はどの道であったのだろうか。浅学な私にとって気になる疑問であったが、調べていくと「竹内街道」が浮上してきた。よし、それならば逆に奈良側から大阪へ向かってこの古代の官道を走ってみようと思い立った。

竹内街道経由で大阪府入りをしたら太子町～古市古墳群～百舌鳥古墳群をめぐり、今城

塚古墳を訪ねようと、少々欲張った史跡めぐりを計画した。平成26年6月26日の夜に出発し、帰宅は6月30日の深夜を予定した2泊5日のドライブ旅行である。

東名阪自動車道の亀山ＪＣＴを経由し、伊勢自動車道の亀山ＩＣから名阪国道（国道25号）へ移り、ここから一気に奈良へと向かう。名阪国道はいわゆる高速道路ではないが事実上はハイウェイと変わらず走りやすい。奈良行きにはお勧めのルートだ。天理ＰＡで小休止し、西名阪自動車道の郡山ＩＣを出て国道24号を南下、大和高田市を通過して奈良盆地からいよいよ竹内峠（たけのうちとうげ）越えをして大阪府入りをする。奈良県葛城市と大阪府南河内郡太子町の府県境にある峠で、ここを越えると大阪府の領域に入り、最初に通過する町が太子町となる。ちなみに奈良盆地と大阪を分けているのは北から生駒山、二上山、葛城山、金剛山と連なる金剛生駒紀泉国定公園の山々だ。

二上山には二つの山頂があって、北方の雄岳は５１７ｍ、南方の雌岳は４７４ｍである。その北西山麓にはおよそ１４００万年前に始まった火山活動で生み出された「サヌカイト」という火山岩（古銅輝（こどうき）

資料館に展示されているサヌカイト

石安山岩）が分布していて、約2万年前の旧石器時代から2000年前の弥生時代にかけて、石器の原材料として利用されていたという歴史がある。この石はたたくと金属のような音がするので、一般的には「かね石」と呼ばれ、打ち欠くと貝殻状に割れて鋭い刃ができる。利用価値の高い石材として近畿地方のほぼ全域で使われていたという。二上山はサヌカイトの産地なのだ。

　このことから二上山（にじょうざん、ふたかみやま）南側にある竹内峠（標高289m）は昔からサヌカイトを求めて利用されていたルートと言える。この辺りの事情も「竹内街道歴史資料館」で詳しく知ることができるので、まずは資料館へ直行することにした。峠から国道166号を1km半ほど走ると道の駅「近つ飛鳥の里太子」が右側に現れ、そのすぐ手前の細い道を右折して暫く行くと右側に「竹内街道歴史資料館」の表札が目に入る。

竹内街道歴史資料館で日本最古の官道の歴史を知る。周辺は往時の雰囲気がある

　資料館周辺の狭い道が何となく往時の街道をしのばせる雰囲気だ。平成5（1993）年3月にオープンしたこの太子町立資料館は往時の街道脇にあり、竹内

街道（かいどう）のことを知りたければまずここを訪ねればいい。館内では街道の歴史の始まりから現代にいたるまでを分かりやすく解説している。

資料によると竹内街道は飛鳥時代に推古天皇が、大陸からの使節を迎えるために難波（大阪）の港から飛鳥の都へ至る「大道」（おおぢ、だいどう）を置き、この道を通じて様々な文化を飛鳥の京へ採り入れたという。推古天皇21（613）年に整備されたと言われているが、大阪は堺市の大小路（おおしょうじ）から河内平野を東に向かい、奈良県当麻町の長尾神社に至る約26kmの街道を指すのだ。もっと分かりやすく言えば、堺から松原、羽曳野、太子を抜けて葛城から飛鳥を結ぶのが竹内街道で、日本最古の官道なのだ。

飛鳥時代に中国や朝鮮半島の優れた大陸文化はこの街道を通って飛鳥の京へもたらされ、わが国最初の本格的な飛鳥文化を開花させたのだ。この時代、優れた文化を携えた渡来人や、わが国から大陸へ渡った使者あるいは遣隋使、遣唐使もこの街道を利用していたのだ。また、この街道に沿う太子町には、当時の推古天皇や大化の改新のときの孝徳天皇の御陵、さらには聖徳太子御廟、用明天皇陵、敏達天皇陵そして遣隋使の小野妹子墓など古墳や御陵が30基ほどもあり、磯長谷（しながだに）古墳群「王陵の谷」などと呼ばれている。

竹内街道は「最古の官道」であり、飛鳥と大陸の行き来を担う「外交の道」であり、聖徳太子信仰を支える「信仰の道」であり、物資を運ぶ「経済の道」でもあった。聖徳太子が眠る地「上の太子(かみのたいし)」を目指して多くの人が往来したという。

このように栄えた「大道」も都が710年に奈良の平城京に遷されると次第に外交路としての意味を失い衰え始めた。しかし中世末に堺が栄えた頃、堺と大和を結ぶ「経済の道」として再び脚光を浴びたのだ。資料館にいると、現在の国道166号が当時の官道に姿を変え、自分がそこに佇んでいるかの錯覚に陥る。日本の国造りにとって大切な道であったことがよく理解できる貴重な空間であった。

《大阪》
古墳〜飛鳥時代を展示する「大阪府立近つ飛鳥博物館」、叡福寺境内にある聖徳太子御廟所を参拝する

すぐにでも聖徳太子御廟を訪ねたかったが、小野妹子の墓が近くにあるというので見に行った。距離にして1km半くらいだろうか、所在地は大阪府南河内郡太子町山田で、奥まった小高い丘の上にある。小野妹子は推古天皇15(607)年遣隋使節大使として中国の随に行った飛鳥時代の政治外交家だ。名前から女性を連想してしまうがれっきとした男性だ。当時の人名の最後に「子」を付けるのは男性も珍しいことではないが「妹」の文字

が誤解を生みやすい。

余談はさておき、もうひとつ寄り道をしたいところがあった。世界的建築家・安藤忠雄の設計になる白亜の博物館「大阪府立近つ飛鳥博物館」だ。一須賀（いちすか）古墳群（国史跡）や太子町葉室にわたる丘陵上に「近つ飛鳥風土記の丘」があるが、その一角に立っている博物館で、最寄りの駅は近鉄長野線の富田林駅、所在地は大阪府南河内郡河南町東山だ。小野妹子の墓から距離にして4km強、15分ほどであろうか、巨大なコンクリートの建物が現れた。大阪府立近つ飛鳥博物館だ。

博物館の入口には平成26年度夏季企画展「海に生きたおおさかの古代人」が7月19日から始まるというお知らせが大きく出ていた。残念、少々来るのが早すぎた。企画展の趣旨は『……大阪平野はそのむかし縄文時代には海であった。この河内湾と呼ばれた海はやがて湖となりさらに平野へと姿を変えてきた。新しい文化をもたらした渡来人の多くが船で大阪の地へやってくるなど海は交通路としてよく使われた。海に生きたおおさかの古代人の知恵を出土品から探る……』というものだ。私が最も興味を抱く世界のひとつである。

太子町にある遣隋使・小野妹子の墓

是非見たかったのだが……。

「近つ飛鳥風土記の丘」は6世紀中頃から7世紀に造られた古墳群を整備した史跡公園で、その風土記の丘内にある博物館では古墳時代から飛鳥時代にかけての文化遺産を中心に、仁徳天皇の復元模型などを展示している。太子町を訪れた向きには是非立ち寄ることをお勧めしたい。

さあ、いよいよ聖徳太子御廟に行こう。山をくだり太子町めがけてざっと3㎞、叡福寺南大門石段脇にある駐車場にたどり着いた。御廟は史跡叡福寺の境内にある。所在地は大阪府南河内郡太子町だ。寺伝によれば、聖徳太子と妃の膳部大郎女（かしわべのおおいらつめ）そして太子の母の穴穂部間人（あなほべのはしひと）皇后の3人をこの廟に合葬したとき、推古天皇が御廟を守るために建てたのがこの寺だという。三骨一廟（さんこついちびょう）を守る叡福寺と言われている。

合葬陵は叡福寺境内の北側にあり、南大門から一直線上にある。磯長山の丘陵を利用した円墳で直径54・3m、高さ7・2m、築造は7世紀前半～中頃とされている。寺院の創建は寺伝によると推古天皇30（622）年だが、これは聖徳太子が死去した年と同じだ。

聖徳太子と妃と太子の母が合葬されてる三骨一廟は史跡叡福寺の境内にある

叡福寺の創建は推古天皇30年といわれている

聖徳太子は敏達天皇３（５７４）年に用明天皇と穴穂部間人皇女の間に生まれた第二皇子で厩戸皇子といった。推古天皇のもと蘇我馬子と協調して政治を行い、遣隋使を派遣したり大陸の進んだ文化や制度を取り入れ国際的な仕事をする一方、十七条憲法を定めるなど天皇を中心とした中央集権国家体制の確立を図った。が、最も太子を特徴づけることは仏教を厚く信仰しその興隆に努めたことであろう。

さて、貴重な文化財が数多く所蔵されているという磯長山叡福寺をあとにして、大仙陵古墳のある堺市に向かってクルマを走らせた。

南海本線堺駅に近いホテルにチェックインしたのが午後6時に近かった。場所は大阪府堺市堺区市ノ町東で、南海高野線堺東駅との中間あたり、阪神高速がすぐそばだ。実は事前に調べておいたのだが、このホテルから堺市役所が近く、市役所の最上階（21階で地上80ｍと高い）からは大仙陵古墳（仁徳天皇陵古墳）が丸見えなのだ。明日はまずこの市役所に行き仁徳天皇陵を上から眺めてみようと思った。

《大阪》

世界三大墳墓のひとつ「仁徳天皇陵古墳」の大きさに驚き、百舌鳥（もず）古墳群の往時の景観を想像する

堺市役所の展望台ロビーは回廊式ロビーで360度の展望が楽しめるので素晴らしい。早朝から多くの観光客が訪れていた。回廊の壁には百舌鳥古墳群の写真付き解説パネルが貼ってあり、下界に見える各古墳がどういうものかがすぐ分かる。仁徳天皇陵古墳をはじめ遠くは六甲山、生駒山、金剛山などが見渡せ、大阪周辺の地理を理解するのにもいい。展望台へは無料で入場でき年中無休だ。堺市の観光はここから始めるのがいい。

仁徳天皇陵古墳（大阪府堺市堺区大仙町）の南側には大仙公園が広がり、公園内には堺市博物館がある。大仙公園のさらに南側には履中天皇陵古墳が見え、ロビーの北側に目を移すと反正天皇陵古墳も見渡せる。再び南側に目を移すと履中天皇陵古墳の左側に「いたすけ古墳」

堺市役所展望台から眺める仁徳天皇陵

「御廟山古墳」「ニサンザイ古墳」などが点在しているのも眺望できる。眼下には南海高野線がカーブを描き、ＪＲ阪和線と交差する三国ケ丘駅方面が見渡せる。仁徳天皇陵古墳に鉄道を利用して行くには、この三国ケ丘駅か百舌鳥駅（ＪＲ阪和線）を利用するのがいい。とにかく堺市役所の展望ロビーに上れば巨大な前方後円墳のほぼ全容を眺めることができるのだ。

　百舌鳥古墳群は日本最大の仁徳天皇陵古墳をはじめとする巨大前方後円墳などからなるもので、その広さは堺市内の東西南北約４㎞四方の範囲にある。古墳時代はこの一帯に１００基を超える古墳が造られたが、現在は４世紀後半から５世紀後半にかけて造られた45件49基の古墳が残っているという。古墳群からは様々な形をした埴輪のほか金銅製の装身具や鉄製の馬具、武器などの副葬品が出土している。

　これらの出土品に朝鮮半島や中国の影響がみられるのは、当時の日本には東アジアとの盛んな交流があったことを示しているのだ。とりわけ朝鮮半島との行き来が盛んであったようだ。

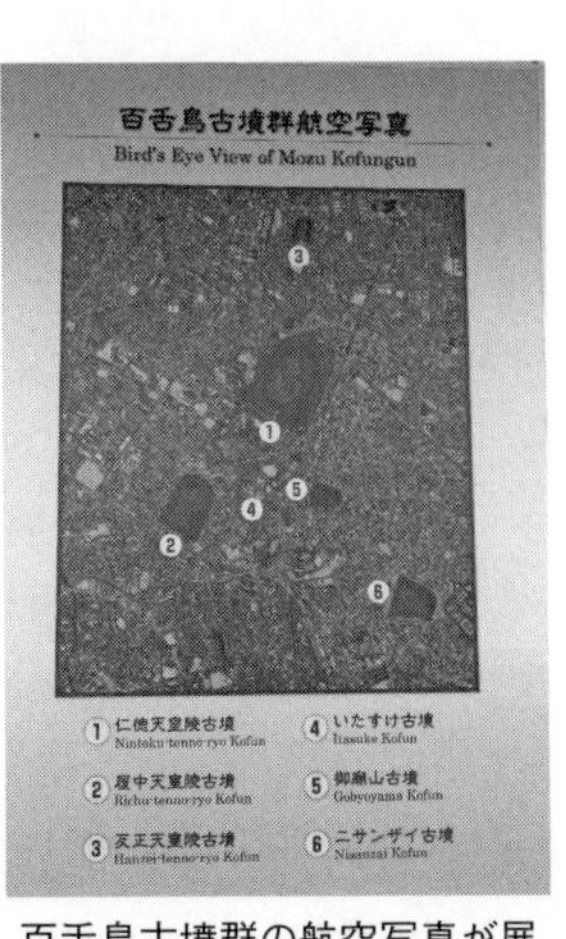

百舌鳥古墳群の航空写真が展示

写真後方鳥居の先の森の中が仁徳天皇陵

さすが仁徳天皇陵古墳だけあって東南アジアからの観光客が大勢見学に来ていた。広東語が聞こえたから香港からの来日か。左側に和文、中央に御陵の俯瞰写真、右側に英文が書かれてある大きな説明書き「仁徳天皇百舌鳥耳原中陵」があったので熟読してみた。

　説明書きの内容を要約すると『仁徳天皇陵古墳は日本最大の前方後円墳で築造は5世紀中頃といわれ、墳丘の全長は約４８０ｍ、前方部の幅は約３０５ｍ、その高さは約33・９ｍ、後円部の直径は約２４５ｍ、高さは約35・８ｍ。３段に築成されていて、３重の濠が巡らされている。周濠を含めた東西の長さ６５６ｍ、南北の長さ７９３ｍ、周囲は２７１８ｍ、その大きさなことから大仙陵とよばれている。正式には百舌鳥耳原中陵という』である。

墳丘の全長は約480m。世界三大墳墓の1つ

大仙公園入口に立っている仁徳天皇と鹿と百舌鳥の像

宮内庁により「百舌鳥耳原中陵」として治定されているが、大仙陵古墳とも仁徳天皇陵古墳とも呼ばれている。一般的には仁徳天皇陵古墳であろう。この御陵の大きさはエジプトのクフ王のピラミッド、中国の秦の始皇帝陵と並んで世界三大墳墓のひとつと言われている。

もうひとつ興味のあるエピソードが書かれてあった。それは『日本書紀によると、仁徳天皇67年の冬から工事を始めたが、その造築工事中に鹿が野の中から走り出て、工事に従事している人々の中に走り入って俄かに倒れた。人々が怪しんで調べてみると鹿の耳の中から百舌鳥が飛び去ったので、この地を百舌鳥耳原と名付けた、という神話的な記述がされている』というものだ。御陵と隣接して南側に大仙公園があるが、その入口近くに仁徳天皇と鹿と百舌鳥をあしらった像が立っていて「百舌鳥耳原由来の像」と銘打っていた。

5世紀前半頃に築造された履中天皇陵古墳は全長約365mの前方後円墳で、日本では3番目に大きい。また反正天皇陵古墳は全長約148mの前方後円墳で墳丘は3段築成、二重の周濠がある。百舌鳥古墳群では7番目の大きさだ。この反正、履中、仁徳の古墳は

堺の歴史と文化を紹介する堺市博物館

百舌鳥三陵と呼ばれている。ちなみに仁徳天皇は第16代、履中天皇は第17代、反正天皇は第18代である。

古代の堺市周辺は見通しの利く大平野で、しかも海岸線はもっと内陸側であったはずだから、瀬戸内海を渡ってきた渡来人たちは恐らく巨大な古墳群を難波の海から目撃したことになる。古代の大阪は外国からの使者たちを圧倒するような景観を誇っていたに違いない。想像しただけでもすごい光景だ。

それにしても毎日１０００人の人が働いても築造に4年はかかるだろうと計算されている墳墓だ。加えて墳丘に並べる葺石の運搬、２万個以上の埴輪の製作、そしてその運搬などを考慮すると気の遠くなるような労力と時間が費やされているはずだ。それは単に強大な権力を思わせる事象なのか。神秘的で不可解な古代ではある。

さて、道路を挟んで仁徳天皇陵古墳のすぐ南側に大仙公園がある。その公園内に堺の歴史と文化を紹介する「堺市博物館」が立っている。百舌鳥古墳群からの出土品や堺特産の刃物、火縄銃など古代から現代まで堺の文化や生活に関する常設展のほか、企画展や特別展も開催されている。博物館の所在地は堺市堺区百舌鳥夕雲町大仙公園内だ。御陵見学の後にはぜひ立ち寄ることをお勧めしたい。

［註］百舌鳥（もず）・古市古墳群（ふるいちこふんぐん）は大阪府堺市、羽曳野市、藤井寺市にある45件49基の古墳群の総称で、令和元（２０１９）年7月6日の第43回世界遺産委員会で正式に世界文化遺産に登録された。

《大阪》
「大阪歴史博物館」の上階から「難波宮跡」と「大阪城」を俯瞰する！
博物館では折しも「特別展・難波宮」を開催中、早速見学する

堺市博物館から市街地を３km半ほど北西に進路をとり阪神高速15号線に乗り入れた。首都高速なら慣れているが阪神高速は初めてなので、路線を間違えないよう標識に注意しながら緊張して走る。無事に西船場ＪＣＴを通過、阪神高速13号の法円坂（ほうえんざか）出口で高速を降りる。東京でいえば日比谷辺りに該当するのか、右に大阪城、左に合同庁舎や裁判所その奥に大阪府警察本部が見え、目指す「大阪歴史博物館」はＮＨＫに隣接して立っていた。

大阪歴史博物館の所在地は大阪市中央区大手前で、地下２階地上10階まである大きな建

物だ。敷地を同じくしてすぐ隣にＮＨＫ大阪放送会館がそびえている。広い構内の中庭には復元された古墳時代の大型倉庫が立っており、中国から観光に来ていた20人ほどの若者がその大型倉庫をバックに記念撮影をしていた。

古墳時代の大型倉庫をバックに記念撮影

　博物館ではちょうど6月21日から難波宮発掘調査60周年記念として「特別展・難波宮」を6階の特別展示室において開催していたので、まずはここから見学することにした。

　資料によると、大阪市中央区法円坂一帯において難波宮跡の発掘調査が始まったのは昭和29（１９５４）年からのことで、ざっと半世紀以上の調査・研究の結果、飛鳥時代と奈良時代の二時期の宮殿跡があることが分かったという。

大阪歴史博物館から難波宮跡が俯瞰できる

　飛鳥時代の宮殿は前期難波宮と呼ばれ、孝徳天皇（６５４年死去）によって６５２年に完成した「難波長柄豊碕宮」と考えられる。孝徳天皇は乙巳の変のあと６４５年に難波に遷都したのだ。すべて掘立柱建物で構成され、左右対称を基本とした建物配置が特徴だという。

一方、奈良時代の宮殿は後期難波宮と呼ばれ、８世紀前半に聖武天皇によって造られた。内裏（だいり）と朝堂院（ちょうどういん）の間に大極殿（だいごくでん）があり、中心部は前期難波宮より一回り小さくできている。

結局何度か遷都が行われたのち７９３年に難波宮は廃止されることになる。平成22（２０１０）年３月現在、約13万㎡が国指定史跡になり、中心部は史跡公園として整備されている。ＮＨＫ大阪放送会館と大阪歴史博物館がある一角も難波宮の跡地である。

大極殿や朝堂院のあった難波宮跡が大阪歴史博物館の上階から手に取るようによく見える。中央大通りの法円坂交差点を挟んで斜め下方に丸見えだ。難波宮跡の向かい側が大阪城で、これも博物館から俯瞰できる。６階の特別展を見てから10階まで上り順番に古代から中世、近世そして7階の近代・現代の大阪までの常設展を見て回り1階ロビーに出た。ロビーには大勢の観光客が集まっていた。

立派な大阪歴史博物館

実は博物館とＮＨＫの敷地では古墳時代中期

大阪歴史博物館から大阪城も俯瞰できる

（5世紀）の大型倉庫群（法円坂遺跡）や飛鳥時代（7世紀中頃～後半）の前期難波宮内裏西方官衙など、大阪の古代史を考える上で重要な遺跡が見つかったのだ。これらは博物館・NHKの地下や南側の公園に保存され、一部は遺構そのものを観覧でき、建物の復元も行っている。

ロビーに人が集まっていたのは、古墳時代の建物の柱穴が見えるように館内床の一部をガラスにして地下が覗けるようにしているところがあり、そこで係の人が来館者に説明をしていたのだ。とにかく大阪の〝遺産〟の全体像を限られた時間内で把握したければ大阪歴史博物館を訪ねるのがいい。

《大阪》
継体天皇説が有力な前方後円墳「今城塚古墳」、「今城塚古代歴史館」で古墳の歴史背景を学ぶ

大阪歴史博物館をあとにして中央環状線を北上、近畿自動車道の東大阪北IC入口を目指した。ここから吹田JCT経由で名神高速道路の茨木ICまで行き、降りたら国道171号を北東へ進み、大畑町交差点に出たら左折して県道115号を約1km北上する。待望の史跡「今城塚古墳」へ到着した。茨木ICから約5km半、20分の行程だ。史跡の所在地は大阪府高槻市郡家新町で、隣接して高槻市立「今城塚古代歴史館」が立っている。

史跡「今城塚古墳」は淀川流域では最大級となる前方後円墳だが、その今城塚古墳から大王の儀礼を再現した「埴輪祭祀場」が見つかり発掘調査された。高槻市ではその発掘位置に埴輪祭祀場を復元し、古墳公園「いましろ大王の杜」としてオープン、祭祀場には実

今城塚古墳に隣接して立っている今城塚古代歴史館

古墳公園にある精密な前方後円墳の模型

物大に復元された埴輪が２００点以上も並び古代の光景が蘇っている。

埴輪は家形、武人形、巫女形、イノシシや犬などの四足動物、馬形、鳥形、水鳥形など多彩で、見事に配置された埴輪の中に埋もれると現世を忘れてしまう。

巨大な古墳は水（濠）と芝生で囲まれ、まさに古墳公園の趣だ。古墳が平成16（２００４）年から史跡公園として整備され、隣接する古代歴史館は平成23（２０１１）年4月から開館した。この古墳公園と歴史館の二つを総称して高槻市立いましろ大王（だいおう）の杜（もり）と呼ぶのだ。

今城塚古代歴史館では三島古墳群から出土した遺物の展示や、今城塚古墳のジオラマや映像で歴史背景を解説している。三島古墳群というのは大阪府高槻市と茨木市にかけて広がる古墳と遺跡の総称で、今城塚古墳も太田茶臼山古墳も三島古墳群の中のひとつということになる。ちなみに茨木市はそのむかし三島郡といった。

今城塚古墳の墳丘の長さは約１９０ｍ、内濠と外濠を含めた総長は約３５０ｍ、その総幅は約３４０ｍ、周囲には二重の濠がめぐらされている。かなり大きな前方後円墳だ。築造は6世紀前半だから古墳時代の後期となる。被葬者は第26代継体天皇説が有力だが、決定されていないところが歯がゆい。そのあたり、今城塚古代歴史館や今城塚古墳入口にある説明書きを読むと興味深いことが書かれてある。

『……学術的には継体天皇の陵墓と言われている。墳形や埴輪等の年代的特徴さらには種々の文献資料の検討から6世紀のヤマト政権の大王墓と推定され、6世紀前半に没した継体天皇とするのが学界の定説となっている。その可能性が高い。……が、宮内庁は今城塚古墳から1・3km西にある大阪府茨木市の太田茶臼山古墳を継体天皇陵に治定している。つまり今城塚古墳の治定に難色を示しているのだ』とある。太田茶臼山古墳は5世紀中頃から後半にかけて築造された前方後円墳で総長250m、総幅150mとこちらもかなり大きいが、築造年代からいっても今城塚古墳の方が正解のようだ。宮内庁はどのように考えているのだろうか。

左側が祭祀場、右側が濠と墳丘。奇麗に整備されている

今城塚古墳の場合は10年間にわたる発掘調査で墳丘内部の大規模な石積や排水溝、石室

を支えた基盤工、そして200体以上の形象埴輪が並ぶ「埴輪祭祀場」など、他に例を見ない発見が相次いでいる。また九州熊本から海路で運ばれた馬門石（まかどいし）を含む3種類の巨大な石棺や、金銀で装飾された副葬品などの貴重な出土品も見つかっている。

今城塚古墳入口を抜けてまず驚くのは「埴輪祭祀場」である。外濠に向かって突き出された長さ65m、幅10mの張り出しは古墳の完成後に内堤に付け足された「埴輪まつりのステージ」で、大王の葬式の様子を埴輪で再現した神聖な場所だ。当時は家や人物、動物など200点以上の形象埴輪が配置されていた。これが今城塚古墳の最大の特徴だ。嬉しいことに当時とそっくりの雰囲気が今、味わえる。

埴輪祭祀場には200体以上の形象埴輪が並ぶ

ところで肝心の継体天皇だが、資料や説明書きを読んでもその姿が明確に浮かんでこない。謎の多い大王と呼ばれているゆえんだろうか。生まれは近江国高嶋郷三尾野（現在の高島市）で、幼くして父を亡くし母の故郷である越前国高向（福井県坂井郡）で育てられたという。その後、男大迹王（おおどのおおきみ）として5世紀末の越前・近江を統治していたが、第25代武烈天皇の死後跡継ぎがいないため豪族の大伴金村（おおとものかなむら）らが協議して、第15代応神天皇5世の孫とされる男大迹王を第26代天皇として擁立したというのである。

越前の三国（福井県）から迎えられた継体天皇は507年に河内国の樟葉宮（くずはのみや）で即位したのだが、このとき既に58歳であった。その後、なぜか約20年近く大和に入ることができず、大和に都を定めたのは526年になってからだという。その5年後の531年に継体天皇は亡くなっている。ちなみに現在、枚方市に「史跡継体天皇樟葉宮跡伝承地」がある。

埴輪に囲まれて当時の雰囲気を味わう

《島根》

四つの大鳥居をくぐり、下り坂の参道を進み、大国主命を拝み、大注連縄に圧倒される「出雲大社」

平成25年5月、「出雲大社」が60年ぶりに大遷宮を行い大勢の観光客が訪れているというニュースが多くのメディアから流れた。われわれが「古代出雲&近江の旅」に行こうと計画を立てたのはそれがきっかけだった。もちろん足はクルマである。

さて、出雲大社へ行くためには東名~新東名高速を経由、中国自動車道の落合ＪＣＴから米子自動車道へ分かれ、一路米子を目指すのが順当だ。ここから山陰道を走り出雲ＩＣから一般道というコースをとる。初めてのルートなので気分は高揚しながら走行を楽しんだ。中国山地を南から北へ縦断するコースなので、深夜から明け方にかけての走りは時折深い霧に包まれ、あたかも神話の国へ潜り込んでいくようなスリルがあった。

出雲ＩＣを出てから国道４３１号を経由して約10㎞走り、まずは「神話の国」出雲へ初めて来た挨拶代わりに「稲佐の浜」に寄ってみた。旧暦10月の神在月(かみありづき)に全国の八百万の神をお迎えする「神迎神事」の浜である。早朝６時の波打ち際には、ひときわ目立つ丸い大きな岩の塊が朝日に照らされて赤く染まっていた。これが有名な「弁天島」であった。島の頂上付近に小さな鳥居と祠が建てられていたが、これは海神の娘「豊玉毘古命(とよたまひこのみこと)」を

稲佐の浜の弁天島には小さな祠がある

宇迦橋のたもとに聳える石造りの鳥居

祀っているものだという。

砂浜を歩いて弁天島の間近まで行き記念写真を撮ってから、いよいよ出雲大社へと向かった。大社は海岸から東へ1・5㎞ほどの距離で、周辺には駐車場も完備されている。観光写真で有名なあの立派な木製の正門鳥居からさほど離れていない無料駐車場にクルマを停めることができたので、そこから神門通りを宇迦橋まで歩いていった。出雲大社への参拝は、まず神門通りの大鳥居をくぐることから始まると聞いていたからだ。宇迦橋のたもとにそびえる高さ23ｍもある石造りの大鳥居だ。

神門通りの両脇に並ぶお土産店を見ながら直進すると、やがて右側に「出雲大社前駅」が現れた。一畑電車大社線の終点だが、レトロな駅舎は洒落た外観で観光客の足を止めること請け合いだ。昭和5年に建てられたもので、白いドームの天井とステンドグラスがはめ込まれた西洋風建築は国の登録文化財となっている。駅舎の中に入って天井を見上げたが、なるほど美しい。外には日本最古級の電車デハニ50形がオレンジ色の車体も鮮やかに展示されていた。

ちなみに一畑電車大社線は出雲大社前駅と松江しんじ湖温泉駅を結ぶローカル電車で、鉄道マニアのみならず一般の人にも人気が高い。「神門通り」はこの大社前駅が開業してから出雲大社への参詣道として建設されたものだ。

神門通りをさらに進むと、正面に大きな鳥居がドンと構えている。その横には出雲大社の文字が書かれたこれも大きな標柱が立っている。ここが勢溜（せいだまり）の正門鳥居で立派な木製の鳥居だ。観光客の多くはまずここで記念写真を撮るのが定番だ。

鳥居をくぐると下り坂の参道が待っている。神社仏閣の参道で下り坂の参道というのはめったにない。珍しいのだ。下り坂の参道を進むと中程右側に祓社（はらいのやしろ）がある。祓社で心身の汚れを祓い清め手を合わせてから祓橋（はらえのはし）を渡ると、老松のそびえる並木が続き再び鳥居をくぐる。これが三の鳥居で鉄製だ。老松は樹齢400年を超えるという。参道の中央は神様が通る道と言われ、われわれは参道の端の左か右を歩かなければならない。

さらに歩を進めると右側に結びの御神像がある。大国主命の鋳物製の大きな像だ。出雲

観光写真でおなじみの正門鳥居。木製

参道右に大国主命の大きな銅像がある

大社に祀られている神は言うまでもなく大国主命である。大国主命は国土を創成した神であり縁結びの神として親しまれているが、神話「因幡の白兎」でも知られる慈愛の神だ。そして手水舎。手を清めてから最後の銅製鳥居をくぐると真正面に高さ13・5m、檜造りの拝殿がある。結局、拝殿にたどり着くまで鳥居は全部で4か所あり、神門通りの大鳥居から始まって石、木、鉄、銅とそれぞれ素材の異なる鳥居をくぐったことになる。これもまた珍しいことだ。

「2礼・4拍手・1礼」の出雲大社参拝作法に従って手を合わせてから拝殿の奥にある本殿を覗いてみた。本殿は日本で最も古い神社建築様式である大社造りで、檜皮葺（ひわだぶき）だ。昭和27（1952）年に国宝に指定されている。その特徴のひとつは地面から床面までが非常に高いことだ。したがって全体の高さも一般の神社と比較すると高い。現在の本殿は延享元（1744）年に造営されたもので、千木までの高さは24mと国内随一の高大な本殿建築だ。国宝本殿は平成25年5月に60年ぶりの大遷宮が行われ、大屋根の葺き替えが終わった。われわれは幸い修造整って新しくなった本殿を拝め

昭和27年に国宝に指定された本殿

本殿は大社造りで檜皮葺。千木までの高さは24mもある

たことになる。

本殿の高さは現在24ｍとなっているが、記紀によれば国譲りに際して高天原から与えられた宮殿はさらに壮大で、古代出雲大社は天空神殿であったとの言い伝えがある。平成12（２０００）年にその「古代巨大神殿」の存在を解き明かすカギともなる大発見があった。出雲大社の境内から巨大本殿の柱の一部とみられる遺構が出土したのだ。

巨大柱は、直径が１・３ｍもある杉の巨木を3本まとめて1本の柱にした遺構で、３本の杉は鉄のベルトで締め付けて1本にするという形態だ。これによって直径は３ｍにもなる。「宇豆柱（うずばしら）」と呼ばれているものだ。これが古代の本殿の高さ48ｍ説につながったのだ。発見された柱根の年代測定の結果、これは１２００年前後すなわち鎌倉時代初頭に伐採された木材と分かり、中世における出雲大社がいかに高かったということが証明されたのだ。この出土した柱は「島根県立古代出雲歴史博物館」のロビーに展示されているというので参拝後見に行くことにした。

拝殿の左右に、つまり東西には奥行きの深い長い建物がある。「十九社(じゅうくしゃ)」と呼ばれるもので、いってみれば神々の宿泊所だ。旧暦10月の「神在月(かみありつき)」に全国から八百万の神々が出雲に集まり7日間の神議り(かむはかり)をするので、その間の神様の宿泊施設となる。

八百万の神が泊まる「十九社」

これが有名な神楽殿の大注連縄だ

全国の神々が集結するのでよその国には神様がいなくなる。したがって一般に10月は「神無月(かんなづき)」というのだが、出雲では逆に「神在月」と呼ぶ。「十九社」は文字通り19の扉があり神様の滞在中はすべての扉が開かれる。ちなみに八百万の神々は男女の良縁などについて会議をするというから粋だ。出雲大社が縁結びの神と言われる由縁である。

拝殿から左手（西側）に進み素鵞川（そがのかわ）という細い流れを渡ると出雲大社神楽殿がある。ここでは各祭典、祈願、結婚式などが行われるのだが、注目は正面に吊り下げられているしめ縄だ。出雲大社といえばあの極太のしめ縄が馴染みだが、あれは拝殿のそれではなくこの神楽殿の大注連縄（おおしめなわ）を指す。長さは13・5m、胴回りは約9m、重さは約5トンと日本最大級の大きさだ。観光客がこぞって記念写真を撮っていた。

《島根》「古代出雲歴史博物館」で日本の源流に触れ、「出雲大社巨大柱高層神殿復元模型」に夢を馳せる

さて「宇豆柱」のことが気になって出雲大社の境内を横切り、東側にある「島根県立古代出雲歴史博物館」（所在地は出雲市大社町杵築東）へ向かった。東側に隣接しているので博物館へ行くのは便利だ。広い敷地の中にガラス張りの近代的建築がデンと構えていた。入館してまず目の前に現れるのが中央ロビーの真ん中に展示されている「宇豆柱」だ。

平成12年に出雲大社境内遺跡から出土した巨大柱で、平成22年6月に国の重要文化財に指定されている。これを柱に48ｍの高大な大社が立っていたと言われている。

館内ロビーに展示されている宇豆柱

またロビーの奥には10世紀に高さ16丈（約48ｍ）という日本一高い本殿があったという学説に基づいて製作された、縮尺10分の1の復元模型「出雲大社巨大柱高層神殿復元模型」が展示されていた。中心の柱の3本束ねた直径は約3・6ｍで、神殿までの階段の長さは約109ｍもある。果たして天にそびえる高層の神殿は実在したのであろうか。それにしても下から階段を上っていく神官はさぞかし大変であっただろう。

近代的な県立古代出雲歴史博物館

これとは別に現在の出雲大社本殿の精密模型も展示されていた。こちらは縮尺50分の1だが、切妻造（きりづまづくり）・妻入（つまい）り、そして檜皮葺の大社を忠実に再現したもので、目を見張るような素晴らしい出来栄えである。また出雲神話の世界を映像で楽しめるコーナーもあり、出雲大社を豊富な展示資料や映像などで詳しく紹介している。まさに「出雲大社の歴史と日本の源流に触れる」というテーマに沿った展示ぶりである。

出雲大社巨大柱高層神殿復元模型

さらなる圧巻は国宝の銅剣、銅鐸、銅矛など四百数十点を一堂に展示しているコーナーだ。荒神谷遺跡、加茂岩倉遺跡の青銅器など古代出雲の文化をどっぷり体感できる。また島根県雲南市神原神社古墳から出土した古墳時代3世紀の三角縁神獣鏡は、「卑弥呼の鏡か……」と言われたほどの重要文化財で、実に見応えがあるものだ。「景初3年」を含む銘文41文字が鋳込まれたものだが、景初3（239）年とは邪馬台国の女王卑弥呼が魏に使いを送り銅鏡100枚を賜ったとされる年だ。これは絶対に卑

重要文化財の三角縁神獣鏡

弥呼と何らかの関係がありそうだ。出雲は朝鮮半島や九州北部と古くから往き来があったことはよく知られているだけに、古代出雲の歴史的交流関係を証拠づける物証がさらに発見されることを期待したいものだ。

古代出雲は「神話の国」であり、そのシンボルとして出雲大社がある。さらに銅剣や銅鐸、銅矛などの出土により古代出雲には新しい文化が加わった。古代出雲歴史博物館では出雲大社の歴史と同時に、青銅器と出雲の深い関係も理解でき楽しめるのがいい。

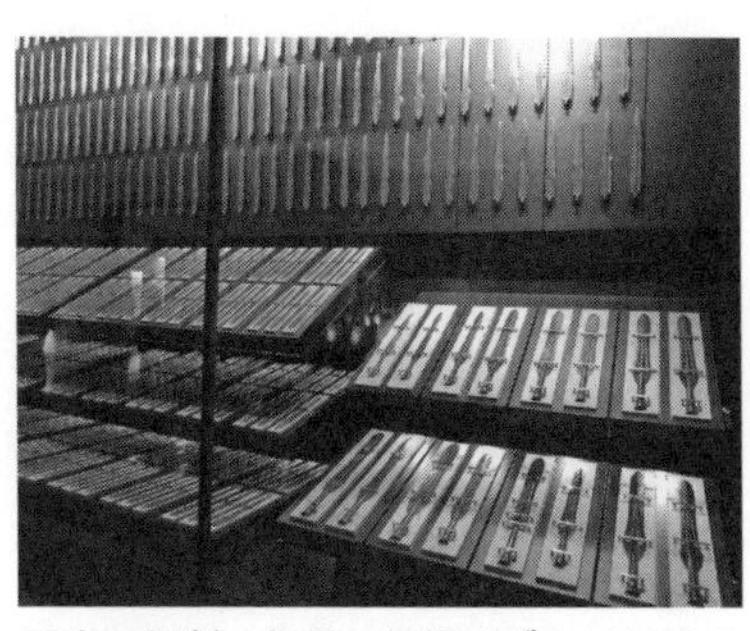
国宝の銅剣、銅矛、銅鐸がずらりと並ぶ

昼食に「出雲そば」を嗜んでから、せっかくだからと「出雲ぜんざい」も食することにした。出雲ぜんざいは出雲地方の「神在餅（じんざいもち）」に起因しているのだという。じんざいが変化してぜんざいになったとの説もある。これも実に美味しかった。

古代出雲の文化をたっぷり楽しめる

《島根》

弥生時代最大級の王墓として注目された西谷墳墓群、精緻に復元された「四隅突出型墳丘墓」に興奮

さて、これからいよいよ考古学上貴重な発見と言われる遺跡めぐりをするのだ。出雲の国は大ざっぱに分けると北に位置する島根半島部と、宍道湖・中海を含む中央の平野地帯（出雲平野）、さらに南の山間部とに分けられるが、古代出雲を特徴づける貴重な遺跡や古刹は南の山間部に数多く点在する。そのすべてを回るのは不可能なので、目的地を絞り、まずは「四隅突出型墳丘墓（よすみとっしゅつがたふんきゅうぼ）」を目指すことにした。

出雲市大津町にある史跡公園「出雲弥生の森」は出雲平野を見下ろす西谷丘陵にある。この丘陵に墳墓群が発見されたのは昭和28年だ。丘陵の開発中に大量の土器が発見されたことがきっかけで墳墓群が見つかったのだが、とりわけ注目されたのが6基の四隅突出型

西谷墳墓群にある四隅突出型墳丘墓。四角い墳丘の四隅が舌のように張り出す独特の形だ

突出部の先端は丸みを帯びている

墳丘墓であった。弥生時代後期（3世紀）に築かれた全国最大級の王墓が集中するということで「西谷墳墓群」は一躍注目されることになったのだ。

四隅突出型墓は四角い墳丘の四隅の角が張り出しているわけだが、まるで長い舌を張り付けたような形態を目の当たりにすると異様な感じで、突出させた周りを貼石で覆っているのが特徴だ。復元された2号墓に上ってみた。突出部先端は丸みを帯びていて、そこから歩いて墳頂部まで登ることができる。全長は約40m、高さは3・5mというが、約1800年前の弥生時代に建設機械があったわけでもなく、よくもこんなに巨大な王墓を造ったものだとつくづく思う。まさに権力の象徴である。

西谷3号墓は斐伊川を眼下に望む丘陵地にあるが、突出部を含めると南北40m、東西約50mの巨大な墳墓で、これも弥生時代（西暦200年頃）の出雲の王墓と考えられている。平坦な墳頂部では墓上祭祀が行われていたらしい。では、四隅の突出部は何のためにあるのか。これに対しては様々な説があり定かではないが、ひとつには、埋葬された遺体を悪霊から守るための場であるというもの、あるいは墳丘と外部とを結ぶ通路という説もある。実際現場に立って見ていると、どうも後者の方が自然に思える。

墳墓群の周辺を歩いていたら「西谷横穴墓群・第3市群」と書かれた案内板のところに出た。ここは山の斜面に横から穴を掘って造った墓が10墓も見つかったところだ。出土品の中の須恵器から考察して古墳時代の終わり頃、すなわち7世紀前半から中頃に造られた墓群だと考えられている。

西谷墳墓群にはざっと紀元2世紀もの昔から出雲の王たちが眠っているわけだが、その史跡公園の隣には「出雲弥生の森博物館」が立っている。平成22年4月にオープンした博物館で、王墓から発見された貴重なガラス勾玉や腕輪などが展示されていて、当時の出雲地方の権力者たちの様子が垣間見られて興味深い。圧巻は西谷3号墓を出土品と模型で説明しているディスプレイだ。王の葬儀の模様を大胆に復元した巨大ジオラマで、まさに古代出雲が見える・触れる・実感できる楽しさを来館者に与えてくれる。精緻に復元された四隅突出型墳丘墓（西谷2号墓）と西谷横穴墓群を見学し

四隅の突出部は何のためにあるのか

た後はぜひ「出雲弥生の森博物館」を訪れ古代出雲のロマンに浸ってみることをお勧めしたい。

《島根》
銅剣が一度に358本も発見され、銅鐸と銅矛も同時に出土した「荒神谷遺跡」

荒神谷史跡公園は平成7年5月に開園した

「荒神谷遺跡」は島根県出雲市斐川町神庭西谷にある「荒神谷史跡公園」の一角にある。史跡公園は平成7（1995）年5月にオープンしたもので、遺跡を含む公園全体の広さは約27・5ヘクタールと広大だ。公園の中には西谷池があり、竪穴式住居を復元した古代村あり、古代農耕地や約5000株の古代ハスが咲く「2000年のハス」池ありと、豊かな自然に囲まれている。広い駐車場にクルマを停めて、きれいに整備された園内を案内板に従って数分歩くと遺跡が現れた。

遺跡は小さな谷間の南向きの急傾斜面にあり、銅剣および銅鐸と銅矛が出土したときと同じ状態に復元されていた。まさに今掘り当てたという臨場感があり、発掘当時の迫力を体感できる。思わず生唾を飲み込む感じであった。遺跡に隣接した博物館の説明板によると、遺跡発見の最初のきっかけは、広域農道建設に伴う遺跡分布調査で、調査員が田んぼの畦(あぜ)で古墳時代の須恵器の一片を拾ったことだという。それによってこの辺りに集落があったのではと推測されたのだ。これが昭和58年のことで、翌59(1984)年7月に遺跡があるかどうかを確かめるために建設予定地をところどころ掘ることにした。発掘開始2日目に小さな銅片が見つかり「まさか……」と思ったところ、そこから銅剣が358本も見つかったという。

翌60(1985)年7月、再度調査したところ銅剣出土地点から東側にわずか7m離れたところから銅鐸6個と銅矛16本が見つかったのだ。なぜこれほど多数まとめてここに埋められていたかは未だに謎だが、その後農道計画は変更され、昭和62年にはこの辺り一帯の約1・3ヘクタールは国の史跡に指定され、保存されることに

南向きの急斜面で発見された銅剣と銅鐸

荒神谷で銅剣が一度に358本も出土

なった。そして平成10（１９９８）年6月には銅剣・銅鐸・銅矛が一括して国宝に指定された。

ところで、荒神谷で銅剣が発見されたとき、全国の銅剣出土総数は３００本余りに過ぎなかったのだが、それが荒神谷で一度に３５８本も出土した点が驚きなのである。しかも銅鐸と銅矛が同時にセットで発見されたことが、わが国の弥生時代の青銅器研究の見直しを迫ることになったという。というのは、これまで銅剣は瀬戸内沿岸中部、銅鐸は主として近畿地方、銅矛は九州北部を中心に分布するという、いわば青銅器文化の色分けができていたが、これが崩れてしまったことになるからだ。この色分けとは別に独自の古代出雲文化が存在していたという証拠になる。

復元された遺跡には中細型の全長50㎝ほどの銅剣が４

銅剣と銅鐸が同時に出土し従来説を覆した

列に整然と並び、少し離れた横に銅鐸と銅矛がまとまって置かれ、出土状況がそっくり再現されている。この光景を目に焼き付けながら博物館へと足を運んだ。博物館は平成17（2005）年10月に開館したもので、遺跡とは徒歩数分のところにある。博物館の前面には「2000年のハス」（古代ハス）が広がり景観もいい。館内には遺跡発見の経緯を詳細に解説した説明板や国宝、出土状況をジオラマにしたディスプレイ、さらには映像などで遺跡の謎に迫る魅力的な展示がなされ来館者を楽しませてくれる。

《島根》入れ子状態で大量の銅鐸が出土した「加茂岩倉遺跡」、古代出雲王国の存在が現実味を帯びてきた！

「加茂岩倉遺跡」（島根県雲南市加茂町岩倉）は荒神谷遺跡の南東方向、直線距離で約3㎞しか離れていないのだが、山が遮っているので迂回しなければならない。松江自動車道の高架下を過ぎて国道54号線に出たら右折し、しばらく走ると岩倉という交差点に出る。そこを右折して再び松江自動車道の下をくぐり脇道を西へ進むと、狭い谷奥に岩倉遺跡駐車場がある。山間の静かな場所だ。

出土地点にはそこからさらに５００ｍほど谷間を歩いていく。われわれが訪れたときは他にひと気もなく静寂そのものであった。砂利道の坂を登り、さらに山道の階段を上がると加茂岩倉遺跡（かもいわくらいせき）の発掘場所があった。発掘場所は出土当時の状態をそのままに再現してあり思わずハッとする。ここは平成11年1月に国史跡に指定された。

案内板の説明によると、荒神谷遺跡で銅剣が３５８本発見されてから12年後の平成８（１９９６）年10月、農道の整備工事中、山の斜面を削っていたところ偶然に発見されたという。狭くて細長い谷の最奥部手前の丘陵に位置し、南向きの丘陵斜面中腹に当たる標高１３８ｍ、谷底からは18ｍと見上げるような高い場所に39個の銅鐸（どうたく）が埋納されていた。一か所から出土した数としては日本で最多である。しかも、出土された銅鐸のほとんどは「入れ子状態」で埋納されていた。

入れ子状態というのは、大きい銅鐸の中に小さい銅鐸が挿入されているという「入れ子」の状態のもので、大きい銅鐸は40㎝台、これが20個ほど、残りは30㎝くらいのものだ。39個の銅鐸の中にはトンボの絵が刻まれたもの、シカやイノシシなど四足獣さらには人の

発掘当時の状態をそのまま復元した

顔などの絵が残されたものもあった。銅鐸は弥生時代中期のものだが、実際見ていると当時の人には絵心がありしかも表現が巧みであったと思う。

これまで「銅鐸は近畿地方を中心に……」というのが常識であったが、出雲でこれだけ大量の銅鐸が一か所で出土した事実はこの説を覆したことになる。しかも他の地域で出土した銅鐸には見られない特徴があり、明らかに出雲で造られた可能性が高いという。つまり、出雲は神話の舞台ではあるが、北部九州や大和に匹敵する強大な勢力を持った〝出雲王国〟が存在していたと考えられる。荒神谷遺跡と相乗して〝出雲王国〟の存在を決定づけた大量の銅鐸群といってもいい。

出土した銅鐸の大半は入れ子状態

残る謎は、だれが何のためにこれらの銅鐸を埋納したのか、である。一般的な説は、これまで使用してきた「祭器」が何らかの理由で不要となり、一括して埋納されたとの見方だ。つまり銅鐸は祭器なのである。弥生時代、青銅製の銅鐸は稲作農耕の祭りのとき神を招くための「鐘」として使われていたと言われている。分からないのは、なぜ不要になったのかだ。政策の大変換か、シャーマンの強大な指示か、天変地異のせいか、未だに大きな謎である。

さて、発掘場所から谷底を見下ろす南向きの急斜面に狭い歩道が続く。柵が設けられてあるので安心だが結構スリルがある。たどり着くところは「加茂岩倉遺跡ガイダンス」だ。V字形に掘削された丘陵の両側をつなぐ橋のイメージで建てられたガラス張りの〝博物館〟で、中に入ると周囲の景観を楽しみながら出土した銅鐸のレプリカの展示をつぶさに見ることができる。弥生人が描いた銅鐸の絵を見ていると、つくづく古代の人たちはなんて感性が豊かなのだろうと思わずにはいられない。

加茂岩倉遺跡ガイダンスはV字形谷間の上に

《島根》

勾玉の形は何を表しているのか、そしてその作り方は？「いずもまがたまの里伝承館」と「出雲玉作資料館」でその謎に迫る

山間の静かな場所「加茂岩倉遺跡」から標高を下げ宍道湖に向かった。「いずもまがたまの里伝承館」を訪れるのだ。伝承館は島根県松江市玉湯町湯町にある全国で唯一の勾玉ミュージアムで、宍道湖の際に立っている。耳をそばだてると湖面のさざ波の音がわずかに聞こえる程度で、実に静かな環境だ。ちなみに宍道湖は真水と海水が混ざり合った汽水湖で魚介類が豊富、とりわけシジミは有名だ。全国で7番目の広さを持つ湖である。

伝承館の入口の両脇には大きな勾玉を前足で抱えた「うさぎ」の像が置かれており、思わず撫でてみたくなる。1階ロビーに足を踏み入れまず驚くのは中央にデンと置かれた石の塊だ。この「赤めのう」の原石は平成9年6月に伝承館所有地のめのう産地・花仙山（かせんざん）より採掘さ

兎が出迎える「いずもまがたまの里伝承館」

重さ約２トンもある「赤めのう」の原石

れたもので、重さは約2トンもある。で、原石からどのようにして勾玉を作るのか、その作り方の順序を分かりやすく説明した展示があり、さらにガラス越しにめのう細工の実演をつぶさに見られる工房があって、出雲型勾玉の製作を伝承している様子を公開している。挑戦好きの向きにはアクセサリー造りの体験コーナーもある。

ところで勾玉の形は何を表しているのか。不思議な形だが、その起源については諸説紛々未だに決定的な説は見つかっていない。たとえば胎児の形、魚の形、釣り針の形、月のシンボル説などいろいろだ。しかもその歴史はきわめて古い。勾玉は神話の世界にまでさかのぼり、「古事記」にはスサノオノミコトがヤマタノオロチを退治した後、玉造の勾玉を天照大神に献上し、これが皇位継承の印である「三種の神器」のひとつとなったことが記されているという。

伝承館の1階には様々なめのう製品の販売コーナーがあり観光客が大勢物色していたが、やはり勾玉が一番人気であった。あの謎めいた形と深い色合い、神秘的な輝きには霊力さえ感じるといっていい。それが人を魅了するのだろう。私も緑色に輝く勾玉を求め、今も大切にキーホルダーに付けている。

　さて、ここから約４km離れた「出雲玉作史跡公園」には隣接して資料館もあるので、出雲の勾玉の歴史をじっくり見学できる。所在地は島根県松江市玉湯町玉造。史跡公園は花仙山（かせんざん）という標高２００ｍの山の麓に位置するが、敷地は約２・８ヘクタールと広く、国の史跡に指定されている。花仙山の周辺で盛んに玉作りが開始されたのは弥生時代の末期だという。古墳時代になると碧玉製の勾玉や管玉が副葬品として用いられるようになったので、玉類の需要がさらに高まって生産に拍車がかかったらしい。花仙山の碧玉、めのうなどを材料とした出雲の勾玉は全国に流通し愛好されたと言われるが、北は北海道から南は九州まで各地の遺跡から花仙山産の碧玉などが出土されているのはその証拠であろう。

　史跡公園に沿った道を隔てて反対側にある「出雲玉作資料館」へと足を向け館内へ入ってみた。館内には史跡公園一帯から発見された原石や玉類、丸い自然石「真玉」などがあり、さらには工房の道具や出土品が多数展示されていて、出雲の玉作りの模様が一目で分

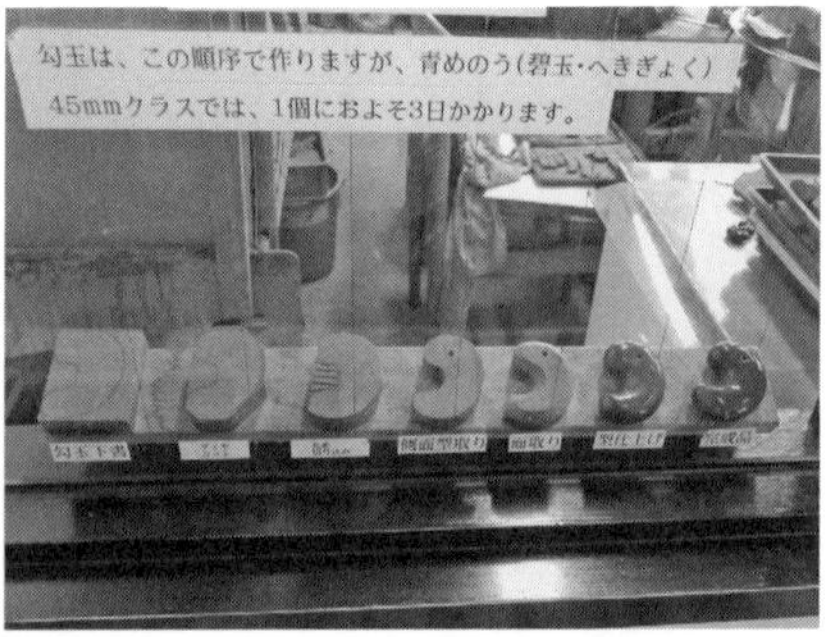

ガラス越しにめのう細工の実演が見られる

かる。めのうの原石は緑色凝灰岩で、古代の人は原石を分割するのに叩石（ハンマーストーン）や鉄製タガネを用いたらしい。研磨には砥石を使い、穿孔（穴あけ）には石製の錐、弥生時代の終わり頃には鉄製の錐が使用されたと館内の説明書には書かれていた。

櫛明玉命が祀られている玉作湯神社

それにしても原石から加工して勾玉の形にしていくのは大変な作業であり、忍耐はもちろん時間も相当かかる。伝承館ではガラス越しにめのう細工の実演を見たが、45㎜級の勾玉を作るのにもおよそ3日はかかるという。古代人も同様の作業を行っていたのかと思うと、彼らの執念と偉大な努力に敬意を払わざるを得ない。

竪穴式住居内の生活が分かるジオラマ

古代人に敬意を払い、最後に玉作りの神である櫛明玉命（くしあかるだまのみこと）が祀られている「玉作湯神社（たまつくりゆじんじゃ）」へ行ってみた。この神社は奈良時代の出雲国風土記（天平5年＝733年）に記されている古い神社で式内社でもある。出雲玉作資料館から1㎞も離れていない。祭神は櫛明玉命だけではなく、国造りと温泉療法の神でもある大名持命（大国主命）と温泉守護の神・少名彦命の三神を祀っている。

《島根》
「須我神社」「熊野大社」そして「八重垣神社」を参拝、素戔嗚尊の偉大な存在を再認識する

玉作湯神社のパワーを受けたあと、県道24号線の山間をクルマで20分ほど走り、約10㎞離れた「須我神社」を訪れた。所在地は島根県雲南市大東町須賀で、出雲の国神仏霊場第16番にあたる。簸の川上（現在の斐伊川）において八岐大蛇を退治した須佐之男命は稲田姫（奇稲田比売命）と結婚し、この須賀の地に至って新居を構えたという。

新居から美しい雲の立ち昇るさまを見て「八雲立つ　出雲八重垣　つまごみに　八重垣つくる　この八重垣を」と詠ったが、この歌を刻んだ石碑が須我神社入口の石段右側の脇に鎮座している。この歌は日本最古の和歌と言われ、この地が和歌発祥の地の由縁となっ

たが、歌の中の「出雲」は出雲の国名の起源になったという。

また、新居は古事記・日本書紀に記載されている「須賀宮」であり日本初の宮殿でもある。したがって須我神社は通称「日本初宮（にほんはつのみや）」と言われている。拝殿は太いしめ縄で飾られ貫禄と威厳が漂う。須我神社の祭神は言うまでもなく須佐之男命と稲田姫だが実はもう一人いる。二人の間にできた御子神がいて、三神が須我神社の主祭神だ。良縁成就、夫婦円満、子授・安産の御利益があるというから、出雲へ訪れた向きにはぜひ参拝を勧めたい。

須我神社にはさらなるパワースポットがある。「須我神社奥宮」である。須我神社からクルマで北に向かって約2㎞、八雲山めがけて走ると奥宮駐車場に出る。八雲山登山口と書かれた標識のあるところだ。そこから八雲山に向かって400mほど山道を登っていくと中腹に奥宮があるのだが、結構登りはきつい。登る前に、登山道入口手前に不老長寿「神泉坂根水」と書かれた立札があって、そこにある岩から清水がしたたり落ちているからその水で口を濡らす。

須佐之男命が祀られる須我神社

大中小３つの磐座がご祭神の須我神社奥宮

で、いよいよ階段状の山道を登るのだ。４００ｍ登り切ると「奥宮御祭神」の立て札があり、山の急斜面に大中二つの岩と、もうひとつ小さな岩が寄り添うように並んでいる。これが須我神社奥宮、通称「夫婦岩」である。

八雲山の中腹にそそり立つ大中小三つの磐座（いわくら）を目の当たりにすると、初めはなぜこんなところにこんな巨石が鎮座しているのかと不思議に思う。そのうち次第に鬱蒼とした雰囲気に呑み込まれ、心は神秘の世界へと誘い込まれる。思わず手を合わせ二礼二拍手一礼である。磐座の周辺には素戔嗚尊の霊力が漂っているのだ。この磐座が須我神社奥宮として古くから崇敬され多くの人に参拝されている理由が分かる。ご神体を背中にしながら静かに山道を下り、次なる目的地「熊野大社」に向かった。

熊野大社。出雲大社並みの注連縄だ

火継式斎行の大切な祭場となる讃火殿

須我神社から県道24号線を南下し途中から県道53号線に分かれて北上すること約14km、25分ほどで熊野大社に到着した。所在地は島根県八束郡八雲村熊野だ。大きな鳥居をくぐり朱塗りの八雲橋を渡って石段を何段か上ると、出雲国一之宮である熊野大社に着く。まるで出雲大社のように大きな注連縄を張った立派な拝殿の奥に大社造りの本殿が見える。千木は縦にスパッと切れているから男神が祀られている証拠だ。

大社の案内板によれば『神祖熊野大神櫛御気野命を主祭神として境内中央正面の本殿に祀っている。この御神名は素戔嗚尊の御尊称である。境内には右手に御后神の奇稲田姫を祀っている稲田神社、左手に御母神のイザナミノミコトを祀っている伊邪那美神社がある。ほかにも様々な社殿や建物があるが、特に讃火殿は当社独特の社殿である。発火の神器である燧臼と燧杵が奉安されている。毎年の讃火祭や出雲大社宮司（出雲国造）の襲職時の火継式斎行の大切な祭場となる社殿である』と説明されている。

さらに『ご祭神素戔嗚尊は「檜の臼・卯木の杵」で火を鑽り出す方法を考えられたので、

熊野大社を「日本火出初社（ひのもとひでぞめのやしろ）」とも讃える』と結んでいる。つまり、古代の人は火を熾す際に檜の臼・卯木の杵を道具として使用したので、これを神社は大切に保管しているわけで、神社の祭りや神事ではこの道具を使用するのだ。この熊野大社でも素戔嗚尊の偉大な存在を感じざるを得なかった。

さて、この日最後にお参りする神社は「八重垣神社」である。熊野大社から県道53号を北上し11㎞、約20分の距離だ。八岐大蛇を退治した須佐之男命と稲田姫の夫婦が祭神として祀られている。「縁結び」の神社として有名だ。なるほど、境内には若い女性の観光客が大変多く、華やいだ雰囲気が漂っていた。拝殿の横に一心同体となった二股の巨木が立っていて、その脇に「神秘・夫婦椿」の立て札があった。えっ、これが椿？　と思わず疑ってしまうような巨体だ。「愛の象徴」として神聖視されているのだという。

八重垣神社の祭神はスサノオと稲田姫だ

椿の左手には「宝物収蔵庫」があった。建屋の入口には「御本殿壁画拝観」と書かれていて規定の料金を払うと中に入れる。内部は広くないが素戔嗚尊や稲田姫など6人の神像

未来の良縁を占う奥の院・鏡の池。女性に人気だ

を描いた板絵が展示されていて、ちょっとした博物館だ。室町～桃山時代の作とされ、国の重要文化財となっている。

八重垣神社の最大のポイントは「鏡の池」であろう。「奥の院・鏡の池」と書かれた大きな立て札があり《縁結び占いの池》のサブタイトルが付記されている。注意書きには「胸ポケットなどから池への落とし物が多いので注意してください。拾えませんので」とある。これは物騒だ。早速、本殿裏の奥にある池に行ってみた。

縁占いのスポットでは大勢の女性が池の縁にしゃがみこんで、じっと池の表面を見つめていた。四角い紙（占い用紙）の真ん中に硬貨を乗せて、それを水面にそっと置くのだ。占い用紙は社務所にある。池に浮かんだ紙は硬貨の重みでやがては沈む。早く沈めば良縁が早く訪れ、遅く沈むと縁が遅いという。女性はみんな真剣な表情で見つめていた。

池の脇にある案内板にはこう書いてあった。『この池は、稲田姫命が八岐大蛇の難を避けるため森の大杉を中心に八重垣を作って避難中、日々の飲料水とし、また御姿を映され美容調整された池で、神秘的な池で鏡の池（姿見の池）と言います。こんこんと湧き出る清水は昔ながらの面影をしのばせ、稲田姫命の御霊魂が底深く浸透しているところから縁結び占いの池として信仰されています。占い用紙に百円か十円硬貨を乗せ、浮かべてお祈りします。用紙が早く沈む（15分以内）と良縁が早く、遅く沈む（30分以上）と縁が遅いといわれています。（後略）』。

母と娘が祈るような姿勢で水面を注視していたが、急に母親が「アッ！」と言って右手を差し出すような恰好をした。どうやらデジカメを池に落としたらしい。娘もあせった。二人は立ち上がってしばし呆然としていたが、諦めて無言のまま立ち去っていった。二人の旅の思い出がいっぱい詰まったデジカメは無惨にも池の底に沈んでしまったのだ。私はその一部始終を見ていただけに胸が痛んだ。

この日の宿泊は米子市のホテルに決めていたが、まだ早いので「和鋼博物館」に寄ってみた。八重垣神社から和鋼博物館までは約24km、所要時間は25分ほどであった。

和鋼博物館は島根県安来市安来町にあり、日本の伝統

和鋼博物館で伝統的製鉄法たたらが分かる

館内ロビーに展示されている大きな天秤鞴

的な製鉄法の「たたら」に関する総合博物館だ。博物館前の広場には岩のように大きな鉄の塊が展示されていた。館内ロビーに国の重要有形民俗文化財に指定されている足踏み式「天秤鞴（てんびんふいご）」など「たたらによる和鋼生産用具」が展示されているほか、映像などを通して伝統的製鉄法たたらの生産技術や流通などを紹介している。古代から朝鮮半島との交流が深かった出雲に製鉄の技術が伝わったことは容易に推察されるが、その証拠に製鉄は出雲の特殊性のひとつであり、砂鉄の採取、製鉄、精錬、冶金、加工といった工程が同一の場所で行われていたことも分かっている。もっと遡って素戔嗚尊が八岐大蛇を退治した神話の舞台、斐伊川の上流は砂鉄が採取された場所だとも言われている。八岐大蛇を退治して川が赤く染まったというのは鉄に関係があるのかもしれない。思うに神話は単なる伝説的な物語ではなく、事実に基づく何かが連綿として時代を繋いでいるのだろう。とにかく出雲はまさにワンダーランドであり、ロマンを感じさせてくれる魅力的なエリアだ。

《島根》全国えびす社の総本社「美保神社」、古代出雲文化発祥の地「八雲立つ風土記の丘」

翌日、ホテルを出発し国道431号線を北上、境港市経由で美保神社へ向かった。国道431号線は中海と美保湾に挟まれた米子平野の美保湾側を走る国道で、弓ヶ浜に沿っている爽快な道だ。平野の中央には、山陰本線から分かれたJR境線が走っており、「米子鬼太郎空港」もある。途中から沿道には水木しげるのアニメキャラクターである可愛い妖怪像が規則正しく並んでいた。そういえば『ゲゲゲの鬼太郎』で有名な漫画家水木しげるは境港市の出身である。

主祭神は事代主神と三穂津姫命の男女2神だ

島根半島の東側の突端にある美保神社に到着したのは9時過ぎであった。所在地は島根県松江市美保関町美保関。神社の目の前は入り江となった漁港でカモメが何羽も空を舞っていた。大きな鳥居と「美保神社」と刻まれた立派な石碑に迎えられ最初の随神門の石段を踏む。参道を直進すると右手に宝物殿が見えた。さらに進むと再び石段があり神門に出る。左側が社務所だ。そして正面に大きくて広い拝殿がデンと構えていた。注連縄も太くて立派であった。美保神社は全国各地にあるえびす社3385社の総本社だ。

美保神社は静かな漁港のすぐそばだ

主祭神は事代主神と三穂津姫命の男女2神で、本殿は、大社造りの建物を左右2棟連結させた「美保造」（比翼造）と称する独特のものだ。当然のことながら千木は垂直と水平にカットされている2本立てで、別表神社だ。出雲国神仏霊場第8番で、国の重要文化財に指定されている。

美保神社の本殿は大社造りの建物を左右2棟連結させた「美保造」と称するもの

事代主神はいうまでもなく大国主命の第一の御子神で、えびす様として親しまれている。また三穂津姫命は大国

八雲立つ風土記の丘の立派な石標

主命の御后（おきさき）神すなわち事代主神の母神で、高天原から稲穂を持ち降り耕作を導いてくれた農業および子孫繁栄の守り神だ。したがって美保神社の御利益は商売繁盛、五穀豊穣、そして海上安全となっている。

美保は島根半島の東端にあるので、東と北と南の三方を日本海に囲まれ極めて良港として恵まれている。つまり古くから海上交通の要衝であり、各地域との交流の拠点であったというから、海上安全の祈願はうなずける。古代から海人の信仰に支えられてきたことは疑いもない。それは毎年4月に行われる「青柴垣神事（あおふしがきしんじ）」など海を舞台とした神事が行われていることでも納得できる。青柴垣は国譲りに同意した事代主神が、海中に青柴垣を作ってお隠れになったという神話に基づいてこれを再現する神事だ。青柴垣とは青葉で作った柴垣であり神籠を意味する。

荘厳な雰囲気を漂わす美保神社と、静かで落ち着いた漁港がなぜか大変マッチしていて町全体の雰囲気がいい。極めて日本的な光景だ。そうだ、すっかり忘れていたが、この辺一帯は大山隠岐国立公園の一角であった。

神社を1時間ほど見学してから次の目的地に向かうべく、国道431号線を引き返し松江市方面を目指した。途中から右に宍道湖、左に中海を見る「松江だんだん道路」（橋）を渡り、山陰道を横切って「八雲立つ風土記の丘」に到着した。地名は島根県松江市大庭町、美保神社から35㎞の距離であった。

この辺は松江平野とも言われるが、中海にそそぐ意宇（おう）川の上流で狭いながらも「意宇平野」を形成しており古代出雲の中心地であった。周辺には出雲国庁跡、出雲国分寺跡、意宇の杜、山代二子塚、神魂（かもす）神社、茶臼山等々数多くの古刹史跡が集まっていて、付近は遺跡の一大宝庫と言われているほどだ。

これらの遺跡を整備し総合的に保存活用する目的で意宇平野を望む丘陵地に昭和47年9月にオープンしたのが「八雲立つ風土記の丘」である。八雲立つ風土記の丘の広い敷地の中には一風変わった建物の資料館があり、きれいに整備された野外には古墳時代の箱式石棺や、出雲国庁跡で発見された5世紀頃の竪穴式住居の復元家屋、さらには方墳古墳などが点在している。

5世紀頃の竪穴式住居が復元されている

資料館には周辺一帯から発掘された出土品や、考古資料が多数展示されているので是非訪れることを勧めたい。三角縁神獣鏡や環頭太刀、銅剣など古代出雲の貴重な出土品が展示されているので飽きない。

この「八雲立つ風土記の丘」から西側に1㎞と離れていないところに、現存する最古の大社造りと言われる「神魂神社」がある。周辺には水田が広がるのどかな環境だが、県道に沿った参道を登っていくと鬱蒼とした雰囲気に変わり、鳥居をくぐると古色蒼然で貫禄十分、格式の高さを感じる社が現れる。なにしろ祭神はイザナミとイザナギの大神だ。

神社の説明によると出雲国造（いずものくにのみやつこ）の祖・天穂日命（あめのほひのみこと）が降臨し、出雲の守護神として創建したと伝えられる神社なのだ。現在の本殿は室町時代初期の正平元（１３４６）年建立の大社造りで、床が高く木が太い。柱からは墨書も見つかっているという。とにかく現存する最古の大社造りで国宝に指定されている貴重な社だ。ちなみに、本殿の千木は水平にカットされていた。

さて、神魂神社から国道４３２号に出て２㎞も走らな

国宝に指定されている神魂神社

鬱蒼とした参道が続く神魂神社

いうちに「山代二子塚古墳（やましろふたごつかこふん）」に到着した。隣接して「ガイダンス山代の里」もある。所在地は島根県松江市山代町二子塚だ。山代二子塚古墳は島根県最大の古墳であり、日本においても最大級の「前方後方墳」である。前方後方墳という名称が日本で初めてつけられた古墳でもある。全長は94m、外堤を含めた総全長は約150mと大きい。墳丘は2段に造られ、周囲には溝もある。

山代二子塚古墳をはじめとする周辺の古墳は、6世紀中頃から7世紀前半に東部出雲を支配していた首長たちを埋葬している墓だが、山代二子塚古墳の築造は6世紀中頃と分かっている。この辺りは茶臼山の麓にあるが、茶臼山から意宇川周辺にかけての一帯は古代出雲文化の発祥の地であるから、古墳が集積していても不思議ではない。

6世紀中頃に築造の山代二子塚古墳

茶臼山は標高171mだから山というより丘陵だが「出雲国風土記」には神の籠る山（神名樋野（かんなびぬ））と記され古代から信仰されていたらしい。ちなみに「出雲国風土記」は天平5（733）年に出雲の国から中央政府に提出された地誌だ。

《鳥取》

弥生時代後期に栄えたわが国最大級の大集落「妻木晩田遺跡」、国立公園大山の麓に広がる美保湾と弓ヶ浜を一望できる絶景地だ

古代出雲文化発祥の地を午後1時過ぎに離れ、山陰道の矢田ICから鳥取県の淀江ICへ向かった。30㎞ほどのハイウェイ走行のあと一般道に降り山へ向かって約1㎞、県立むきばんだ史跡公園「妻木晩田遺跡（むきばんだいせき）」に到着した。史跡公園の所在地は鳥取県西伯郡大山町妻木である。

史跡公園入口のすぐそばに「遺構展示館」があったが、まずは公園全体を把握しようと駐車場に隣接している「弥生の館むきばんだ」に向かった。玄関入口の脇に史跡公園

史跡公園の「弥生の館むきばんだ」

竪穴住居の弥生人の様子を展示している

についての説明と大きな全体地図が設置されていたので読んでみた。その一部を紹介しよう。『遺跡は大山山系の北端部にあたる標高80から１８０ｍの丘陵上に広がる弥生時代後期（2世紀頃）に栄えたムラの跡です。17万㎡に及ぶ発掘調査により、竪穴住居跡など９００棟の建物跡や34基の墳墓などが発見されており、大規模な村の全貌を見ることができる数少ない遺跡です』……とある。

もう少し詳しく見ると、大山の麓に地元の人たちには馴染みの里山「晩田山」があって、その晩田山にこの遺跡はある。平成7年から行われてきた発掘調査で竪穴住居跡が４００棟以上、掘立柱建物跡が５００棟以上、合計９００棟以上の建物跡が発見されたが、そのきっかけはゴルフ場の開発に伴う工事であった。今から１９００～１７００年くらい前の弥生時代に、大きな集落がここに存在したことが分かり大いなる注目を集め、平成11年12月に国の史跡に指定された。

史跡の面積は１５６ヘクタールというから東京ドームが40個近く入る広大な面積だ。遺跡の名前である「妻木晩田」は、遺跡の中央部の字名（あざめい）である「西伯郡大山町大字妻木字晩田」や、従来からの通称名「妻木山」「晩田山」にちなんで名づけられたという。平成24（2012）年の春、鳥取県立「むきばんだ史跡公園」としてグランドオープンし、弥生の「フィールドミュージアム」（野外博物館）として生まれ変わった。

現在史跡公園の中は、2～3世紀前半のムラのリーダーの墳丘墓がある仙谷地区、高床倉庫など2世紀後半のムラの姿を復元した妻木山地区、四隅突出型墳丘墓もある洞ノ原地区など七つの地区からなり、豊かな自然の中で弥生時代の遺跡に触れることができる。さらに「弥生の館むきばんだ」では火おこしや勾玉作り、土笛づくりなどといった古代体験もできる。

とにかく広大な史跡公園のこと、全部の地区を歩いて回るのは時間的に不可能なので、事務所の受付に行って自転車を拝借することにした。実は「弥生の館むきばんだ」ではレンタサイクルをしていて、希望者は自転車を借りられる。早速拝借して、洞ノ原地区西側の突端に行ってみた。丘陵には復元された高床式の倉庫が2棟並んで立っていた。そして、その先には穏やかな美保湾と弓ヶ浜半島が雄大に広がり、米子の町並みが眼下に眺望でき

広大な史跡公園内に建つ高床式の建物

西側の突端から美保湾と弓ヶ浜半島が眼下に見渡せる。素晴らしい場所だ

た。まさに空から眺めるパノラマであった。

建屋の周辺にはちょうどススキが一面に広がっており、銀色の穂が絶景に花を添えていた。弥生時代の有力者もこの絶景を眺められる素晴らしい場所がお気に入りであったに違いない。しかし、弥生時代後期に最も栄えた妻木晩田も3世紀になると次第に衰退していき、次の古墳時代になると建物がほとんどなくなり古墳が作られるようになった。この洞ノ原地区にも30基余りの古墳があり「晩田山古墳群」と呼ばれている。

「弥生の館むきばんだ」には弥生人の生活に関する様々な展示コーナーがあり、来館者を楽しませてくれる。面白かったのは「弥生人は5人家族?」の展示で、その理由は竪穴住居に残された個人用の食器の数が5人分だったこと、床面スペースから計算すると家の大きさは平均約12畳で、これは5人家族が妥当……というわけだ。また「くらしを支えた鉄の道具」では、弥生人が竪穴式住居の中でもの造りをしているジオラマが展示してあって、その脇に「鉄器を作る素材は大陸あるいは半島から、または北部九州を経由して山陰に運ばれた……」という解説パネルがあり、縄文人がヤリガンナ（古代の鉋）とチョウナ（手斧）を使って作業をしている図があった。

史跡公園入口そばにある「遺構展示館」では2世紀後半〜3世紀に造られた3棟の竪穴住居跡が、発掘当時のままの状態で保存され公開されていた。遺跡からは紀元前1世紀から紀元3世紀前半までの数多くの遺物が発見されたほか、甕や壺、鉢、稲の穂を刈る石包丁、木を伐採するための石斧、磨石（すりいし）、漁に使う鏃（やじり）など石の道具も数多く見つかっている。また碧玉製の管玉（くだたま）、土器、鉄器類も出土している。

妻木晩田の弥生時代の最盛期には、広大な敷地と多くの建物跡からも分かるように、ひとつの大きなクニが存在していたという証拠がたくさんある。南に大山（１７２９ｍ）を控え、北に美保湾（日本海）の絶景を抱えたこの素晴らしい丘陵地をどのようにして弥生人は探し当てたのか、正直不思議に思うし、その情報収集力に今さらながら驚く。

弥生時代の最盛期には妻木晩田に「くに」があった？

《兵庫》
但馬国一之宮「出石神社」の祭神は新羅国の王子「天日槍命」、国土開発の祖神として崇敬を受けている神だ

妻木晩田を後にしたわれわれは国道9号線経由で鳥取市内に入り、予約していた鳥取駅近くのホテルに到着した。時刻は午後6時半を過ぎていた。

翌朝8時前にホテルを出発し、まずは国立公園「鳥取砂丘」（鳥取市福部町湯山）へ向かった。鳥取まで来て砂丘を見ないで帰るわけにはいかない。わが国最大級の海岸砂丘であり、砂と風が創造する独特の地形や起伏に富んだ雄大な景観は日本離れしている。砂の丘に登り日本海を眺めてから国道9号線に戻り、暫く走ってから国道178号へ分かれた。

国道178号線は海岸沿いの国道で、いわゆる「山陰海岸ジオパーク」をなぞって行ける絶景の国道だ。鳥取市から京丹後市まで全体が山陰海岸国立公園になってい

但馬国一之宮・出石神社の祭神は天日槍命だ

て、日本列島がアジア大陸の一部であった時代の岩石から、今日に至るまでの経過が確認できる貴重な海岸である。道中車窓から見える海岸の景観は約２５００万年前にさかのぼる地層や岩石で、地殻変動によって形成された多様な海岸の色形は見ていても飽きない。貴重な地形や地質遺産を確認できる自然の公園である。山陰海岸ジオパークは必見の価値ありだ。

さて、海岸沿いの道から内陸に入り城崎温泉から豊岡市内を経由して「出石神社（いずしじんじゃ）」へ向かった。所在地は兵庫県豊岡市出石町宮内で、国道４２６号線から行ける。出石神社は神社本庁の別表神社で但馬国一之宮である。祭神は天日槍命（あめのひぼこのみこと）と出石八前大神で、創建は奈良時代と伝えられる。古事記や日本書紀によれば、祭神の天日槍命は新羅の王子であったが、八種の神宝を持って渡来し、但馬国に定住したという。この八種の神宝も出石八前大神として祀っているのだ。

両脇に灯篭がずらりと並ぶ長い境内を進むと「一宮」と書かれた大きな鳥居があり、その先に朱色の柱が目立つ大門がある。「天日槍」と刻まれた岩が参道わきに設置され、門の脇には朽ちた太い柱が置かれていた。柱の横に『平安朝（一千年前）の昔を偲ぶ鳥居の遺物』と書かれていたが、これは本物だ。出石神社がいかに古社であるかの証拠になる。そして拝殿に出た。案内板の「由緒」には次のように書かれていた。

天日槍命が祀られている拝殿

『但馬は古代日本において他に類を見ない特徴的な祭祀伝承を有している。その中心が出石神社だ。ご祭神は新羅の国の王子天日槍命と伊豆志八前大神（八種の神宝）である。天日槍命は日本に渡来後、泥水が充満する当時の但馬の有様を見て、円山川河口の岩石を切り開くことによって泥水を日本海へと流し、現在の肥沃な平野となった伝説がある。

また、鉄の文化を大陸から伝え、国土開発の祖神として関係業界から崇敬を受けている。神社の西方７００ｍに鳥居という地名がある。昭和８年河川の改修で土中から鳥居の両柱の木口とその下から開元通宝などの古銭が多く出土した。天日槍命の子孫として仲哀天皇の妃・神功皇后がいる。〈但馬国一宮　出石神社〉』

大変分かりやすい案内書きだ。文中の〝河川の改修で

門の脇にある「朽ちた柱」と説明書き

土中から……〃というのが前述した門の柱の横にあった朽ちた柱のことである。

拝殿も立派であったがその奥の本殿は実に貫禄があり、鋭い角度で起立している千木は縦にスパッと切られていた。祭神・天日槍命は永住を決意して渡来し、近江を経て若狭、越前など諸国を遍歴して但馬国出石に落ち着いたと言われている。天日槍命の足跡には大いなる興味があるので、いずれの日にかその史跡を訪れてみたいと思っている。

《京都》
「籠神社」が「元伊勢」と言われる理由を知り、名勝「天橋立」で股覗きを楽しむ！

出石神社をあとにしていよいよ丹後の山越えである。日本三景のひとつとして名高い「天橋立」に出て「元伊勢」と言われている「籠神社(このじんじゃ)」をお参りするのだ。「籠神社」は京都府宮津市大垣にあり国道１７８号線沿いにある。１７８号線は舟屋の里伊根で有名な丹後半島をぐるりとめぐる国道だが、籠神社の目の前には対岸まで僅かに湾曲して伸びている名勝「天橋立」があり、一帯は「丹後天橋立大江山国定公園」で風光明媚なところだ。国道沿いに「元伊勢大神宮籠之宮」と刻まれた大きな石塔と大鳥居がある

丹後半島にある籠神社は「元伊勢」だ

ので迷うことなく着く。駐車場にクルマを停め整然とした石畳の参道を進むと拝殿があった。

籠神社の由緒が書かれた案内を要約すると『神代の昔より奥宮真名井原に豊受大神を祀ってきたが、縁故により天照大神も遷ってきたので4年間両大神を祀ってきた。その後、両大神とも伊勢に遷ったので、当社は「元伊勢」と言われている。両大神が遷ったあと天孫彦火明命を主祭神とし、社名をそれまでの「吉佐宮」から「籠宮」と改め、丹後国一之宮として崇敬を集めている』ということだ。

さらにこういう文言もあった。『名勝天橋立は、昔は当社の参道として発祥し、また神域であった。社殿は伊勢神宮と同じ唯一神明造りであって、特に本殿高欄上の五色の座玉は神宮と当社のみの高い格式を表し

本殿高欄上の五色の座玉は高い格式を示すもの。伊勢神宮と籠神社だけだ

ている』。

つまり「元伊勢」と称する社はほかにもいくつかあるが、五色の座玉が高欄上に据えられているのは伊勢神宮と籠神社だけで、他とは格が違うのだという。拝殿で参拝をすましたあと本殿の高欄を見たら確かにあった。青、黄、赤、白、黒の五色の座玉が等間隔で据えられていて実に美しく高貴な輝きを放っていた。

もうひとつ、籠神社の奥宮である「真名井神社」を見ておかないと不十分だ。古代には「吉佐宮」と呼ばれて豊受および天照の両大神を祀っていた神社で、真名井原に鎮座する。本宮からは北東へ400mほど山道を歩かなければならない。所在地は京都府宮津市江尻と変わる。途中に天橋立ユースホステルの建物があり、その脇をさらに登っていくと「奥宮真名井神社」が現れた。境内には霊水である「天の真名井の水」が岩の間から湧き出ていた。真名井神社はかなり古色蒼然としてちょっと見は質素で小柄だが、本殿は神明造りで格調の高さを漂わせている。主祭神は豊受大神だが、他にも天照大神、イザナギおよびイザナミの神も祀

籠宮は丹後国一之宮。主祭神は彦火明命

られているのだ。

天橋立に来たのは初めてだったので展望台に上ってみた。展望台は籠神社からほど近い府中という駅からケーブルカーに乗ればわけなく行ける。ケーブルカーと並行してロープウェイ（リフト）もあるがこちらは遠慮した。展望台は「傘松公園」となっているが、公園は山の上にあり天橋立が眼下に丸見えである。

傘松公園から日本三景の１つ天橋立が丸見え

さすがに日本三景のひとつだけあって公園の頂上は外国人観光客も混じって大いに賑わっていた。

天橋立は湾の中にできた松林の道といった感じで対岸までつながっている。例の「股覗き」をする場所がちゃんと設けてあって観光客は交代で場所を占拠していた。恥ずかしながら私も覗いてみた。天地が逆になり、天橋立は文字通り天にかかる橋、はたまた天に昇る龍のよう

奥宮真名井神社の本殿は格式高い神明造り

に見えた。

元伊勢に別れを告げ、天橋立から約2km、5分の距離にある与謝天橋立ICに向かい、ここから京都縦貫自動車道を利用して大山崎JCTを経由、名神高速道路の大津ICを降りて、予約してあった琵琶湖南端に近い大津市内のホテルにチェックインした。一日の総走行距離は319kmであった。

《滋賀》
琵琶湖西岸の名刹めぐりは日吉・日枝・山王神社の総本社「日吉大社」から。立派だった天智天皇の第一子・大友皇子を祀る「弘文天皇陵」

さて翌日、天候に恵まれた朝は気分がいい。雄大に広がった琵琶湖が遠方まで見渡せた。今日は琵琶湖の西岸に連なる主な名刹古刹めぐりをしてから、近江八幡市安土町にある滋賀県立安土城考古博物館を見学し、彦根ICから名神・東名高速経由で帰宅する予定だ。まずは琵琶湖に沿って走る国道161号線（西近江路）を北上し「日吉大社」へ向かった。

日吉大社は比叡山の東側の麓にある神社で、神社本庁の別表神社だ。全国に2000社ある日吉・日枝・山王神社の総本社で、「西本宮」と「東本宮」を中心に40万㎡の境内を有する。所在地は滋賀県大津市坂本で、社名の「日吉」はかつて「ひえ」と呼んだが、戦後は「ひよし」を正式な読み方としているという。

「西本宮」の主祭神は大己貴神（大国主命）、「東本宮」の主祭神は大山咋神（おおやまくいのかみ）で、いずれの本殿も昭和36（1961）年に国宝に指定されている。大山咋神は大きな山の所有者の神を意味するというから、比叡山と関係があるのかもしれない。高い樹木に囲まれた中で朱色が目立つ大きな鳥居をくぐり整然とした広い境内を進むと、重要文化財建造物が随所に立ち並ぶ参道に出た。

西本宮の主祭神は大己貴神。本殿は国宝に指定されている

西本宮の拝殿は方三間、入母屋造りで檜皮葺（ひわだぶき）妻入りの建物だ。回り縁は高欄が付き、天井は中央部が一段と高くなっている。国宝の本殿も縁に高欄がめぐっている。社殿はいずれも質の高さが感じられる造りだ。ちなみに日吉大社の御利益は厄除けと縁結びそして商売繁盛だ。

次は国道161号線を8㎞ほど南下したところにある「弘文天皇陵」だ。所在地は大津市御陵町で、京阪電鉄石山坂本線の別所駅からほど近い。県道4号線沿いにある大津市役所のちょうど裏側にあり陵の駐車場は特にない。失礼して市役所の駐車場を拝借し、西側の細い階段を上がると玉砂利の入口に出る。天智天皇の第一子である大友皇子（おおとものみこ）を祀る弘文天皇陵だ。

　大友皇子は、天智天皇の弟である大海人皇子（おおあまのみこ）と皇位をめぐる戦い（壬申の乱＝６７２年）で敗れ、僅か25歳の若さで亡くなった悲劇の主として知られるが、陵墓は立派で総面積は約1万㎡もあるという。場所は目立たないところにあるが四面は石垣で囲まれ全体に樹木が茂り、他の天皇陵にそれほど引けを取らない。

25歳で逝去した大友皇子の弘文天皇陵

《滋賀》国宝「新羅善神堂」と「三井の晩鐘」で名高い「三井寺」を訪ね、三人の天皇の産湯に使われた湧水「閼伽井屋」を覗く

弘文天皇陵からさらに鬱蒼とした参道を10分ほど歩くと「新羅善神堂（しんらぜんじんどう）」に出る。周辺はやや木々が雑然として荒れた状態であったが、新羅善神堂はれっきとした国宝である。塀に囲まれているので近付けないが掲げてある案内板には『堂は三間四方の流れ造り。屋根は檜皮葺きの美しい建物で、国宝に指定されている。暦応３（１３３９）年足利尊氏が再建した。新羅明神は園城寺開祖である智証大師（円珍）の守護神で、本尊新羅明神坐像も国宝。源頼義の子義光がここで元服し、新羅三郎義光と名乗ったのは有名である』と書かれてあった。

円珍（８１４~８９１年）は智証大師と尊称される天台宗の高僧で、園城寺を再興した人だ。円珍が留学先の唐から日本へ帰国する際、船中に現れた神が新羅明神で、

国宝「新羅善神堂」。足利尊氏が再建した

国宝に指定されている三井寺の金堂

重要文化財の鐘楼「三井の晩鐘」

これを祀っている。新羅明神を祀る「堂」と名がついているが、建築様式的には紛れもなく神社本殿である。三井寺（園城寺）の中心伽藍から北へ500mと離れていない場所にあり、園城寺との関係も考えられる。

　園城寺の所在地は滋賀県大津市園城寺町で、天台寺門宗の総本山である。一般には「三井寺」として知られる。さすが有名な古刹だけあって観光客が大勢見学していた。広い駐車場の脇に設置されている園城寺の文字が刻まれた大きな石を横目で見ながら、立派な大門（仁王門）をくぐって石段を上ると正面に金堂が構えていた。実に大きくて見上げるようだ。言うまでもなく国宝（昭和28年に指定された）である。

　金堂は一重入母屋造りの檜皮葺で、均整のとれた美しい建物だ。この金堂以外にも9件の物件が国宝に指定されているほか、広大な境内の中には重要文化財の堂、塔、伽藍が数多く立ち並んでいる。現在の金堂は慶長4（1599）年に豊臣秀吉の夫人北政所によって建てられが、元々は7世紀後半に大友与多王の氏寺として建立され、9世紀に唐から帰国した円珍（天台寺門宗宗祖）によって再興（862年）された。

大友与多王は、壬申の乱（672年）で亡くなった大友皇子（天智天皇の子）の子で、園城寺は父の菩提のために建立したというから開基は大友与多王ということになる。園城寺は延暦寺と並んで大きな勢力を持ち、我が国の仏教文化史上重要な役割を果たしてきたといえる。

園城寺は近江八景のひとつである「三井の晩鐘」でも名高い。金堂の左に立っている鐘楼は重要文化財で、鐘は県の文化財に指定されている。鐘は慶長7（1602）年に鋳造されたもので重量は2250kgもあり、日本三銘鐘のひとつに数えられ「日本の音風景百選」にも認定されている。

もうひとつ金堂の西側に接して立つ小堂「閼伽井屋」も三井寺の名物だ。閼伽井とは仏前に供養する水を汲む

三天皇の産湯に使われた湧水「閼伽井屋」

井戸のことで、閼伽井屋とはその覆屋として建てられた小屋だ。金堂に引き続き慶長5（1600）年に再建された。内部には天智・天武・持統の三天皇の産湯として使われた湧水が石組みの間から湧き出ている。この霊泉を使用したことから「御井」の寺と言われていたものが転じて「三井寺」となったという。閼伽井屋も明治39（1906）年に国の重要文化財に指定されている。

《滋賀》
百済の渡来人「鬼室集斯」を祀っている「鬼室神社」を訪ね、「滋賀県立安土城考古博物館」で信長の深慮遠謀を知る

三井寺に別れを告げ大津市内を通過して国道1号線（東海道）に出た。琵琶湖の南端から流れ出る瀬田川の橋を渡り、名神高速の栗東ICまで草津市内を走った。栗東ICから名神高速に入り八日市ICで降りてから国道421号線を経由、県道189号、県道508号、県道525号とつないで目指す「鬼室神社」へ到着した。三井寺からの距離は58㎞であった。

鬼室神社は県道525号線沿いにあり、ハングル文字も併記された案内標識もあるので

迷うことはない。「鬼室神社」と書かれた石碑も立っている。所在地は滋賀県蒲生郡日野町小野で周辺は広い田園地帯だ。鬼室神社は奈良時代に百済から渡来してきた鬼室集斯（きしつしゅうし）を祀っている神社でその墓もある。鬼室集斯は百済国復興運動の指導者である鬼室福信将軍の子で優れた文化人であった。奈良時代の白村江（はくすきのえ）の敗戦後に渡来し、大和朝廷に仕え、天智天皇の信任を得て日本の官吏養成に務めた人物だ。

渡来人鬼室集斯を祀っている鬼室神社

　神社の敷地の中に国際交流広場と称する空間が設けられていて「集斯亭（しゅうしてい）」と名付けられた休憩所がある。休憩所の建物は韓国の古代建築様式を模したもので交流のシンボルだ。集斯亭を過ぎると石造りの鳥居があり、くぐると真正面に質素な本殿と石灯籠がある。鬼室集斯の墓はその本殿の裏側にあって、高さ1mの石造りの祠の中

境内の中にある国際交流広場「集斯亭」

石造りの祠の中に鬼室集斯の墓石がある

に八角形の墓石があるという。その一面に「鬼室集斯之墓」と彫られているそうだが、見ることができないので残念だ。

本殿脇にある「日野町国際親善協会」が記す案内板によると『近江朝廷が大津に都を定めたころ、現在の韓国、ときの百済国からわが国へ渡来した多数の渡来人の中の優れた文化人であった鬼室集斯という高官の墓碑がこの神社の本殿裏の石祠に祀られているところからこの社名がつけられた……』と書かれている。さらに『……（中略）また今日では鬼室集斯の父福信将軍が大韓民国忠清南道扶余（ぷよ）郡恩山面の恩山別神堂（うんざんべっしんどう）にお祀りされていることから姉妹都市としての交流が盛んに行われている』と結んでいる。まさに歴史的な文化交流である。長く続けてほしいと願った。

鬼室神社から再び往路を戻り国道421号線を経由して、この日最後の目的地である「滋賀県立安土城考古博物館」を目指した。考古博物館の所在地は滋賀県近江八幡市安土町下豊浦で、西側には琵琶湖が控えている田園地帯だ。鬼室神社からの距離は34㎞、約1

館内には馬具と装飾品も展示されている。大陸や半島からの輸入文化だ

時間かかり、到着したのは閉館ぎりぎりの16時30分であった。

平成4（1992）年に開館したという考古博物館は大変エキゾチックな外観をしており、極めて目立つ存在だ。早速入館してみたが中も非常に立派で広い。県内の各古墳から出土した勾玉や管玉、ガラス小玉などの展示品を見ながら進むと、4世紀から6世紀にわたる王の衣装姿が立ち並び、思わず立ち止まる。さらに大陸文化の摂取と題して馬具と装飾品が分かりやすく展示解説されているところに出た。説明文によると『5世紀前半、北九州にいち早く伝わり、やや遅れて近畿地方にももたらされた。北九州の馬具は比較的簡素なものであったが、近畿地方のそれは本格的かつ装飾的で華麗なものが多い。ほとんどは輸入品である』という。これらの展示説明と、地図入りで詳しく紹介されている近畿の遺跡群を眺めていると、古代における近畿地方の活発な文化交流の模様がよく理解できる。

県立安土城考古博物館のもうひとつの目玉はやはり城主・織田信長の安土城についての展示だ。精密な城の模型（ジオラマ）が展示されていて、当時のイメージが明確になる。

説明によると『天正4（1576）年、信長は安土山に築城を開始。三方を内湖に囲まれた半島で、琵琶湖を介して伊勢方面、甲賀方面に抜ける街道の起点となる要所。安土城は信長の軍事的な拠点であると同時に琵琶湖水運掌握の拠点でもあった』とある。信長が深慮遠謀の結果この地を選択した理由がよく分かる。当時の状況を詳しく知りたい向きはぜひこの博物館を訪れることを勧めたい。

帰路は国道8号線経由で彦根ICから名神高速に乗り、新東名～東名～圏央道経由で帰宅した。なお、今回の「古代出雲&近江の旅」全行程の総走行距離は2152㎞であった。

考古博物館には精密な安土城の模型が展示されている

《福岡》
往路１２００km余を走り無事福岡県太宰府に到着、「九州国立博物館」で九州とアジアの交流の歴史を学ぶ

平成27年5月下旬、懸案であった九州史跡の旅をいよいよ敢行することになった。九州には是非とも訪れたい遺跡や名勝さらには神話の史跡があまりにも多く、思い切って絞り込まないととても回りきれない。で、太宰府を皮切りに岩戸山古墳、吉野ヶ里遺跡公園、高千穂峡、宇佐神宮、そして帰路には岡山県の吉備津神社を訪ねようという基本ルートを設定した。

九州に渡る前に寄りたいところがあった。山陽自動車道最後のパーキングエリア壇之浦ＰＡである。源平合戦最後の舞台となり平家滅亡に至ったあの壇之浦だ。関門橋のすぐ下に駐車場があり、早朝のすがすがしい空気のなかで眼下の関門海峡の景観が楽しめた。さあ、

地上５階・地下２階の巨大な九州国立博物館

海峡を渡ればいよいよ九州入りだ。自宅からクルマで九州入りするのは初めてなので少々胸が高鳴った。

九州自動車道の太宰府ICで降り国道3号線を「大宰府跡」目指して走る。大宰府政庁前交差点で県道76号を右折すると「九州国立博物館」(所在地・福岡県太宰府市石坂)までは10数分で到着する。博物館への到着時刻は午前9時半であった。

広い駐車場から登り坂を回りこんで歩いていくとガラス張りの巨大な博物館が現れた。快晴の青い空がガラス張りの側面に映り込んで建物全体が紺碧に迫る。太宰府天満宮の裏の高台に立つ地上5階・地下2階の建物で、延べ床面積は3万㎡を超え、わが国の国立博物館系では屈指の広さだ。

「九州国立博物館」は平成17年10月に開館したが、館内には国宝・重要文化財が多数展示されている。「日本文化の形成をアジア史的観点から捉える博物館」を基本理念に、旧石器時代から近世末期(開国)までの日本文化の形成について展示している。

入館するとまず天井の高さに驚かされ、各階テーマごとの分かりやすい展示に感心する。くまなく展示を見て回ると、確かに、九州が日本におけるアジア文化との交流の重要な窓口であった歴史的背景が理解できる。地理的にも九州はアジア各地と交流する拠点として大きな役割があったのだ。そして、1階に設けられたミュージアムショップは見るだけでも楽しい空間であった。

《福岡》
修学旅行生とアジア系観光客で賑わっていた「太宰府天満宮」、学問の神様「道真公」の偉大な存在を再認識する

九州国立博物館は太宰府天満宮所有の丘陵地５万坪の敷地に建設されたもので、天満宮とは博物館の動く歩道「虹のトンネル」と直結している。これを利用して下へ下りれば直接天満宮へ楽に行けるのだ。下りると目の前に菖蒲池があり、ちょうど咲き始めの花菖蒲を見ることができた。参道目指して左へ歩くと天満宮案内所のすぐ前に「東風吹かば」の歌碑が立っている。高さ３ｍほどの石碑で、菅原道真公（８４５~９０３年）が「東風吹かばにほいおこせよ梅の花　あるじなしとて春な忘れそ」と詠んだあの歌が刻まれている。

御神牛の頭をなでると賢くなる…

朱色も鮮やかな太鼓橋を渡る

歌碑のそばには「御神牛」のうずくまった彫像が置かれており、西鉄太宰府駅から門前町の参道（商店街）を歩いてきた観光客は、まずこの歌碑と御神牛に出会いカメラのシャッターを押しまくる。

「御神牛」は、道真公の亡骸を載せた牛車が止まった場所がちょうど現在の本殿であること、道真公が丑年であったことなど天神様と関わりの深い牛を「神牛」として称えたものだ。牛の頭をこすると賢くなると言われているせいか、頭の部分がつるつるに光っていた。

「太鼓橋」を渡り楼門をくぐるといよいよ本殿に行き着く。参拝を済ませて脇を見ると、学問の神様に合格を祈願する絵馬がぎっしりとぶら下がっていた。修学旅行と思われる学生服の団体と外国人観光客が目立つ境内であった。

本殿の右にはあの有名な「飛梅」の木があり、これも観光客の人気が高かった。天神様（菅原道真公）が京の都をたつとき庭前の梅に別れを惜しんで「東風吹かば……」と詠んだわけだが、その梅が天神様のあとを慕って京の都から一夜のうちに飛来したという伝説の梅の木だ。

京の都から大宰府へ左遷（昌泰4年＝901年）された道真公は延喜3（903）年59歳で亡くなったが、道真公の墓所でもある現在の本殿は天正19（1591）年に建立されたもので、国の重要文化財となっている。

平安時代の貴族であり学者でもあった菅原道真公は幼少時代から文才に長け、政治家としては異例に早い昇進ぶりで、朝廷の最高機関のひとつである右大臣にまで上りつめたが、そのため敵も多かったらしい。左大臣藤原時平に讒訴（ざんそ）すなわち虚偽の告発を受け京を追われる身となってしまった。出る杭は打たれる。道真公の死後、天変地異が多発したことから「これは道真公の祟りだ……」として道真公の御霊を神格化して神として崇め、天満天神として信仰の対象とした。これが現在の天満宮になる。

さすがに立派な天満宮の本殿

菅原道真の東風吹かば…で有名な「飛梅」

《福岡》

九州最大級の前方後円墳「岩戸山古墳」と、出土した石製品を展示している「岩戸山歴史資料館」

福岡県八女市北部に位置する八女丘陵は東西約十数キロにわたる丘陵だが、この丘陵には5世紀から6世紀にかけての古墳が群集しており、これを「八女古墳群」と呼んでいる。古墳の数はざっと300基にも及ぶが、その中の主役とも言うべきものが6世紀前半（古墳時代後期）に造られたと言われる国指定史跡の「岩戸山古墳」（福岡県八女市吉田）だ。太宰府天満宮の次の目的地にはこの岩戸山古墳を選んでみた。鳥栖JCT経由で九州自動車道の広川ICを降り、ここから国道3号線経由で一般道を3・3㎞ほど南下すると岩戸山古墳にたどり着く。

岩戸山古墳は東西を主軸として後円部が東に向けられ、墳丘の長さは135m、後円部の直径は約60m、その高さは約18m、西側の前方部の幅は約92m、その高さは約17m、古墳の周囲には幅20mの周濠・周堤がめぐらされており、これを含めると墳丘長は180m近くになる大前方後円墳だ。

墳丘は2段築造で、古墳の北東の隅には周堤に続く一辺約43mの方形の区画がある。こ

岩戸山歴史資料館は石製品がずらり

れが「別区（べっく）」と呼ばれるもので、岩戸山古墳の特徴となっている。岩戸山を含めた八女古墳群からは多数の出土品があり、主なものでも埴輪、須恵器、金環、耳飾、鉄製の馬具、太刀など貴重なものがたくさんある。とりわけ岩戸山古墳とその周辺からは石人（せきじん）（重要文化財）、石馬（せきば）など特有の石製品が多数出ている。この独特の石製品が「岩戸山歴史資料館」に展示されているのだ。

岩戸山歴史資料館に足を踏み入れると八女古墳群から出土した貴重な品が所狭しと展示されている。鎧兜で身を固めたかなり大きな武装石人（鶴見山古墳の出土）や石人頭部（岩戸山古墳の出土）がずらりと展示されているので、異様な感じだ。これらの石製品は阿蘇の凝灰岩で造られたもので学術的にも高く評価されている。その大部分は国の重要文化財あるいは福岡県の有形文化財として指定されている。

また、立山山（たちやまやま）古墳群から出土したという「金製（きんせい）

岩戸山古墳から出土した石人

垂飾付耳飾（たれかざりつきみみかざり）」は5～6世紀に朝鮮半島からもたらされたもので、見事に復元された金色のレプリカには思わず見とれてしまうほどであった。

資料館を出て正方形の台地「別区」に行ってみると、そこには動物の石製品や石人が何体か並び、これまた別世界の雰囲気をかもしていた。古墳の説明案内板によると『岩戸山古墳は日本書紀・継体天皇21（527）年の記事に現れた筑紫君磐井（つくしのきみいわい）の墳墓であり、全国的に見ても古墳の造営者と年代の分かる貴重な古墳……』とある。

筑紫君磐井は527年に大和朝廷に対し謀反（磐井の乱）を起こした人物だが、6世紀初頭に北部九州を支配していた豪族であることはつとに知られている。岩戸山古墳は被葬者と造営者が分かっている貴重な墳墓だ。

拡大鏡で見た金製垂飾付耳飾のレプリカ

資料館では学芸員の方に丁寧な説明を受けたので、より岩戸山古墳の出土品に興味が湧いた。話によれば、『もうすぐ新館が完成するので、これらの展示品はそちらに移し、より見やすい資料館になります……』という。そういえば資料館に来る途中、ほぼ完成していると思われる近代的な新しい建物を見たが、あれがそうなのか。楽しみだ。

［追記＝この稿を書き終えてから数か月後、「昭和59年に開館した岩戸山歴史資料館は平成27年8月31日をもって閉館し、新たに岩戸山歴史文化交流館として出発しました」旨の情報に接した。検索した写真を見る限り、ガラス張りの明るい超モダンな近代的博物館に変わっていた。われわれが訪れたときの薄暗く手狭な印象は完全に払拭され、ゆとりのスペースに石製品が展示されているに違いない］

《佐賀》
弥生時代の国内最大級遺跡「吉野ヶ里遺跡」、ずらりと並んだ「甕棺墓列」の迫力に圧倒される

鳥栖市内のホテルを出発し、国道34号線を約15㎞走ると国道385号線との交差点に出る。「吉野ヶ里歴史公園」の標識があるので矢印に従って右折すると公園までは間もない。広大な東口駐車場にクルマを停め、最初は「歴史公園センター」へと向かう。ここは遺跡めぐりの予備知識が得られるところなので必見だ。ガイダンスルームのほか「蘇る弥生の都市」という短い映画が見られるミニシアター、レストラン、売店などがある。

センターから「天の浮橋」を渡りいよいよ園内へ入ると「環濠入口園内バス乗降所」と

書かれたバス停があった。高齢者や体の不自由な人のために園内移動用に運行しているバスだ。これで北の端にある「古代植物館」まで行って、そこから北墳丘墓〜甕棺墓列〜北内郭〜南内郭と歩いて戻れば効率よく見て回れる。早速マイクロバスに乗り込んだ。

古代植物館の北側の奥は「古代植物の森」で、平成25年3月に開園したばかり。で、本格的整備はこれからだ。弥生時代の森に近い植生を再現し、樫や椎などの照葉樹林を中心にコナラやクリなどの落葉樹を育てているという。ここから緩い登り坂を回りこむと一気に目の前が開け緑の台地が出現した。案内の立て看板を見ると「甕棺墓列」と書かれている。ほかでもない広大な墓地の遺跡だ。

甕棺墓列の遺跡が復元されている

吉野ヶ里遺跡から発掘された約3000基の甕棺墓のうち約1000基が古代の森ゾーンから発掘されているが、古代の森では全長300m、約500基の墓列を復元してわれわれに披露している。丹念に見て回ったが、復元は見事な出来栄えで、甕棺の様々な状況が把握できた。それにしても人を納棺するこの大きな甕棺を造るだけでも大変な作業だろう。説明によると、埋葬方法は、まず地面に深さ2mほどの穴を掘り、先に据えた甕に遺体を納め、もうひとつの甕で蓋をする。つまり2分割した甕を合わせて、合わせ目を粘土で目張りして埋め戻すという方法だ。

「甕棺」つまり甕形の素焼きの土器を使った棺のことだが、これは紀元前3世紀、弥生時代前期の終わり頃から出現し、後期前半（紀元1世紀）には衰退したことが分かっている。九州北部の地域に多く見られる棺だ。葬られたのは一般の人たちで、大型の甕には成人が、小型の甕には子供が埋葬されていた。発掘当時に出土したものは副葬品として銅剣、銅鏡、鉄器、貝輪、絹布などがあったが、貝の腕輪をした女性の人骨あるいは頭骨のない男性の人骨もあったという。頭骨がないのは戦いの犠牲となった戦士のものと思われる。

台地に復元された甕棺墓列はわれわれに強烈な印象を植え付けた。その興奮が冷めやらぬうちに「北墳丘墓」の「保存館」に足を踏み入れた。「北墳丘墓」は吉野ヶ里遺跡北側の段丘上に今から約2100年前

北墳丘墓の保存館には本物の甕棺がずらりと並ぶ

（弥生時代中期・紀元前2世紀〜紀元1世紀頃）に築かれた墳丘で、成人用の甕棺が14基発掘されたという。しかも、その多くから身分を示す銅剣や管玉が発見され、これは吉野ヶ里集落の歴代の王あるいは首長と思われる人々が葬られていたと考えられている。「保存館」の館内にはこれらの甕棺と遺構面の本物がずらりと展示されているのだ。弥生時代の九州北部に存在したこの特色的な墓地は極めて貴重な遺跡であり、さらなる精密調査が進められることを期待したい。

《佐賀》見事に復元された弥生時代最大規模の環濠集落と「主祭殿」、果たして「吉野ヶ里遺跡」は邪馬台国の跡か？

甕棺の「保存館」を出て次のゾーン「北内郭」へと向かった。吉野ヶ里歴史公園のシンボルとも言うべきあの高層建物が聳える「北内郭」だ。ここは当時の政（まつりごと）に大きく関わる人がいたとされる巨大な祭殿など9棟の建物が復元されている。内郭の中心に立つ高層建造物は高さ16・5mの主祭殿で、柱の距離は一辺12・7m、政を司る最重要施設だ。ここで最高司祭者が祖先の霊に祈りを捧げたり、政や重要な儀式などが執り行われていた。その見事な復元ぶりにより、シャーマンと言われる人が祈りを捧げている姿が目に浮かぶようだ。

主祭殿の屋根の頂点には鳥型木製品が複数飾られていたので、そばにいた説明員にそのいわれを聞いたのだが明確な答えは得られなかった。この「鳥」は内郭の出入口の門などにも付いており、お守りかおまじないか、何かの意味があるに違いない。咫烏(やたがらす)との関係も考えたが分からない。「鳥居」の由来かもしれない。

韓国にはこの鳥型木製品の原型とも考えられる「鳥竿」があるというから、半島とも関係があるのだろう。

それはともかく、吉野ヶ里の最高司祭者の住まいであった高床住居式建物、歴代王の霊へお供えを捧げお祈りをする建物「祀堂(しどう)」、敵を見張るための「物見櫓」、蚕を育てる「養蚕の家」などなど弥生時代の姿を堪能し、もうひとつの集落「南内郭」へと移動した。

吉野ヶ里には二つの中心区域があり、ひとつは「北内郭」もうひとつは「南内郭」と呼ばれているもので、いずれも濠と柵で厳重に囲まれている集落だ。「南内

内郭の中心に立つ主祭殿は最重要施設であった

主祭殿では重要な儀式が執り行われた

郭」は吉野ヶ里の支配者層が生活していた場所と考えられていて、内郭には物見櫓が4棟、竪穴住居が11棟など、全部で20棟の建物が復元されている。南側の正門の両脇には物見櫓がそびえているが、よほど敵の襲来を警戒していたのだろうか。

そういえば、紀元前5世紀から紀元後3世紀までの弥生時代は、日本で稲作が始まり定住文化が根付いたのだが、収穫の格差で食料の争奪戦が絶えなかったという説もある。手の込んだ環濠や櫓はその防御警戒設備だ。最近、第三の環濠と思われる跡も発見されたというから、吉野ヶ里遺跡は三重の環濠に囲まれた大規模な集落であった可能性がある。

吉野ヶ里遺跡は脊振山の南麓から平野まで伸びた帯状の吉野ヶ里丘陵にある遺跡だが、面積はおよそ52ヘクタ

物見櫓の周囲を濠と柵で囲み敵襲を防ぐ

ールもある。発掘調査により貴重な遺跡であることが分かり、昭和61（1986）年から本格的な調査が開始されたという。その規模や建物跡から「魏志倭人伝」に出てくる邪馬台国の跡ではないかと一躍全国の注目を集めたのはまだ記憶に新しい。

邪馬台国は現在も畿内説と九州説がバトルを繰り広げているが、最近（平成26年2月）奈良の纏向遺跡で新たな建物跡が発見され、卑弥呼との関係が取りざたされたり考古学の世界は常に進歩（変化）している。どうやら邪馬台国は畿内説が有力のようだが、いずれにしても吉野ヶ里遺跡は日本の古代の歴史を解明する上で、極めて貴重な資料や情報が集積していることに変わりはない。さらなる調査研究を期待したいものだ。

《宮崎》
神話の国の「高千穂神社」で「夜神楽」を堪能し、翌朝、神社で樹齢800年の天然記念物「杉」を仰ぎ見る

八女ＩＣから九州自動車道をざっと50㎞南下し、熊本ＩＣを降りてから国道57号線〜国道325号線を経由、約60㎞の一般道走行の後、宮崎県西臼杵郡高千穂町にある旅館に到着した。午後6時だった。

重要無形民俗文化財の夜神楽を高千穂神社の神楽殿で鑑賞する

夜8時から高千穂神社境内の神楽殿で行われる「夜神楽」を観ることにしていたので急いで夕食を済ませ、宿から送迎してくれるバスに乗り込んだ。

夜神楽鑑賞は予約の必要はなく、ひとり700円を払えば夜8時から開演する夜神楽三十三番のうちの代表的な4番を鑑賞できる。一年中、毎晩楽しめるのがいい。

ちょうど香港のメディアが取材に来ていて盛んにカメラを回していた。TV番組の主役と思われる男女ふたりの俳優に舞手が掛け合うサービスもあって観客も楽しんでいた。約1時間の舞であったが、舞手の扮装振りや舞台飾りに雰囲気があって伝承の重みと神話の深さを十分に感じ取ることができた。

翌朝は宿を8時に出発、まずは夜神楽を観賞した「高千穂神社」へ参拝しに行った。神社本庁の別表神社で主祭神は高千穂皇神（たかちほすめがみ）と十社大明神（じっしゃ）。拝殿は決して大きくないが貫禄十分、威厳が漂う。境内には高さ55mにも及ぶ杉の大木があり鬱そうとした雰囲気をかもす。

神社の立札によると『当宮は鎌倉幕府の信仰が厚く、文治年間、源頼朝は秩父の豪族畠山重忠を代参として天下泰平の御祈願に参詣した。重忠公手植えの杉は秩父杉と名付けていまなお社頭に高くそびえ千古の歴史を伝えている……』と説明している。樹齢は８００年、宮崎の巨樹百選に選ばれている。

さらに境内には神社の宝とも言うべきものがあった。「鉄製の狛犬一対」である。源頼朝が奉納したと言われる像高約55㎝の狛犬だ。銅像に比べて鉄の鋳造は技術的に難しいのだが、この狛犬は複雑な形や細部の仕上げが見事で、木彫りと比較しても遜色のない出来栄えだ。昭和46年６月に国指定の重要文化財に指定されている。天然記念物の巨樹「杉」と精巧な「鉄製の狛犬」に見送られ、われわれは次なる目的地「国見が丘」へと向かった。

高千穂神社の主祭神は高千穂皇神

《宮崎》

名所「国見が丘」から高千穂の絶景を楽しみ、天孫降臨の神話に思いを馳せる

標高513mの「国見が丘」

高千穂神社からクルマで12分ほど走ると「雲海茶屋」（高千穂町押方）に到着する。ここは「国見が丘」観光の基点となる唯一のお店で、店内では様々な特産品や土産物などを売っている。広い駐車場にクルマを停めて標高513mの「国見が丘」へ歩を進めると急に展望が開けて、眼下には国道や渓谷にかかる橋や美しい茶畑、そして高千穂町の民家が見え、遠方には山々が連なり、まさに国見の感がする絶景が目の前に展開した。

神武天皇の孫で阿蘇神社の祭神としても知られる建磐龍命が筑紫の国の統治の命を受け、阿蘇に向かう途中この地で四方を望まれたことから「国見が丘」になったと伝えられているが、まさに四方を眺めるには

絶好の場所だ。九州東部、大分県と宮崎県の県境にまたがる祖母傾国定公園の南に位置する「国見が丘」は、西に阿蘇山の山並み（外輪山）が連なり、北には日本百名山のひとつである祖母山（1756m）がそびえ、南には天孫降臨の地と伝えられる二上山が見えるパノラマポイントだ。9月末から11月上旬にかけては雲海が見られる名所としてもよく知られている。

展望ポイントの脇に「日向風土記逸文」と書かれた大きな石像が立っていて、等身大以上の大きな3人の人物が北のほうを眺めている。中央に凛々しく立っているのはニニギノミコト、両脇に跪いているのが大ワクと小ワクだ。天照大神の孫であるニニギノミコトは、乱れた地上界を治めるために天界から臼杵の郡の二上の峯に降りてきたが暗くて何も見えない。立ち往生していると大ワクと小ワクが現れてミコトを導いてくれた……といった神話の説明と高千穂の地名の由来が石台の説明板に記されている。天孫降臨の神話だ。

国見が丘から高千穂盆地や阿蘇を望める

ニニギノミコトが何処に天下ったかという説は未だにいろいろあって、高千穂町内のくしふる峰、二上山、あるいは祖母山といったものから、宮崎と鹿児島の県境にある霧島山の高千穂峰（1573m）だという説まである。この国見が丘から絶景を眺めていると、心情的には国見が丘から直線距離で5km余しか離れていない二上山、あるいは「くしふる神社」の背後にあるくしふる峰あたりで収めて欲しいが、諸説あるほうが神話にロマンを添えると言うものか。いずれにしても高千穂の町は日本神話を抜きに語ることはできない。

「日向風土記逸文」。中央がニニギノミコト

《宮崎》

天然記念物「高千穂峡」の神秘的な佇まいに息を呑み、五ヶ瀬川遊歩道から巨石「鬼八の力石」に見とれる

晴天に恵まれ「国見が丘」からの眺望は素晴らしかった。立ち去り難い心境であったが次の予定が迫っている。40分の滞在で高千穂峡を目指すことにした。国見が丘から概ね5

km、十数分のドライブで名勝「高千穂峡」に到着した。五ヶ瀬川に架かる「御橋」を渡ると右側に「高千穂峡淡水魚水族館」があり、その向かいの売店の横から御塩井駐車場にクルマを入れる。渓谷沿いの狭い敷地の中に、売店や駐車場などいろいろな施設があるから贅沢は言えない。駐車場は数十台でほぼ満杯、さすがに名勝高千穂峡だけに観光客も大勢そぞろ歩いていた。

早速、御橋から待望の高千穂峡を覗いてみた。本や絵葉書の写真を見てはいつか訪ねてみたいと何度思ったことか、あの「真名井の滝」と垂直に切り立った断崖の映像が目の前に展開していた。橋の上には同じ思いの人たちが、少しでもいい角度から写真を撮ろうと場所取りで頑張っていたが、私も最初で最後のチャンスだと思い最適の場所を譲らなかった。真名井の滝は高千穂峡の川幅が狭まった部分に流れ落ちる滝で、日本の滝百選のひとつでもある。高さは17mで水量は決して多くはないが、薄暗い峡谷の中に白糸の如く美しく流れ落ちて、それが「柱状節理」の断崖に映えるのである。静寂な川面には遊覧の手漕ぎボートが数隻漂い、それがまた画になっていた。

約12万年前と9万年前の2回にわたり噴出した阿蘇火山活動の火砕流が、五ヶ瀬川の峡谷沿いに流れ下り、急激に冷却したため固結して溶結凝灰岩となり、まるで柱のように垂直に規則正しい岩体「柱状節理」になった……と説明を受けても、その神秘的で美しい景

名勝・高千穂峡。左は真名井の滝

観を目の前にすると、峡谷の地学的生成過程などはさておいて、ただただ不思議の世界に圧倒され引き付けられるのである。

長い年月を経て五ヶ瀬川の浸食を受けた峡谷は、高さ80～１００ｍにも達する断崖が東西にわたり約７㎞も続くという。昭和９年に国の名勝天然記念物に指定され、昭和40年には祖母傾国定公園の一部にも指定されたが、まさに神話と結びつく聖域のような景観であった。

五ヶ瀬川に沿って散策路（遊歩道）があるというので歩いてみた。遊歩道は狭いので撮影に夢中になっていると行き交う人に迷惑をかける。狭い河原に突如として大きな岩が居座っていた。説明によるとこれが「鬼八（きはち）の力石（ちからいし）」で重量はざっと２００トンはあるという。しめ縄が巻いてあった。

高千穂地方に残る伝説では『高千穂神社の祭神十社大

五ヶ瀬川沿いにある「鬼八の力石」

明神の中心である三毛入野命(みけぬのみこと)は弟の神武天皇と共に大和に行くが、再び帰ってきて高千穂郷一帯で悪行を働いていた鬼神の鬼八を退治し、この地を治めたと言われている。このとき鬼八が三毛入野命に投げ力自慢をしたという石がこれ……』とある。鬼神とはいったい何者であったのだろう。

《宮崎》
さらに神話の世界を求めて「槵觸神社」と「天岩戸神社」を参拝し、八百万の神々が集まった「天安河原」を覗く

高千穂峡を離れたのは正午頃であろうか、高千穂の町中を抜けて県道7号線を郊外へと向かった。約9㎞、15分ほど走ると「槵觸神社(くしふるじんじゃ)」(高千穂町三田井)に到着した。樹木に覆われた参道入口の立派な鳥居にまず驚かされたが、本殿と拝殿も貫禄十分で立派な佇まいであった。

この神社はくしふる山の中腹に鎮座するが、元々は同山そのものをご神体とするもので長い間本殿を持たなかったという。神社の説明板によれば『天孫ニニギノミコトが国を治めるために天降られた聖地として古史に記されている……』とあり、したがってかつては

「二上神社」と呼ばれたこともあるという。神話の里に間違いない。

県道7号線をさらに奥へと進み、山間の道を10分ほど走ると沿道右側に「天岩戸神社（あまのいわとじんじゃ）」が現れた。駐車場の脇には大きな岩を持ち上げた手力男命（たぢからおのみこと）の戸取像が立っている。天照大神が天岩戸に隠れたとき重い岩戸を開けて連れ出した怪力の持ち主で、日本神話に登場する神様だ。岩戸を取り払う舞の像で、すごい迫力がある。

怪力「手力男命」の戸取像

手力男命の脇の参道を進んで西本宮拝殿へと向かう。天岩戸神社の社殿は東本宮と西本宮とがあり、われわれが向かった社殿は西本宮だ。両社殿はともに天照大神を祭神としながら岩戸川の渓谷を挟んで相対して鎮座しているところが面白い。拝殿前の広場には十人ほどまとまったグループがいくつかできて、グループごとに神職が説明とコース案内をしている。神職が御神体である天岩戸の洞窟を案内してくれた。天岩戸神社は天照大神がお隠れになった天岩戸（洞窟）そのものを御神体として祀っている神社なのだ。

洞窟へ案内といっても、切り立った岩戸川を挟んだ対岸にある洞窟なので、近寄れない。西本宮拝殿の裏側に、洞窟が見える「天岩戸遥拝所」があり、崖っぷちを歩いて神職がそこまで案内してくれるのだ。ちなみに対岸に鎮座している東本宮は、天照大神が天岩戸から出た後、最初に住んだという場所を祀っている神社だ。

さて、次に向かったのは「天安河原（あまのやすがはら）」だ。天照大神が岩戸に隠れてしまったとき八百万（やおよろず）の神々が集まって、天照を外へ連れ出す方法を相談したという河原だ。天岩戸神社から岩戸川の上流へ約５００m歩き、渓谷にかかった石橋を渡りさらに進むと、突如として大きな深い暗黒の洞穴が現れた。間口は40m、奥行きは30mもある「仰慕窟（ぎょうぼがいわや）」と呼ばれている洞穴だ。

周辺の河原には祈願を行う人たちが小石を積み上げて作った〝ケルン〟が数えきれないほど立ち並び異様な雰囲気だ。洞窟に近づくとこぢんまりとした鳥居と祠があった。「天安河原宮」である。祭神は八百万神（やおよろずのかみ）だ。願い事がかなうとの信仰があり、全国から参拝に来るという。

八百万の神々が集まったという天安河原の洞穴

それにしてもよくこれほどの洞窟があったものだ。まさに神話通りの出来事がここで執り行われたとしても全く不思議ではない。神秘的かつ幻想的な雰囲気に圧倒されながら岩戸川沿いの道を戻り、天岩戸神社の駐車場から次の目的地へと向かった。

《大分》
竹田市経由で大分市入り、
翌日、全国八幡宮の総本社「宇佐神宮」と「宇佐風土記の丘」を見学

天岩戸神社から大分市内に抜けるルートはいくつかあったが、距離を優先して竹田市経由のコースを選んだ。高千穂町まで戻り国道３２５号線の途中から県道８号線に入り、祖母山の麓を越える山道だ。高千穂から大分県竹田市までざっと60㎞、１時間45分の山道ドライブとなったが、幸い対向車も少なく予定通り途中の目的地「竹田市立歴史資料館」へ到着した。

竹田市は竹田湧水群としても有名な名水・名湯の城下町で、岡城址や武家屋敷跡など歴史的にも興味のある観光名所がたくさんあるのでじっくり見たかったのだが、先を急いで国道57号を大分市目指してひた走った。ざっと45㎞を1時間プラスで走り、大分駅前のホテルには予定通り午後6時前に到着した。

翌朝、大分自動車道の大分ＩＣから日出ＪＣＴ経由で、宇佐別府道路の宇佐ＩＣを目指

した。宇佐神宮の広い駐車場に到着したのは8時半。大分県宇佐市南宇佐にある「宇佐神宮」は神社本庁の別表神社で、全国に約4万4000社ある八幡宮の総本社である。神仏習合の発祥地としても有名であり、本殿は国宝、境内そのものが史跡になっているが、とにかく広いのが第一印象だ。

若い人の参詣が目立ったが、その中に和装も初々しい新郎新婦とその家族の姿があった。大鳥居をくぐり、表参道を歩き、左に見事な庭園模様を見せる菱形池を、左に神宮庁を見ながら立派な手水舎にたどり着く。さらに進んで左に折れると石段が現れる。石段を何段上ったであろうか、やっと上がり切り上宮に着くと、そこには朱色も鮮やかな社殿が圧倒的な存在感で鎮座していた。

宇佐神宮の参拝は二拝四拍手一拝。出雲大社と同じだ

「宇佐神宮」は本殿が三つ横に連なって立っている極めて珍しい神社だ。一の御殿は八幡大神（応神天皇）、二の御殿は比売大神、三の御殿は神功皇后がそれぞれの主祭神で、そ

の三棟が横にずらっと並んでいるのだ。参拝は二拝四拍手一拝が宇佐神宮の作法で、通常とは異なっている。作法に従って敬虔な参拝を済ませた。創建は神亀2（725）年というから相当な歴史を物語る。さすがに八幡宮の総本社だけあってすべてに威厳のある佇まいであった。

宇佐神宮を1時間半ほど見学して、次に向かったのが「宇佐風土記の丘」であった。神宮からクルマで5㎞弱、10分もかからないで到着した。

宇佐風土記の丘は、宇佐市の中央を通り周防灘に流れ込む駅館川（やっかんがわ）東側の河岸段丘上の台地に広がる約20ヘクタールの史跡公園で、敷地内に3～6世紀に造られた6基の前方後円墳がある。そのひとつである赤塚古墳は3世紀末に築造された宇佐地域の豪族の墓で、全長は約58ｍもある。九州で一番古い前方後円墳とされているが、石棺の中から三角縁神獣鏡や碧玉製の管玉、鉄製の刀などが見つかっていることから、墓の主の豪族はヤマト政権と深い結びつきがあったと推測されている。

宇佐風土記の丘には６基の前方後円墳がある

この広大な敷地内の中心に「大分県立歴史博物館」（宇佐市高森京塚）があり、宇佐神宮・国東半島を中心に県内の歴史と文化を紹介する常設展示を行っている。史跡公園はまるでゴルフ場のように緑一面のきれいに整備されたところで、その中に博物館はまさに白亜の殿堂のような姿で立っていた。定休日は月曜、宇佐に行ったらぜひ訪れることを勧めたい。

史跡公園を午後1時に出発し、今宵の投宿先である岡山県は倉敷市へと向かう。ルートは宇佐から国道10号線を走って東九州自動車道へと結び、山陽自動車道を岡山県倉敷ＩＣまで走るのだ。距離はざっと４２０㎞、途中小休止しても何とか午後7時前には到着可能と計算した。

《岡山》
古墳時代の巨大古墳「造山古墳」の被葬者は吉備政権の首長か？
〝桃太郎伝説の国〟岡山で「楯築弥生墳丘墓」は必見！

翌朝、最初の目的地「造山古墳（つくりやま）」へ行く前に倉敷の町並みを少しばかり観光してみた。実は、倉敷市内を訪れるのは初めてであったから、あの倉敷考古館に代表される「美観地区」を一目見たかったのだ。なるほど観光写真で見た通りの風光明媚な景観が展開されていた。幸い快晴であったから、静かな川面に緑の柳と土蔵造りの白い蔵そして青い空が映え、それはそれはジス・イズ・倉敷であった。早朝にもかかわらずどこかのメディアが既にロケを行っていた。

倉敷の「美観地区」の観光を1時間で切り上げ、「造山古墳」（岡山市北区新庄下）へと向かった。約13km、30分の距離だ。やがて水田や農地が広がる平坦な土地の中にこんもりと盛り上がった〝丘陵〟が見え、あれが造山古墳だとすぐに分かった。見学者のためにちゃんと駐車場も確保されており、ボランティアの説明員も待機していた。早速前方後円墳の頂を目指して斜面の階段を上る。なにしろ墳丘の長さは約３５０ｍ、後円部径１９０ｍ、後円部高さ約29ｍ、前方部幅２１５ｍ、同高さ25ｍと大きい。

造山古墳は古墳時代中期（5世紀）に築造されたもので、仁徳、応神、履中天皇陵に次いで全国第４位の規模を誇る巨大古墳だが、一番の特徴は墳丘に立ち入

倉敷考古館に代表される「美観地区」を観光

りできる古墳では最大のもので、その意味でも大変貴重なのだ。内部はまだ未発掘で本格的な学術調査は行われていないが、いずれは徐々に真実が明らかになるであろう。被葬者は推定だが吉備政権の首長とされている。

刳り抜き式の長持型石棺

説明員に案内されながら前方部の墳丘頂部へ進むと「荒神社（こうじんじゃ）」という小さな祠が立っていて、その脇に石製の手水鉢が置かれていた。実はこれ、阿蘇凝灰岩製の石棺で刳抜（くりぬき）式の長持型石棺の身部分なのだ。さらに社の後ろに石棺のふたの破片が放置されていた。他の古墳から運ばれたという説もあるが、説明によればおそらく造山古墳の付近で出土したものだろうという。いずれにせよ阿蘇凝灰岩製ということで吉備と九州が緊密な関係にあったことを示している。

ボランティアの説明員がわれわれの次なる予定を尋ねるので「吉備津神社」へ行く積りだと告げると『それなら是非その前に「楯築弥生墳丘墓」を見なさい。私たちが案内するから……』とクルマで先導してくれた。実はこのふたりの説明員は夫婦だった。予定外の目的地だったのでどの道をたどったのか定かでなかったが、曲がりくねった丘を登りきると国指定史跡「王墓の丘史跡公園」の看板が立っていた。

看板の脇の駐車場にクルマを停め坂道を回りこんで登っていくと、頂上部に高さ1・5～3・5m、厚さ30～60㎝はあろうかと思われる巨石群が立っていた。丘の上に巨石が同心円状に配置されているのだ。これが「楯築弥生墳丘墓」であった。場所は倉敷市と岡山市のちょうど境目あたりで地名は岡山県倉敷市矢部だ。弥生時代後期（2世紀後半～3世紀前半）の墳丘墓で、直径約50mの主墳を中に二つの突出部を備え、全長は約78mもある。

巨石が円環状に立つ弥生時代の楯築弥生墳丘墓

主墳の頂（円丘部）には五つの巨石が円環状に立てられており、異様な感じだ。縄文後期の東北地方のストーンサークルを連想させるが、衝立上の様子は趣を異にする。温羅（うら）伝説によると、吉備津彦命がウラと戦うときここに陣を構え、矢を防ぐために築いた石の楯であるとされており、それが「楯築」の名の由来にもなっているという。吉備津彦命は第7代孝霊天皇皇子で記紀等に伝わる古代日本の皇族、外ならぬ桃太郎伝説の主である。

環状列石の中央には石の祠が設けられており「亀石」と呼ばれる石がご神体として祀られていた。亀石は亀の形に似たひと抱えもある石で、表面全体に帯を巻き付けたような弧状の文様が線彫りされており、弧帯文（帯状曲線入組文様）と呼ばれている。国の重要文化財だ。

また、主墳の頂のほぼ中心、地下約1・5ｍのところで鉄剣や首飾り、多数の管玉、ガラス小玉など墳丘墓の主人公の副葬品が多数発見された。埋葬箇所の上方に楯築神社伝世のご神体とよく似た「弧帯石」などもあったという。

祠の中にはご神体の「亀石」が

温羅伝説と楯築の話を聞くに及んで、この楯築弥生墳丘墓は〝桃太郎伝説の国〟岡山に来たからには必見の場所であることがよく分かり、案内してくれたボランティア夫妻には心より感謝している次第だ。彼らの誠意あるサービス精神はここだけではなかった。次の目的地である「吉備津神社」まで案内してくれたのである。

《岡山》

桃太郎伝説のモデルとして知られる「吉備津彦命」、「吉備津神社」の本殿と拝殿および廻廊は日本建築の傑作だ

楯築弥生墳丘墓から国道180号を利用してクルマで10分ほどのところに「吉備津神社」（岡山市北区吉備津）はあった。目の前に、岡山県南部の備前と備中にまたがる標高175mの吉備の中山があるが、この小高い丘陵の麓には二つの神社が鎮座していて、東麓にあるのが備前の一の宮とされる「吉備津彦神社」、西麓にあるのが備中の一の宮とされている「吉備津神社」である。いずれも吉備一族の祖神である大吉備津彦命（おおきびつひこのみこと）を主祭神として祀っていることに変わりはない。

吉備津神社の社伝によれば仁徳天皇の時代に創建されたと言われているが、確証はない。神社本庁の別表神社で、本殿・拝殿ともに国宝となっている。「官幣

拝殿と本殿の屋根を連結した吉備津造り

中社　吉備津神社」と刻まれた石塔が参道入口に立っていて、その脇には苔むした巨大な岩が置かれている。案内板の説明によると、吉備津彦命が温羅との戦いのときに射る矢を置いた「矢置岩」だと伝えられている。ここから参道を歩き石段を上っていくのだ。

石段の途中に神社の正門である北随神門がある。室町時代初期（応永32年＝1425年）に足利義満が再建したという神門で、国の重要文化財に指定されている。門をくぐると再び急な石段が続き、やっと上り切ると本殿と拝殿が現れる。これがまた珍しい建築様式なのだ。つまり入母屋造りの拝殿と本殿の屋根を二つ並べて中央で連結した建築様式で、これは他に例がない。屋根のラインを例えればアルファベットの「M」型になる。これを「吉備津造」あるいは「比翼入母屋造」と呼んでいるが、日本建築の傑作であり、その勇壮な外観は美しく見ていても飽きない。

ここから右手の南随神門へ進み南の本宮社をつなぐ廻廊へと向かう。地形の傾斜に沿って一直線に伸びる廻廊は総延長約400mもあり、なだらかに弧を描く廻廊は実に絵になる。吉備津神社を紹介する観光写真には必ずといっていいほどこの廻廊の光景が添えられているが、われわれが訪れたときはちょうどツツジが満開の時期であったから、廻廊とツツジの見事なコラボレーションが撮影できた。

廻廊の傾斜に沿って下っていくと右側に「鳴釜神事」で有名な御釜殿があった。御釜殿の竈(かま)の下には吉備津彦命に討伐された温羅の首が埋められていると伝えられているが、その霊が御釜を鳴らすというのだ。鳴釜神事は御釜の鳴動の音の具合によって吉凶禍福を占うという神事なのである。

桃太郎の温羅退治の話は諸説あるが『鬼の城(きじょう)に住む温羅を討ち取った吉備津彦命は釜殿の竈の下に首を埋めたが、夢枕に温羅の霊が現れ「釜で神に捧げる食物を炊け。釜は幸福が訪れるなら豊かに鳴り、禍が訪れるなら荒々しくなるだろう」と告げたので吉備津彦命はその通りにした』……というのが鳴釜神事の起源だという。あくまでも伝説であるから事の真偽を問うても意味がない。鳴釜の前に座っていると伝説の重みがズシリと伝わってくるようだ。ちなみに、温羅は遥々海を渡ってきた百済の皇子だとの説がある。

総延長約400mもある廻廊。吉備津神社の名所だ

さて、帰路は高速道路を主とするコースだけに運転は単調になりやすい。気を引き締め

てハンドルを握る。山陽自動車道の岡山ＩＣに乗り入れたのは午後6時半、名神高速・東名～圏央道を利用し入間ＩＣで高速を降り、自宅に到着したのは明け方の4時半過ぎであった。所沢～九州～岡山をめぐるドライブの旅は総走行距離２８８５・５km、愛車日産ノートの平均燃費は15・９kmであった。

（完）

おわりに

史跡についての記述はその大半を旅先の現地で掻き集めた様々な資料と自らのメモ帳、さらにはデジカメの映像記録を頼りに綴ったものだ。旅先の神社仏閣では神職や僧侶の方々に、博物館や資料館あるいは埋蔵文化財調査センターでは学芸員や担当の方々に、私のぶしつけでかつ的外れな質問にも丁寧な回答や説明を戴いた。またボランティア解説員の方々の親切で熱心な対応には恐縮するばかりであった。旅の恥は掻き捨てではないが、こうしたコミュニケーションがあるので旅は楽しいのだとつくづく思っている。彼らとのやり取りが今回の執筆に際して大きな糧となったことは紛れもない事実である。

執筆中に気がかりだったことは発掘調査などによる〝新発見〟によってこれまでの事実が覆されたり、あるいは遺跡や博物館等の様変わりにより執筆内容の変更を余儀なくさせられはしないかということであった。また出土品の展示館が新設されたり、博物館がリニューアルされたりといった類の情報にも注意しながら執筆を進めた。

「さきたま古墳」の場合は、私が最初に訪れてから3年後に将軍山古墳の展示館が刷新されたことを知り再度写真を撮り直しに行った。幸い自宅から比較的近距離（約50㎞）だったのでそれが可能であった。福岡県の岩戸山歴史資料館の場合は、文中にもある通り、私が訪れてから3か月後に閉館となり、その年（平成27年）の11月下旬に岩戸山歴史文化交流館「いわいの郷」として新たにオープンしている。旧館に隣接しているが、資料を見ると周辺はさらに整備されて素晴らしい「郷（さと）」となっている。

新潟県の「青海自然史博物館」は、われわれが訪れてから8か月後の平成26年3月末をもって閉館となった。展示物および展示内容などは糸魚川フォッサマグナミュージアムへ移動し活用されているということだ。

「上野三碑」の場合は、実は平成23年2月に初めて見に行ったのだが、このときはまだ世界遺産に登録されていなかった。めでたく平成29年10月に世界遺産に登録され、しかも周辺の環境も当初よりさらに整ったと聞いたので平成30年3月10日に再度訪れてみた。3月9～11日は「和銅四年三月九日」という多胡碑の碑文にちなんで上野三碑の一般公開を行う日であったのでここを狙って見に行った。同じ思いの史跡ファンが大勢詰めかけていたが、ナマの石碑を目の当たりにしたスリルはいい思い出になった。

「キトラ古墳」は平成12年に特別史跡に指定されたが、石室内の壁画は平成22年までにすべて取り外され、仮設修理施設において保存修理が実施されていた。われわれが平成25年4月に現地を見に行ったのはちょうどそんな時期で、古墳およびその周辺はまだ整備中で近寄ることも不可能だった。平成28年9月に文化庁のキトラ古墳壁画保存管理施設「キトラ古墳壁画体験館」〝四神の館〟がオープン、期間限定で随時壁画が一般公開されることになったのは喜ばしいことだ。

ところで、古代史の分野にも最新技術が惜しげもなく注ぎ込まれている昨今、これまで謎に包まれていたことが徐々に解明され、その研究成果が時折メディアによって公表されている。最近では「卑弥呼も食べたモモの種？」と題した新聞記事（毎日新聞、平成30年5月15日）が話題となった。纒向遺跡（奈良県桜井市）で出土した大量のモモの種について、同市纒向学研究センターが放射性炭素（C14）年代測定で「西暦135～230年の間に実った可能性が高い」とする分析結果を公表したからだ。この年代は卑弥呼（248年頃没）の活動時期と重なるので、纒向遺跡が邪馬台国の重要拠点だったとする「畿内説」を強める研究成果となった。長らく続いている邪馬台国の畿内説・九州説の論争もわれわれ素人から見れば興味津々わくわくする話題だが、科学的メスを入れることによって論点が次第に狭められていくことは確実で、いずれは決着がつくはずだ。

最近の朗報は令和3年7月に北海道・北東北の縄文遺跡群がユネスコの世界文化遺産に登録されたことだ。三内丸山遺跡（青森）、大湯環状列石（秋田）、御所野遺跡（岩手）などわれわれがめぐったところが世界遺産になったわけで、なんともご同慶の至りである。取材中はまだ盛んに登録を目指して運動中であったが、この度は関係各位の努力が実ったことになる。縄文時代は日本だけの時代区分だが、その痕跡が世界史の上でも極めて重要であるという証拠になった。遺跡の世界はこれだから面白い。

本書を上梓した目的はあくまでも史跡めぐりの楽しさを読者諸氏と共有したいという思いからだ。加えて、ドライブによる史跡めぐりの利便性と可能性も読者に伝えたかった。クルマを利用すれば一日でこれだけ回れるという一例を示すことができたと思う。行きたい史跡はまだまだごまんとある。日本列島は魅力的な史跡に溢れている。同好の向きには是非「どらいぶ史跡めぐり」をお勧めしたい。

令和3年7月吉日

平泉秀成

〔参考文献〕

『日本の古墳・古代遺跡』／西東社出版部編
『古代の蝦夷と城柵』　熊谷公男著／吉川弘文館
『古代を考える――多賀城と古代東北』　青木和夫・岡田茂弘著／吉川弘文館
『縄文土偶ガイドブック』（縄文土偶の世界）　三上徹也著／新泉社
『蝦夷と東北戦争』　鈴木拓也著／吉川弘文館
『全国訪ねてみたい古代遺跡１００』　監修・岡村道雄／成美堂出版
『古墳時代ガイドブック』　若狭徹著／新泉社
『国史跡　大室古墳群』／長野市教育委員会
『なら記紀・万葉　名所図会』　監修・及川智早／企画・編集・発行　奈良県
『古事記・日本書紀を歩く』　林豊著／ＪＴＢパブリッシング
『図説古代出雲と風土記世界』　瀧音能之編／河出書房新社
『ヤマト王権』　吉村武彦著／岩波新書
『葬られた王朝―古代出雲の謎を解く』　梅原猛著／新潮社
『天皇家の〝ふるさと〟日向をゆく』　梅原猛著／新潮文庫

著者プロフィール

平泉 秀成（ひらいずみ しゅうせい）

昭和13年12月、東京・荻窪生まれ。本名・小田部家正（おたべ・いえまさ）。芝浦工業大学機械工学科卒業。製油会社に5年間勤務したのち出版界に身を転じ、自動車雑誌の編集長を務める傍ら日本カー・オブ・ザ・イヤー実行委員を歴任。平成2年フリーのモータージャーナリストに転身すると同時に、日本自動車研究者ジャーナリスト会議（RJC）に入会し、自動車雑誌各誌に新型車解説、試乗記等を執筆。平成21年 RJC を退会し、現在はフリーライター。

平成20年頃から日本古代史に興味を持ち、全国各地の史跡めぐりを愛車で敢行、10年の歳月をかけて本書を上梓する。

主な著書に『カローラ物語』（平成9年8月発行／光人社）、『ホメちぎりくるま選び』（平成12年9月発行／光人社）、『甦ったロータリー』（平成15年5月発行／光人社）、『トヨタクラウン伝統と革新』（平成26年4月発行／三樹書房）、『戦後モータージャーナル変遷史』（平成27年2月発行／グランプリ出版）など十数冊。

古代日本史跡めぐり

縄文～古墳時代の史跡を中心にクルマで巡った歴史紀行

2021年12月15日　初版第1刷発行

写真と文　平泉 秀成
発行者　瓜谷 綱延
発行所　株式会社文芸社
〒160-0022　東京都新宿区新宿1－10－1
電話 03-5369-3060（代表）
03-5369-2299（販売）

印刷所　株式会社フクイン

ISBN978-4-286-23226-3